As Memórias da Viscondessa

Este trabalho mereceu menção honrosa no Prêmio Jorge Zahar (2008).

Jorge Zahar (1920-1998) foi pioneiro na publicação de livros de ciências sociais no Brasil, tornando-se o maior editor da área no país. O compromisso social já estava explícito no slogan que escolheu para iniciar sua atividade editorial: "A cultura a serviço do progresso social." O Prêmio Jorge Zahar foi criado para homenageá-lo, por ocasião dos dez anos de seu falecimento. Agradecemos a Chico Caruso o uso da caricatura que ilustra o selo do Prêmio.

Mariana Muaze

As Memórias da Viscondessa

Família e Poder no Brasil Império

ZAHAR

Para Chris, Isadora e Bernardo.
Pelo tempo vivido, bem vivido e querido.

Para meu pai Jorge,
que tanto gostava de contar histórias.

Jorge Zahar Editor Ltda.
rua Marquês de S. Vicente 99 – 1º | 22451-041 Rio de Janeiro, RJ
tel (21) 2529-4750 | fax (21) 2529-4787
editora@zahar.com.br | www.zahar.com.br

Capa: Sérgio Campante
Foto de capa: Manoel de Paula Ramos (CRMM)

CIP-Brasil. Catalogação-na-fonte
Sindicato Nacional dos Editores de Livros, RJ.

Muaze, Mariana
M912m As mémorias da viscondessa: família e poder no Brasil Império / Mariana Muaze. — Rio de Janeiro: Zahar, 2008.
il.

Inclui bibliografia
ISBN 978-85-378-0095-9

1. Avellar, Ribeiro de (Família). 2. Brasil – História – Império, 1822-1889. I. Título.
CDD: 981.04
08-3160 CDU: 94(81)

Sumário

... Não é obra do poder ou da revolução, mas procede da natureza das coisas a influência que sempre teve e há de ter uma família numerosa, antiga e rica, e cujos membros sempre figuraram nas posições sociais mais vantajosas. ... só não terá influência quando a sociedade estiver transtornada, quando todos esses elementos, de uma influência regular e legítima, estiverem obliterados pelo predomínio da violência, pela confusão da anarquia, pelo revolvimento da sociedade.

NABUCO DE ARAÚJO

Introdução: Por uma micro-história da família

Babilônia, 6ª.f, 30 de março.

Minha querida Marianinha,
Somente para dar-te notícias nossas te escrevo estas poucas linhas. Vamos passando bem de saúde e com paz de espírito e assim todos da nossa família. Tua avó vai com melhoras, se bem que extremamente fraca e muito cismática. Tua tia Matilde tem estado doente, mas não de cuidado. ...

Teu pai e amigo do coração, Velho.[1]

Procurando um clima mais ameno e menos propício a epidemias do que as regiões centrais do Rio de Janeiro, o casal José Maria e Leonarda Maria Velho da Silva alugaram, durante alguns meses do ano de 1855, uma chácara na Babilônia, bairro de Santa Teresa. De lá, o conselheiro escrevia à filha Mariana Velho de Avellar, três a quatro vezes por semana, relatando os acontecimentos recentes de seu cotidiano. Através desse fluxo assíduo de correspondências, informava e se mantinha informado das condições meteorológicas, das disputas políticas, das visitas e eventos sociais, do crescimento e desenvolvimento dos netos e da saúde dos amigos e parentes. A descrição das relações familiares permeava a construção de seu relato de forma significativa e moldava uma temporalidade da intimidade e da vida privada compartilhada pela classe senhorial oitocentista.

A temática da família não é nova na historiografia brasileira. As primeiras incursões acerca de sua história foram feitas, na forma de ensaios, ainda na década de 1920, dentro de uma perspectiva de busca da identidade nacional. Essas investigações estavam voltadas para as classes dominantes, devido a seu importante papel na fundação da empresa colonial, e se constituíram contando com um corpus documental formado, principalmente, por memórias e relatos de viajantes, autobiografias, cartas régias, decretos e atas da Câmara Municipal. Nessa matriz que procurou pensar a família na sua relação com o Estado, tendo como preocupação principal o entendimento do processo de formação da nação no Brasil, se inserem as obras de Oliveira Vianna, Sérgio Buarque de Holanda e Gilberto Freyre.[2]

Nos anos 1970, o tema da família foi retomado pela história social e incorporado efetivamente como objeto da história. As historiadoras Muriel Nazzari e Elizabeth Kuznesof ressaltaram as análises da economia doméstica a partir da interpretação de inventários post-mortem, testamentos, contratos de casamento e dote, diferenciando-se da perspectiva ensaística consagrada anteriormente.[3] Os métodos da demografia histórica desenvolvidos pelo chamado Grupo de Cambridge se consolidaram entre os historiadores e antropólogos brasileiros na década seguinte. Os trabalhos de Maria Luiza Marcílio, Iraci del Nero da Costa e Eni Mesquita Samara indicaram questões importantes a respeito das estruturas demográficas e composição dos domicílios durante o período colonial, tendo como locus privilegiado as regiões de São Paulo e Minas Gerais. A partir desse enfoque foi revisto o conceito de família, historicamente consagrado como patriarcal e extenso (quando mais de uma geração coabitava o mesmo domicílio) pelas reflexões de Gilberto Freyre e Sérgio Buarque. As análises demográficas ressaltaram outros tipos de formação familiar e abriram espaço para a discussão de questões como o papel da mulher, os tipos de casamento, as relações de concubinato, a ilegitimidade, os laços de compadrio etc.

Atualmente, as pesquisas na área da história da família têm apontado a importância de se pulverizar esse conceito. Dessa forma, seria mais correto utilizar o substantivo no plural, recorrendo ao estudo de diversos grupos familiares em diferentes épocas e espaços. Assim, em linhas gerais, o que prevalece são análises que destacam uma temporalidade e uma região específicas, entretanto, sem perder de vista as reflexões teóricas mais amplas acerca das estruturas familiares no Brasil. Outro aspecto que também chama a atenção é o das fontes utilizadas. É freqüente a preocupação para que a análise não fique circunscrita à quantificação de números, privilegiando-se a compreensão das relações sociais e familiares que podem fornecer. Tal perspectiva levou os historiadores e antropólogos a diversificarem o campo das fontes possíveis. Luciano Figueiredo, por exemplo, pesquisou os autos da Devassa para estudar o cotidiano de sentimentos, violências e solidariedades entre as famílias dos chamados "desclassificados" da sociedade mineradora setecentista, concluindo que persistiam práticas de adultério e ilegitimidade como formas de resistência às instituições oficiais do Estado, entre elas a Igreja católica. Sheila de Castro Faria utilizou vasto material documental de natureza demográfica e judicial para analisar a riqueza, a família e a vida cotidiana dos diversos grupos que compunham a sociedade de Campos dos Goitacazes (RJ), dentre os quais a formação familiar era uma referência de estabilidade e fixação.[4]

A história que em breve vou contar foi construída através de pesquisa em documentos privados – cartas, diários, livros de assento, cadernos de anotações, fotografias avulsas e álbuns fotográficos – escolhidos por serem um tipo de documentação que permite estudar as famílias abastadas do Império na sua intimidade e cotidiano. Minha intenção é entender o conceito de família e as formas de viver em família através dos diferentes papéis exercidos no interior desse grupo. Ao esmiuçar as teias de relações afetivas, interna e externamente estruturadas, acredito ser possível redesenhar as redes de solidariedade e os mecanismos de sobrevivência que permitiram a manutenção de certos grupos enquanto classe dominante na sociedade imperial. Contudo, a pesquisa histórica não é um terreno totalmente seguro e pode reservar algumas aventuras, se assim o desejarmos.

Ao tentarmos destrinçar os rastros de um dado contexto sociocultural, muitas vezes nos deparamos com "opacidades" que colocam novos desafios e apontam diferentes rumos de trabalho, riscos que valem a pena ser corridos. Foi o que aconteceu neste estudo. A princípio, minha intenção era trabalhar com várias famílias pertencentes à boa sociedade imperial, mas acabei optando por desenvolver uma análise de micro-história. Minha trajetória de pesquisa diz muito sobre este trabalho. A família Ribeiro de Avellar, rica proprietária de terras e escravos na região de Paty do Alferes, vale do Paraíba fluminense, seria apenas um dos núcleos familiares de minha reflexão. Seus documentos, que atualmente se encontram nas mãos de particulares e arquivos públicos, originalmente faziam parte de um acervo único, guardado na fazenda Pau Grande, como aparece descrito na apresentação do fundo da fazenda depositado no Arquivo Nacional.

O conjunto desse material apresentava algumas peculiaridades que me causaram estranheza. Muitas cartas que Mariana Velho de Avellar, futura viscondessa de Ubá, havia enviado para os pais na corte e outras tantas que escrevera aos filhos se encontravam lado a lado com as recebidas dos mesmos. Fato semelhante se dava com as fotografias. Existiam retratos de seus filhos dedicados a amigos e parentes que permaneceram guardados na fazenda. Ficava aí uma impressão de que esses registros foram recuperados posteriormente e faziam parte de um conjunto investido de afetos e sentimentalidades reunidos ao longo do tempo, ou seja, uma coleção. A grande quantidade de documentos referentes a Mariana Velho de Avellar e a ordenação dos retratos nos álbuns – uma página destinada somente aos netos bebês, outras dedicadas às filhas acompanhadas de seus rebentos, à família na Europa, às amigas da sociedade com dedicatória – foram indícios importantes para que eu trabalhasse com a hipótese de que esses registros haviam sido reunidos pela viscondessa.

Essa descoberta não era um mero detalhe! O que antes fora tratado como fundo familiar era agora valorizado como uma coleção e, portanto, como um conjunto organizado segundo expectativas pessoais, almejando um retorno psicológico da prática que consiste em reunir e gerenciar objetos eleitos.[5] No caso estudado, o princípio que conduziu o ordenamento foi a produção de uma determinada memória que ressaltasse as diversas temporalidades familiares, seus personagens, sentimentalidades e lugar na sociedade. Portanto, essa coleção foi pensada, desde o momento de sua construção, como uma forma de preservação da memória familiar, o que talvez explique sua multiplicidade de documentos. Esses "guardados familiares", sem dúvida, sofriam um processo de seleção. Algumas cartas, por exemplo, vinham com um alerta escrito acima, no canto esquerdo da página: "reservada".[6] Em outras, se acrescentava a ordem para que fosse queimada após a leitura. Contudo, se aqui posso relatar este pedido confiado intimamente, é porque o mesmo não foi respeitado. A ânsia de guardar e colecionar deixou indícios que me couberam historiar.

Comecei então a pensar que o estudo da documentação referente aos Ribeiro de Avellar, organizada como uma coleção durante os anos em que Mariana e Joaquim Ribeiro de Avellar Jr. – futuros viscondessa e visconde de Ubá – estiveram casados, seria uma boa porta de entrada para entender a família e as relações familiares de frações da classe senhorial oitocentista. Optei por incluir as fontes cartoriais e contábeis no corpus documental da pesquisa e por reduzir a escala de observação em busca de sinais, rastros e vestígios mínimos que revelassem um cotidiano vivido pelos diferentes personagens em questão.[7] Essa proposta se baseia na perspectiva de que "a expressão individual ocorre dentro de um idioma geral, de que aprendemos a classificar as sensações e entender as coisas pensando dentro de uma estrutura fornecida por nossa cultura".[8] Assim, a singularidade e a especificidade dos Ribeiro de Avellar estão circunscritas nos limites da cultura do próprio tempo e do próprio grupo social, sendo possível o estudo das famílias da classe senhorial do Império através da microanálise de tal núcleo em particular.[9] Dessa forma, esta pesquisa contribui, sob uma nova perspectiva, para refletir sobre as relações entre Estado e famílias, poder nacional e poder local, público e privado, no Brasil oitocentista.

Por fim, sem querer cansá-lo, querido leitor, parto para as formalidades para as quais uma introdução é efetivamente escrita. A divisão deste livro em partes e capítulos foi baseada nas diversas temporalidades e momentos vivenciados pela família Ribeiro de Avellar ao longo de quase um século. Na primeira parte, analisei os motivos e interesses familiares que levaram à união nupcial entre Mariana Velho da Silva e Joaquim Ribeiro de Avellar Jr., em dezembro de 1849. Primeiramente, teci uma genealogia histórica das famílias envolvidas a partir do resgate de suas vidas familiar e material, desde a segunda metade do século XVIII. Foram consultados trabalhos de genealogia, além dos inventários e testamentos dos parentes encontrados no Arquivo Nacional, na Cúria Metropolitana do Rio de Janeiro e no Centro de Documentação Histórica da Universidade Severino Sombra, em Vassouras. Em seguida, baseando-me na série de 120 cartas escritas por Domingos Alves da Silva Porto a Joaquim Ribeiro de Avellar, barão de Capivary, orientei minha investigação para o tema do casamento propriamente a partir de três grandes questões: a conquista de títulos de nobreza, o pagamento do dote e a preparação do cerimonial nupcial.

Na segunda parte do livro tratei da vida material e da administração do patrimônio familiar durante três gerações. A reflexão se iniciou com uma reconstrução histórica do espaço geográfico em que a fazenda Pau Grande se situava, considerando desde a concessão da primeira sesmaria, passando pela fundação da vila de Paty do Alferes e a criação do município de Vassouras. Meu objetivo era discutir que aspectos foram importantes para a consolidação política e social da família Ribeiro de Avellar na região. Em seguida, analisei o tempo da riqueza material através da escrita epistolar, dos testamentos e das fontes contábeis, concentrando-me nos períodos administrativos dos três patriarcas oitocentistas: Luis Gomes Ribeiro, Joaquim Ribeiro de Avellar (barão de Capivary) e Joaquim Ribeiro de Avellar Jr. (visconde de Ubá), ressaltando as mudanças nos padrões de acumulação e investimento ao longo do século. Minha intenção foi demonstrar como a manutenção do patrimônio era uma tarefa masculina diretamente ligada à própria perpetuação do grupo familiar no interior da classe senhorial.

Por fim, na terceira parte, analisei os papéis dentro do grupo familiar utilizando como fonte as cartas e os retratos fotográficos e procurando destacar os elementos definidores da rede de significados que enlaçam esses dois tipos de texto (escrito e imagético), desvendando assim a intertextualidade da época. Inicialmente, estabeleci uma reflexão sobre o papel de Mariana Velho de Avellar no governo da casa e no comando da intimidade familiar. A pauta foi a vida aos rés-do-chão, o cotidiano doméstico na esfera privada: as encomendas feitas na corte, a organização dos diversos espaços de morada, o trato com os escravos, a educação dos filhos, a contratação de trabalhadores livres e o tempo diário dedicado à escrita epistolar. Em seguida, desvendei o tempo da intimidade e as transformações vivenciadas nos papéis familiares ao longo do século XIX. Lancei algumas questões sobre a convivência em família e os espaços de morada, as “idades da vida” e suas representações sociais, a construção de um ideal de mulher ligado à maternidade, a educação dos filhos como forma de garantir a formação dos cidadãos, o processo de valorização e individualização da infância, a manutenção da figura masculina como responsável pelos bens materiais e sua soberania nas esferas pública e privada.

Para finalizar, fiz uma abordagem intertextual das principais cerimônias que pontuaram a vida privada da família oitocentista – batismo, primeira comunhão, formatura e casamento. Minha principal intenção foi perceber como a família Ribeiro de Avellar se relacionava socialmente e com quem. As correspondências foram uma fonte bastante rica de onde proveio a narrativa de um tempo conjunto – dedicado a lazer, eventos sociais e cerimônias – que tece uma afetividade e uma intimidade entre aqueles que o compartilham. Nesse entrecruzar de tempos levantei as práticas familiares relacionadas ao novo habitus de estabelecer uma dada sociabilidade que servisse – através de visitas, cartas, *cartes de visite*, apadrinhamentos etc. – para reforçar os laços afetivos e de solidariedade no interior desse seleto grupo social. Ao fim destas palavras, cumprida a tarefa da apresentação formal, resta-me fazer o convite para que o leitor vire a página e persiga comigo estes diversos destinos particulares que deixaram o rastro de uma história em família e, ao mesmo tempo, de uma história da família.

Rio de Janeiro, março de 2008.

PARTE I

A Força da Tradição

Bico-de-pena da fazenda Pau Grande, 1871.

1

*Esboços de genealogia**

Em 26 de novembro de 1849, José do Desterro Pinto, presbítero secular e vigário da freguesia de São Francisco Xavier do Engenho Velho, tomou os depoimentos verbais de aceite de matrimônio do "excelentíssimo Joaquim Ribeiro de Avellar", natural de Paty do Alferes, região cafeicultora do vale do Paraíba fluminense, e da "excelentíssima d. Mariana Velho da Silva", nascida e batizada na freguesia de São José, na corte. Logo depois, registrou as bênçãos na forma do ritual romano. Para finalizar, na presença dos pais dos noivos, assinaram o *Livro de casamento de pessoas livres* o próprio celebrante e as testemunhas d. Mariana Velho e Motta, baronesa de Jacotinga, o marquês de Itanhaém e José Maria Correia de Sá.[1] Neste momento, o que estava em questão eram a confirmação das núpcias e a concretização dos laços matrimoniais.

A cerimônia e as festividades do casamento, no entanto, haviam ocorrido nove dias antes, em 17 de novembro, no oratório da residência do conselheiro José Maria Velho da Silva, dentro da imperial Quinta da Boa Vista. Enfim, consagrava-se uma negociação entre famílias que durara cerca de sete anos. O noivo, Joaquim Ribeiro de Avellar Jr., filho único do barão de Capivary, grande cafeicultor e proprietário de terras e escravos no vale do Paraíba, herdaria toda a fortuna do pai, após a morte deste, em 1863. A noiva,

---

* O conceito de genealogia adotado neste livro busca as origens familiares e de linhagem remontando a suas estruturas de parentesco e situando-as historicamente. Vista dessa forma, a genealogia auxilia a reflexão histórica e a discussão sobre os papéis familiares à luz da micro-história. Contudo, se contrapõe a uma corrente memorialista que a compreende como instrumento de busca das origens, "bagagem que se repete" em tempos e espaços diferenciados, estando, portanto, fora da história. Ver F. Héritier, "Parentesco"; "Família"; "Casamento", in R. Romano, *Enciclopédia Einauldi: Parentesco,* e M. Foucault, "Nietzsche, a genealogia e a história".

Mariana Velho da Silva, era primogênita do casal Leonarda Velho da Silva e José Maria Velho da Silva, com muito prestígio na corte e proximidade com os imperiais – na época do matrimônio, ocupavam, respectivamente, os cargos de confiança de dama da imperatriz Teresa Christina e porteiro da Imperial Câmara, guarda-jóias e mordomo da Casa Imperial.

Infelizmente, não é possível saber, com certeza, que familiares e convidados compareceram ao grandioso evento na Quinta da Boa Vista. Levando-se em consideração os nomes dos padrinhos que assinaram como testemunhas, pode-se afirmar que seu prestígio não era de desprezar. Dentre os parentes estavam d. Mariana Eugênia Velho da Motta, ex-dama do Paço e avó da noiva, e sua filha d. Mathilde Carolina Velho da Veiga, baronesa de Jacotinga e viúva de Manoel Bernardes Pereira da Veiga, médico da Real Câmara e físico-mor da rainha d. Maria I, além de comendador da Real Ordem de Cristo de Portugal. Outra testemunha foi Manoel Inácio de Andrada Souto Maior Pinto Coelho, marquês de Itanhaém, substituto de José Bonifácio na tutoria de d. Pedro II, tendo atuado no controle da educação do príncipe até a antecipação de sua maioridade, em 1840. E ainda José Maria Correia de Sá, sexto neto do quinto visconde de Asseca – de ascendência portuguesa, foi gentil-homem da Câmara do imperador e proprietário do engenho Olho D'Água, atual região de Jacarepaguá. Com esses nomes titulados sacramentava-se a pompa da cerimônia, transformando-a num acontecimento social.

Com os indícios apresentados até o momento, é possível afirmar que se tratava de um acordo matrimonial, acertado entre dois núcleos familiares provenientes da elite imperial, como tantos outros que se realizavam para manter a honra e a fortuna das casas envolvidas. Dentro de tal lógica, foi recorrente até o século XIX o recurso de se constituir matrimônio dentro da mesma família ou entre troncos familiares com negócios em comum com o objetivo de não deixar a riqueza se dissipar. Esse artifício de casamentos endógenos, tanto sanguíneos quanto financeiros, já havia sido utilizado pelos dois ramos familiares em questão.

No entanto, a união entre Joaquim Ribeiro de Avellar Jr. e Mariana Velho da Silva não se enquadrava nesse caso. Os noivos não eram parentes nem as famílias estavam previamente ligadas por algum acordo comercial. Tratava-se da aproximação, via aquisição de laços matrimoniais, de dois troncos distintos, um pertencente à aristocracia rural e o outro ao corpo de funcionários públicos do Estado. Os locais de poder político e social desses núcleos familiares ficaram demarcados, coincidentemente, pelos lugares de batismo dos noivos: Joaquim provinha da vila de Paty do Alferes; Mariana nascera na capital. Ou seja, numa primeira interpretação, essas famílias aparecem distanciadas em termos de origem da fortuna e localização geográfica, apesar de integrarem o reduzido círculo da elite social do Império. O que teria promovido essa aproximação?

No caso da família Avellar, abria-se mão de fazer um casamento entre ramos de proprietários rurais, o que, no futuro, certamente aumentaria a fortuna e a importância desse tronco, já que a terra era um elemento de poder estruturador e hierarquizador fundamental na sociedade imperial. Quais os interesses de ambas as famílias nesta junção? Como se deu a aproximação entre elas? Em épocas de casamentos arranjados, por que esta e não outra união foi a acertada? Estes são alguns aspectos que analisarei através deste esboço da genealogias.

A família Ribeiro de Avellar

Essa história começa quando o capitão-mor Francisco Gomes Ribeiro partiu da aldeia portuguesa da Boafúria, região da Extremedura, com destino ao Brasil, ainda na segunda metade do século XVIII. Ao chegar ao Novo Mundo, estabeleceu moradia na rua Direita e sentou praça no Rio de Janeiro, onde administrava negócios e imóveis. Ao consolidar sua posição de próspero comerciante, recebeu, em 23 de maio de 1735, a concessão da sesmaria da Manga Larga, vizinha das terras do Pau Grande, ambas cortadas pelo Caminho Novo, que ligava a região mineradora a Paraty.[2]

A situação vivida por Francisco Gomes Ribeiro não era atípica. Segundo João Luis Fragoso, no sistema escravista colonial "as relações de poder assumiam o papel de relações de produção e a mobilidade social significava tornar-se senhor de homens".[3] Dessa forma, era muito comum que a elite mercantil investisse recursos em terras e atividades agrícolas, nas quais o trabalhador direto era propriedade de outro homem, ou seja, escravo. Esse movimento permitia não só a reiteração física do sistema escravista, mas também a ascensão social e aquisição de prestígio por parte do comerciante de grosso trato, mesmo que nesse processo ele perdesse dinheiro. O que estava em jogo era a possibilidade de acumular bens simbólicos e não somente capital. A mesma lógica ligada à aquisição de prestígio fazia com que a elite mercantil gastasse boa parte de sua fortuna na obtenção de mercês, honrarias e títulos da Coroa e em vultosas doações às irmandades religiosas e ao erário público.

Em meados do século XVIII, o capitão-mor Francisco Gomes Ribeiro recebeu três sobrinhos vindos de Portugal: o padre Marcos, Manoel e Francisco Gomes de Avellar. Após a morte do tio, Manoel e Francisco passaram a proprietários da sesmaria do Pau Grande, que esteve nas mãos dos Ribeiro de Avellar desde a primeira geração, mesmo que os negócios de grosso trato e não a agricultura fossem a principal atividade familiar.

Era uma prática bastante comum entre os comerciantes coloniais trazer parentes, principalmente sobrinhos, para os ajudarem como caixeiros. Na terceira geração de portugueses do ramo Avellar que migrou para o Brasil, estavam os irmãos Antônio Ribeiro de Avellar e José Rodrigues da Cruz. As redes de parentesco e solidariedade entre comerciantes tinham a função não só de acolhimento no momento inicial da carreira, mas também de auxílio no processo de galgar posições dentro da hierarquia mercantil. O próprio Antônio Ribeiro de Avellar foi recebido pelo tio para aprender o ofício de comerciante, mas depois, em 5 de maio de 1788, montou – em parceria com o irmão e o cunhado Antônio dos Santos – a Companhia Comercial Avellar e Santos, que se tornaria uma importante casa comercial do Rio de Janeiro. Estabelecida na rua dos Pescadores, conhecido reduto de comerciantes de grosso trato da capital, a companhia prestava serviços de comissário e correspondente comercial para diversos fazendeiros da colônia. Seus interesses também se alastravam para as áreas de transporte e abastecimento do mercado interno, já que levavam produtos, principalmente açúcar, do interior para a capital pelo rio Inhomirim.

Os negócios da Companhia Avellar e Santos eram diversificados. Em 1790, Antônio Ribeiro de Avellar comprou o contrato anual dos dízimos do Rio Grande do Sul[4] em sociedade com outro cunhado, José Rodrigues Pereira de Almeida.[5] O trio deteve o monopólio de arrecadação do imposto entre 1791 e 1794 e do quinto dos couros e do municio das tropas entre 1794 e 1796.* Ainda perseguindo a intenção de expansão e solidificação de sua rede mercantil, o grupo associou-se no Brasil a outros membros da família Pereira de Almeida: o traficante de escravos e comerciante de grosso trato João Rodrigues Pereira de Almeida e seus irmãos Manoel e Joaquim Pereira de Almeida.** O estreito relacionamento de Antônio Ribeiro de Avellar com pessoas envolvidas no tráfico atlântico de cativos, a diversidade nos negócios

* Por quinto dos couros e do gado em pé subentende-se a arrecadação de 20% sobre os couros produzidos e sobre o gado em pé vendido para fora da capitania. O municio era um contrato específico do Rio Grande do Sul que recaía sobre "farinhas e carnes para o municio das tropas", ou seja, o Estado delegava a um particular o abastecimento do Exército depois de estabelecido o valor de quanto pagaria pelo alqueire de mandioca e arroba de carne. H. Osório, "As elites econômicas e a arrematação dos contratos reais...", in J.L. Fragoso, *O Antigo Regime nos trópicos...*, p.115-9.

** Para se ter uma idéia da excelente rentabilidade do negócio, oito dos 20 maiores negociantes sediados na corte foram contratadores dos dízimos, quintos dos couros, municio das tropas ou do registro de Viamão no Rio Grande do Sul, entre 1762 e 1793. Em todos os casos, depois de enriquecidos, buscavam prestígio social e se habilitavam a receber honrarias como a comenda da Ordem de Cristo. Com Antônio dos Santos e Antônio Ribeiro de Avellar não foi diferente, tendo ambos recebido o título de cavaleiro. H. Osório, *Comerciantes do Rio Grande de São Pedro...*

da companhia e o rápido enriquecimento dos sócios me levaram a supor que os Avellar também estiveram ligados ao comércio de almas.

Através dos inventários deixados pelos dois sócios da companhia comercial é possível verificar investimentos diversificados em jóias, prédios, negócios rurais, navios, escravos e moedas, computando um montante bruto de 132:699$094 para Antônio Ribeiro de Avellar e de 96:816$860 para Antônio dos Santos.[6] Em relação aos investimentos nas áreas rurais, a sociedade Avellar e Santos conseguiu reunir em terras um patrimônio de 17 sesmarias – cinco no Pau Grande, cinco em Ubá e sete no Guaribu –, que formavam a chamada casa do Pau Grande. Contudo, é importante lembrar que tanto as terras do Pau Grande quanto outros bens e imóveis na capital eram originários de proventos acumulados no grosso trato pela família Ribeiro de Avellar, estabelecida na corte desde sua chegada do Velho Mundo.*

Por muito tempo, José Rodrigues da Cruz, irmão de Antônio Ribeiro de Avellar, possuidor de um terço da sociedade, foi o único a morar na fazenda com a mulher e os filhos. Em suas impressões de viagem, o francês Auguste Saint-Hilaire, que passou pela região do Pau Grande em 1816, descreveu que a propriedade era um vasto engenho de açúcar: "um dos mais importantes que vi no Brasil, excetuando talvez os do Colégio, perto de São Salvador de Campos, construído pelos jesuítas."[7] A grandiosidade do engenho também pode ser confirmada pelo volume de maquinários e engenhocas envolvidos na manipulação do açúcar e na construção de moradia para trabalhadores. No seu interior produziam-se ainda grãos para a alimentação de animais, principalmente burros e cavalos, que operavam nas tropas que desciam a serra em direção ao porto da capital. A fazenda possuía usinas, senzalas (alinhadas em semicírculos na frente da habitação do senhor), destilaria, caldeiras, moenda movida a água, pilão para quebrar o milho, moinho para fazer fubá, ralo para farinha de mandioca e engenho de serrar, todos movimentados pela força da água através da tecnologia implementada por um mecânico enviado ao Brasil pelo marquês de Pombal.[8] Além de se dedicar à administração no Pau Grande, José Rodrigues da Cruz atuou como colonizador de terras e civilizador de índios a mando da Coroa portuguesa.[9]

Segundo Saint-Hilaire, José Rodrigues da Cruz teria conseguido construir esta sólida empresa açucareira após sua associação com comerciantes da praça do Rio de Janeiro, com certeza depois da formação da Companhia Avellar e Santos e da liberação de capitais para investimentos. O mesmo viajante atribui ainda a José Rodrigues da Cruz um excelente relacionamento

---

* Os valores numéricos em dinheiro usados neste trabalho devem ser lidos como no exemplo a seguir: 750$000 (750 mil réis); 750:000$000 (750 contos de réis) e 750.000:000$000 (750 mil contos de réis).

com os índios: "iam visitá-lo em Pau Grande, dava-lhes de comer, regalava-os com aguardente e estes acabaram por convencê-lo a ir se estabelecer entre eles."[10] O que, sob o olhar estrangeiro, parecia despretensioso, há muito já havia constituído uma prática de dominação e civilização de índios, tendo em vista, essencialmente, a ocupação de terras e a conversão de almas. Com esse objetivo, o conde de Linhares, ministro de Estado, encarregara José Rodrigues da Cruz de partilhar as terras antes pertencentes aos índios denominados Coroados, ficando para si as de Ubá, onde fundou um engenho de açúcar, uma serraria e um moinho de fubá.

Até fins do século XVIII, os negócios pareciam fluir bem para os irmãos portugueses. Enquanto José Rodrigues da Cruz caía nas graças da Coroa devido aos serviços prestados em "negócios do sertão", o futuro capitão Antônio Ribeiro de Avellar, que se casara com Antônia Maria da Conceição – filha de Braz Gonçalves Portugal, comerciante e provedor da irmandade de Santa Rita –, consolidava-se como um dos principais comerciantes da praça do Rio de Janeiro. Sua rede mercantil passou a abranger Minas Gerais e Rio Grande do Sul e as cidades de Porto e Lisboa. Além disso, Antônio Ribeiro de Avellar constava como arrematante de impostos em Minas Gerais e no Rio Grande do Sul, sendo ainda sócio dos irmãos Pereira de Almeida em diversos empreendimentos. No entanto, futuramente, esse quadro favorável para os negócios iria mudar.

No inventário de Antônio Ribeiro de Avellar, sua fortuna estava concentrada majoritariamente em bens rurais, dentre eles a fazenda Pau Grande, com 9.999,6 hectares e 221 escravos.[11] Na avaliação de João Luis Fragoso, essa transformação decorria da lógica portuguesa quinhentista, em que era comum a utilização da acumulação mercantil para reproduzir uma hierarquia econômica e social aristocratizada onde o não-trabalho e a fortuna rentista eram sinônimos de status. Assim, na busca de mais prestígio social, muitos comerciantes bem-sucedidos investiram na aquisição de terras e escravos, o que explica o fato de que nas origens das fortunas das grandes famílias do café estejam os lucros obtidos com o comércio na praça do Rio de Janeiro, como no caso aqui estudado.[12]

Gostaria de acrescentar um aspecto conjuntural que muito favoreceu para que, em pouco tempo, a riqueza de Antônio Ribeiro de Avellar fosse totalmente convertida em bens e negócios rurais. As terras do Pau Grande ficavam às margens do Caminho Novo e, portanto, como de costume na colônia, serviam de pouso para muitos viajantes que por ali passavam. Segundo Roberto Moraes, o alferes Joaquim José da Silva Xavier, o Tiradentes, era freqüentador da fazenda Pau Grande e da casa de Antônio Ribeiro de Avellar na capital. Outro aspecto que acabaria envolvendo Antônio Ribeiro de Avellar no processo da Devassa foi sua amizade e troca de correspondências com o inconfidente João Rodrigues de Macedo, responsável pela casa dos Contos de

Vila Rica.[13] Durante o interrogatório da Devassa, Antônio Ribeiro de Avellar abriu mão de parte de seus bens para se livrar do processo. Pouco tempo depois, em 1794, o negociante faleceu, deixando mulher e dez filhos. Em dificuldades para tocar a casa comercial, a família passou a residir a maior parte do tempo na fazenda.

Ainda com o inventário em andamento, em 27 de abril de 1797 foi desfeita a sociedade Avellar e Santos. Antônio dos Santos e José Rodrigues da Cruz[14] venderam suas partes na fazenda para o sobrinho Luis Gomes Ribeiro, que havia feito fortuna nas minas de Serro do Frio. A partir de então, a viúva de Antônio Ribeiro de Avellar viveu, exclusivamente, em Pau Grande, com as filhas casadas Joaquina Mathilde de Assumpção (esposa do novo sócio Luis Gomes Ribeiro) e Rosa Joaquina do Bonsucesso (mulher de José Maria Salter de Mascarenhas), e os outros filhos solteiros: Maria Angélica, Ana Angélica, Emerenciana, Francisco, Mariana Luiza, Luis, Felisberta e Joaquim.

A sociedade entre d. Antônia e o genro perdurou até 1817, quando, devido a desentendimentos em torno da administração da propriedade, o casal Gomes Ribeiro e filhos se retiraram de Pau Grande para a fazenda Guaribu, recebida em troca na negociação. Até seu falecimento, em 1828, a matriarca foi auxiliada pelo filho caçula Joaquim, futuro barão de Capivary. O inventário de d. Antônia apontou, dentre outras coisas, que o núcleo Ribeiro de Avellar – originariamente pertencente ao grupo de imigrantes portugueses e comerciantes de grosso trato residente no espaço urbano – tinha se convertido, definitivamente, em uma família na qual a renda estava concentrada na posse de terras e escravos e na exploração da atividade agrícola. O montemor dos bens da finada foi calculado em 133:122$618, distribuídos em terras, casas de vivenda, capela, senzala e outras construções, além de escravos, ferramentas de lavoura, árvores, plantações etc.

Já o monte dos bens familiares foi alterado de 132:699$094 para 133:122$618 mil réis, o que demonstra uma pequena queda no padrão de vida, uma vez que, apesar de o valor bruto total ter subido, devem ser levados em consideração a inflação e o aumento do custo de vida ao longo de 34 anos. Uma das formas que a família Ribeiro de Avellar encontrou para preservar seu patrimônio coeso foi o isolamento. Após a morte do patriarca Antônio Ribeiro de Avellar, nenhuma das filhas solteiras contraiu matrimônio, evitando-se assim o pagamento do dote e a divisão das terras. Com o aval das irmãs solteiras, Joaquim Ribeiro de Avellar passou a administrar todos os bens da casa Pau Grande através da Avellar & Cia, escriturada em 1839. Na época, ainda faziam parte da sociedade Mariana Luiza, Ana Angélica e Maria Angélica. Com o passar dos anos, depois do falecimento dos herdeiros do Pau Grande, Joaquim Ribeiro de Avellar Jr., filho e homônimo do barão de Capivary, foi incorporando as porções proporcionais de terra, até que, em 1863, passou a ser o único dono da fazenda.

No entanto, desde a década de 1840 a casa do Pau Grande já havia se tornado uma próspera fazenda de café com mais de 700 escravos.[15] A posição de grande cafeicultor rendeu ao pai Joaquim Ribeiro de Avellar riqueza e influência política na região do vale do Paraíba e da corte. Os negócios agroexportadores eram representados, no Rio de Janeiro, pela Avellar & Cia, um serviço de comissariado administrado por Domingos Alves da Silva Porto. Os dois empresários se correspondiam de duas a três vezes por semana para tratar tanto de negócios – preço do café, qualidade dos grãos, organização e gastos das tropas da vila de Paty do Alferes para a corte e envio de encomendas – quanto de assuntos pessoais – casamentos, condição de saúde, conquista do baronato.

A educação do filho Joaquim Ribeiro de Avellar Jr. era uma questão importante e foi tratada minuciosamente pelo correspondente Domingos Alves da Silva Porto. O menino era proveniente de uma relação de Joaquim Ribeiro de Avellar com Maria dos Anjos, mulher dita solteira nos documentos oficiais, mas casada segundo a tradição familiar. Após o nascimento, a criança passou a morar na fazenda com o pai e as tias. Pelas correspondências e certidão de perfilhação, é impossível identificar quem era essa mulher, se era alguma agregada da fazenda ou se chegou a coabitar com o filho na casa-grande. Contudo, é possível saber que o menino Joaquim foi criado e educado na fazenda, tendo recebido instrução num dos melhores colégios da corte. Durante o período em que esteve no Rio de Janeiro, foi tutorado por Domingos Alves da Silva Porto, que tratou de mandá-lo fazer os estudos superiores na Europa.

> Rio de Janeiro, 6 de fevereiro de 1838.
>
> Ainda hoje fui ver o cara da embarcação, que me assegurou que vão passageiros brasileiros e que sairá o mais tardar até 25 do corrente. Depois que chegar, obteremos as cartas que se julgarem precisas. Sei que a separação é violenta, porém não valerá a pena aumentar sua instrução? Torná-lo mais digno da estimação geral pelas maneiras polidas, que lá deve adquirir, como pelo maior número de idéias grandes, que impossível é que não ganhe residindo três ou quatro anos em uma nação onde tudo é grande e maravilhoso.
>
> Quando regressar é que poderá bem calcular todo o acerto de o haver mandado. Os que aprendem no Brasil ficam com idéias muito acanhadas e assim há de acontecer com o filho do Joaquim dos Santos.
>
> Remeto as sementes e adeus.
>
> Seu amigo sincero e obrigado,
>
> Domingos Alves da Silva Porto.[16]

Domingos demonstrava preocupação em acertar a ida de Joaquim para a Europa. Pelo porto da capital transitavam os mais diferentes tipos de comerciantes, sendo difícil encontrar embarcações regulamentadas e tratar com pessoas idôneas que garantissem um itinerário direto e seguro para a Europa. Seu argumento para convencer Joaquim Ribeiro de Avellar estava atrelado ao diferencial de educação e prestígio que uma temporada no Velho Continente gerava naquela sociedade. Um período de três ou quatro anos de saudades que seriam recompensadas, em sua opinião, por instrução, maneiras polidas e idéias civilizadas. Suas despedidas demonstram uma proximidade e amizade de quem há muito tempo cuidava dos interesses desta família. Aproveitando a ocasião ainda escreve: "remeto as sementes", colocando em dia os assuntos de negócios.

O cuidado de Domingos Alves da Silva Porto em prover o rapaz com a melhor educação e instrução possível demonstrava, de sua parte, um grande conhecimento da lógica social e de prestígio da elite imperial. Através de uma temporada na Europa para estudos, sua intenção era apagar um nascimento ilegítimo dentro de uma rica família de fazendeiros de café. A sentença de perfilhação expedida em Vassouras, a 22 de agosto de 1843, aponta na mesma direção. Nela, o futuro barão de Capivary declarava ter criado, sob sua responsabilidade e custeio, Joaquim Ribeiro de Avellar Jr. e o reconhecia como seu filho legítimo, com direito a sua herança.[17] Com isso, reuniam-se na figura de Joaquim Ribeiro de Avellar Jr. educação e fortuna. Seguindo a mentalidade hierarquizante da sociedade imperial, restava agora conquistar o tão almejado prestígio social. O próximo passo seria estabelecer um acordo de casamento com uma família de nome honrado e boas relações com a corte.

A família Velho da Silva

O ramo da família Velho da Silva no Brasil foi fundado pelos irmãos portugueses Manoel, Amaro, Francisco e Domingos, que migraram durante a segunda metade do século XVIII.[18] A região do Entre Douro e Minho era conhecida pelo recorrente fluxo migratório desde as crises de fome no século XVI. Tal processo, segundo João Luis Fragoso, está na origem das *melhores famílias*, grupos ou indivíduos provenientes da pequena fidalguia ou da elite de alguma capitania pobre que se instalaram no Rio de Janeiro. No caso dos irmãos Velho da Silva, mesmo se tratando de uma imigração bastante tardia, se comparada aos estudos de Fragoso, pode-se presumir que eram uma gente com nobreza no passado, todavia com dificuldades de manter a fortuna condizente com seu status social, o que explicaria, inicialmente, sua transferência para o Brasil na segunda metade do Setecentos.[19]

No século XVIII, o prestígio desse tronco familiar estava mantido. Manoel, Amaro e Domingos Velho da Silva receberam a comenda de cavaleiros professos da Ordem de Cristo. Entretanto, o mesmo não se pode inferir a respeito da riqueza. A alternativa de tentar a vida na colônia portuguesa do

Novo Mundo parece ter surgido no sentido de arriscar fortuna e buscar enriquecimento, seguindo o exemplo de muitos outros componentes da fidalguia portuguesa empobrecida.

Enquanto Francisco e Domingos Velho da Silva desembarcaram no Rio Grande do Sul, Manoel e Amaro deixaram Portugal com destino ao Rio de Janeiro.[20] Em 1788, esses dois irmãos fundaram uma sociedade universal, porém não escriturada, e seis anos depois já constavam no *Almanaque do Rio de Janeiro* como comerciantes de importação e exportação estabelecidos na rua dos Pescadores. Em 1795, a mesma sociedade comercial, agora legalizada, aparece como portadora de veleiros e de negócios na Ásia: "traziam especiarias, louças da China, exportavam madeiras, principalmente pau-brasil e açúcar."[21] No entanto, as negociações iam mais longe. Conforme carta de 1799 do conde de Resende, Manoel e Amaro estavam envolvidos nos "negócios d'África", tendo sido identificados entre os maiores traficantes de escravos do Brasil, ocupando o terceiro e décimo lugares, respectivamente.[22] Essa colocação de destaque me leva a supor que tal negócio não tinha sido iniciado há pouco tempo. Provavelmente desde que chegaram ao Rio de Janeiro, os Velho da Silva estiveram ligados ao tráfico de cativos.*

A rápida ascensão social dos dois irmãos no Rio de Janeiro está, com certeza, ligada ao que Ângela Xavier e Antônio Hespanha chamaram de "economia moral do dom" – a existência de uma rede de relações assimétricas onde cidadãos, através de serviços para a Coroa e troca de favores, adquiriam honras, liberdades, mercês e privilégios. Ao mesmo tempo, esse tipo de concessão desigual legitimava a monarquia no papel de controle das representações individuais e das ordens na sociedade, esta regulada pela lógica da hierarquização, característica do Antigo Regime.[23] Em se tratando de uma colônia, a Coroa se fazia representar pela vasta burocracia real e, principalmente, pelo vice-rei.

As atitudes de Manoel Velho da Silva mostram que ele dominava, com destreza, os códigos de atuação e a lógica da "economia moral do dom", pois oferecia ao governo colonial, anualmente, uma grande quantidade de cabeças de gado, provenientes de sua fazenda na freguesia de Tambi. Seus favores ao Estado não paravam por aí. Contribuiu diversas vezes, juntamente com o irmão Amaro, com o erário público e pagou a construção do forte do morro de Boa Vista para a defesa da cidade. Por causa dessas benesses à Coroa, foi nomeado para postos militares de prestígio, além de ter assumido cargos públicos como procurador e vereador da Câmara, ouvidor, juiz de lei e tenente-

---

* Segundo M. Florentino (*Em costas negras...*, p.192), muitos comerciantes que faziam tráfico de escravos também se dedicavam ao setor de abastecimento e se envolviam organicamente com o comércio de gêneros para a própria capitania do Rio de Janeiro. Além disso, investiam em frete de embarcações e companhias de seguros.

coronel de milícias.* Outro aspecto que pode ter interferido positivamente no processo de ascensão social dos irmãos Amaro e Manoel Velho da Silva, foi o casamento deste último com Leonarda Maria da Conceição, filha de d. Antônia Tereza de Jesus e Domingos Vieira Pinto, negociante português e capitão de embarcações de escravos na rota Luanda–Rio de Janeiro. Esses importantes contatos dos Vieira Pinto nos "negócios d'África" devem ter auxiliado o crescimento da companhia de comércio dos irmãos Velho da Silva, principalmente no tocante ao tráfico de escravos.

Manoel Velho da Silva, "cavaleiro professo da Ordem de Cristo, negociante e cidadão desta cidade", morreu em 10 de abril de 1807, deixando, conforme descrito em seu testamento, viúva e seis filhos: Amaro Velho da Silva, capitão e cavaleiro professo da Ordem de Cristo (futuro visconde de Macaé com ordem de grandeza);[24] Manoel Velho da Silva, tenente e cavaleiro professo da Ordem de Cristo; Maria Thomázia Velho; Leonarda Maria Velho; Mathilde Carolina Velho e Mariana Alexandrina Velho da Silva. Após seu falecimento, os dois filhos mais velhos herdaram a direção da casa comercial. E, em 1811, com a morte do tio Amaro Velho da Silva, os sobrinhos requereram para si a administração dos negócios da família.**

A partir de então, a sociedade passou a se chamar Viúva Velho e Filhos. Segundo João Luis Fragoso, a companhia comercial da família Velho da Silva ocupava a décima quarta posição entre os maiores traficantes de escravos para o Brasil, o que demonstra uma manutenção do poderio econômico montado pelos fundadores da empresa. Para tal, esta teria realizado 18 viagens à África entre 1811 e 1830, utilizando duas galeras, um navio e dois bergantins. A consolidação do patrimônio familiar procurou seguir algumas regras características da mentalidade econômica do Antigo Regime: diversificação de negócios, aquisição de bens de prestígio através de doações, mercês e compra de cargos e honrarias e, ainda, política de casamentos.

---

* Na colônia, os cargos camaratários eram disputados nas localidades entre grupos economicamente influentes. As Câmaras municipais serviam como vias de acesso a privilégios que possibilitavam nobilitar colonos, fazendo-os participar do governo e transformando-os em cidadãos.

** A herança fidalga reivindicada pela família Velho da Silva ficou mais fácil de ser reconhecida após a chegada da corte, em 1808. Acumulando as funções de conselheiro do monarca, comendador da Ordem de Cristo, fidalgo da Casa Real e tenente-coronel de milícias da corte, o negociante Amaro Velho da Silva requereu sua carta de brasão de armas, na qual se dizia pertencente à "Casa de Fervença, uma das mais distintas de Portugal", além de descendente de Gonçalo Velho Cabral, descobridor das ilhas Terceiras e dos Açoures. Sua intenção era reafirmar a honra de sua casa familiar através da recuperação de uma memória ligada à fase áurea das conquistas e do Império colonial português. Ver: "Brasão de armas do conselheiro Amaro Velho da Silva", expedido em 28 de janeiro de 1813, in M.A.V. da Motta, *O conde da Motta Maia*, p.25.

O negócio do tráfico de cativos era bastante vantajoso, todavia instável. Os envolvidos estavam sujeitos a pirataria, alta mortandade de escravos no percurso da África para o Brasil, naufrágios etc. Era necessário diversificar as áreas de investimento, que se ramificavam para imóveis, jóias e metais preciosos, compra de ações, companhias de seguros e fornecimento de crédito. Dessa forma, a fortuna da família Velho da Silva conseguiu ser mantida e até ampliada durante a primeira metade do século XIX. Possuíam dois engenhos de açúcar, uma imensa chácara na Glória, onde residiram por muito tempo com todos os filhos, genros e netos, além de diversos terrenos e casas no Centro da cidade,[25] de onde recebiam aluguéis. Sem contar as ações da Companhia de Seguros Marítimos Indemnidade, com capital subscrito em cinco mil contos de réis.[26] Em seu livro *Homens de grossa aventura*, Fragoso coloca d. Leonarda Velho da Silva no rol das maiores fortunas inventariadas nos anos de 1820, 1825 e 1840, tendo consolidado um monte no valor de 285:499$677 que incluía 254 escravos, negócios rurais e mercantis, louças, metais, roupas etc.

O segundo artifício utilizado para a consolidação do patrimônio familiar pode ser evidenciado através da política de aquisição de prestígio adotada por d. Leonarda e sua família. A chegada da família real portuguesa no Rio de Janeiro, em 1808, certamente significou uma grande oportunidade para a consolidação de tal cabedal social e econômico. Até aquele momento, a sociedade fluminense jamais havia presenciado tantas recepções, cerimoniais, festas e banquetes, que acabaram por desencadear uma verdadeira cruzada por nobilitação entre a elite dirigente local. Como afirmou Jurandir Malerba, a presença da corte promoveu um reordenamento político-jurídico no país ao mesmo tempo em que possibilitou o encontro de duas configurações sociais distintas: a corte portuguesa migrada com a família real e a sociedade fluminense que a recebeu, tendo no ápice de sua hierarquia os comerciantes de grosso trato, grupo no qual a família Velho da Silva se inseria.[27]

O cunhado de d. Leonarda, Amaro Velho da Silva, fez parte da comitiva que recebeu a família real em 8 de março de 1808. Em suas memórias, o padre Perereca conta que, após o desembarque, a família real se recolheu sob "um precioso pálio de seda de ouro encarnada", cujos suportes eram sustentados por pessoas de grande importância, dentre elas Amaro Velho da Silva, cidadão e ex-vereador, que "foi convidado para esta ação que tanto honrou a todos".[28] Tanto na chegada da corte quanto em 1818, na aclamação de d. João VI, a chácara da família foi ornamentada e iluminada com lanternas que podiam ser vistas da baía de Guanabara, o que demonstrava o prestígio dos saudados e a opulência dos que ofereciam as saudações.

A preocupação de comerciantes de grosso trato de investir em bens de prestígio revela, por um lado, suas intenções de consolidar o pertencimento ao grupo dirigente da sociedade e, por outro, a própria necessidade de reprodução de uma dada ordem social e econômica. À medida que a riqueza da casa dos Velho da Silva se consolidava, suas ligações com a corte se estreitavam. Um bom exemplo é que d. Leonarda foi dama do Paço, assim como suas filhas Leonarda Maria Velho e Mariana Eugênia Alexandrina. Além disso, dois de seus netos, Carlota Adelaide e José, tiveram d. João como padrinho de batismo, que lhes concedeu tal honra por procurações passadas ao conde de Belmonte e ao marquês de Torres Novas, respectivamente.

A relação próxima com a Coroa se dava por troca de favores e contribuições ao Estado, através da perpetuação da "economia moral do dom". Nesse aspecto, primeiramente a transferência da capital e, em seguida, o processo de "interiorização da metrópole", iniciado com a chegada da família real, intensificou-se a utilização indireta do aparelho estatal pela elite mercantil.[29] Em função de suas fortunas pessoais e de sua prontidão em cooperar financeiramente com a Coroa no atendimento das necessidades do Estado, esses negociantes encontraram novas e maiores oportunidades de acesso a títulos e cargos de poder. Ou seja, impelidos por uma mentalidade arcaica, própria do Antigo Regime, esses homens seguravam a "bolsa do rei" almejando obter, em troca, distinção, honra e prestígio, garantidos pelas concessões de nobilitações. Mas não era só isso. Buscavam também favores com retorno material, como aposentadorias, nomeações para postos da administração pública e arrematação de impostos, além de outros privilégios.

Os filhos de d. Leonarda, Manoel e Amaro Velho da Silva, foram agraciados por d. João VI com a comenda da Ordem de Cristo e os títulos de conselheiros e fidalgos da Casa Real após o oferecimento de 60 contos de réis, como empréstimo ao Estado, destinados ao atendimento de urgências. Em 1812, Manoel foi nomeado deputado da Real Junta do Comércio. Amaro recebeu a comenda da Ordem de Nossa Senhora da Conceição de Vila Viçosa, tornando-se mais tarde visconde de Macaé, além de conselheiro de Estado, como seu irmão.

É necessário considerar ainda o papel do arranjo de casamentos vantajosos para o engrandecimento da casa familiar. Estes poderiam ser endógenos ao próprio grupo social dos comerciantes, como foi o caso de Maria Thomásia, casada com Manoel Guedes Pinto, também traficante de escravos, que acabou consolidando sociedade nos negócios com a sogra, d. Leonarda Maria, conforme declarado em inventário.[30] Ou entre grupos sociais distintos. No caso deste último, a exigência maior recaía sobre a equidade de fortuna, procurando-se, de preferência, funcionários da burocracia real ou bacharéis. Havia também os casamentos endogâmicos, que procuravam fortalecer laços de solidariedade e manter a fortuna familiar.

A união dos primos José Luiz da Motta e Mariana Eugenia Velho e Motta (nome de casada) foi celebrada na igreja da Candelária em 5 de novembro de 1809. Após o casamento foram morar com d. Leonarda, o tio Amaro e os outros irmãos na chácara da Glória, usufruindo todo luxo e conforto que a propriedade possuía, além de vasta escravaria. Após a morte e conclusão do inventário de d. Leonarda, sua filha d. Mariana Eugenia, na época já dama do Paço, recebeu a importância de 31:122$166 réis distribuídos em um sobrado na rua da Candelária, um terreno na rua dos Pescadores, um terreno na rua do Passeio, uma casa na rua do Rosário n.207, uma seta de brilhantes e o restante das jóias da mãe.[31] A vida econômica do casal foi bastante confortável. José Luiz da Motta, além de ter exercido a atividade de comerciante, foi titulado comendador e possuía ações do Banco do Brasil, do qual foi diretor em 1817. Seu inventário, aberto em 27 de julho de 1842, totalizava um monte em quantia de 139:346$844, que, descontados os gastos com funeral, despesas diversas e impostos, chegou a 128:794$809, demonstrando uma boa administração dos bens e uma multiplicação da fortuna familiar herdada.[32]

Antes de falecer, José Luiz da Motta já havia articulado os contratos de casamento de cinco de suas sete filhas com pretendentes de famílias importantes ou parentes. No primeiro caso, os dotes pagos foram da ordem de 20 contos de réis, sendo que esse valor caía pela metade para os acordos endogâmicos. Dentre os enlaces realizados, me interessa aqui o que uniu Leonarda Maria Velho e Motta, dama do Paço, com seu primo José Maria Velho da Silva.

Ao que tudo indica, o casamento de Leonarda e José Maria já havia sido acertado há muito tempo. Em 1826, quando Leonarda alcançou a idade considerada ideal, contraíram núpcias: ela, aos 15 anos; o primo, aos 31. Nascido em Lisboa, José Maria Velho da Silva se mudara para o Brasil depois do falecimento do pai, Francisco Velho da Silva. Sendo recebido, no Rio de Janeiro, pelos padrinhos Leonarda Maria – viúva de Manoel Velho da Silva – e Amaro Velho da Silva, passou a trabalhar como caixeiro na loja comercial e, em 1811, herdou os negócios do tio, após a morte dele. Contudo, não se manteve muito tempo na atividade comercial, optando pela carreira de funcionário público, iniciada como tesoureiro da alfândega da corte.

Não me foi possível precisar quando essa troca de atividade foi efetuada. Todavia, acredito que esteja ligada aos primeiros sinais das pressões inglesas a respeito da proibição do tráfico internacional de almas e à perda de prestígio de seus responsáveis, já em fins da década de 1820.* A rápida

* Segundo J. Rodrigues, a imagem pública dos traficantes de escravos sofreu significativas alterações ao longo do processo que culminou na sua extinção. Até 1831, cumpriam o importante papel de introdutores de mão-de-obra no Brasil, fundamentados numa aliança com o Estado e os grandes senhores de terras. Durante esse período, gozaram de elevado conceito social. Todavia, com a proibição do comércio internacional de escravos, de ricos e influentes comerciantes passam a ser descritos como piratas e fora-da-lei. Os marcos para esse processo foram 1831, de forma branda, e 1850, quando as repressões policial e judicial se tornaram mais intensas. Todavia, não era interesse da Coroa que esses negociantes enviassem seu capital para o exterior, o que explica sua incorporação no aparelho do Estado e em outras atividades. J. Rodrigues, "Os traficantes de africanos e seu infame comércio...", p.130-55.

inserção de José Maria nos negócios do Paço pode ser explicada, certamente, pelas boas relações de sua família com a corte. Em 1826, mesmo ano de seu casamento, foi condecorado com a medalha da Ordem de Cristo e nomeado fidalgo cavaleiro da Casa Imperial por d. Pedro I, com quem tinha relações próximas. Durante a Regência, foi secretário do Tribunal da Junta Comercial, Agricultura, Fábricas e Navegação e integrou a comissão de liquidação do Banco do Brasil. Dando continuidade à carreira burocrática, ocupou o cargo de porteiro da Imperial Câmara e de guarda-jóias e mordomo interino da Casa Imperial, obtendo o título do Conselho de Sua Majestade o Imperador d. Pedro II até 1855, quando se aposentou com todas as honras.[33]

Os ocupantes de cargos palacianos compartilhavam tanto das formalidades quanto das intimidades da família imperial. Dessa maneira, detinham um status que atuava como capital simbólico diferenciador numa sociedade baseada na hierarquia. Os conselheiros de Estado, fidalgos e oficiais das Casas Real e Imperial, bem como as damas e mordomos do Paço, formavam, junto com a nobreza titulada, o grupo especial que compunha a corte durante o Segundo Reinado. D. Leonarda Maria e José Maria Velho da Silva tinham o privilégio de pertencer a esse círculo restrito. Ele havia consolidado uma vasta carreira como funcionário da Coroa. Ela representava uma longa tradição familiar de mulheres que se sucederam por gerações no cargo de dama do Paço desde a época da vinda da família real para o Brasil.

A historiadora Lilia Schwarcz, ao tratar da "política de pares" no Império, afirma que "pertencer à corte era um direito relativamente amplo, ser titular, ser nobre era um privilégio de poucos".[34] Entretanto, os bons arranjos de casamentos realizados por José Maria para seus dois únicos filhos apontam aspectos importantes. Vejamos com mais detalhes. A primogênita Mariana contraiu núpcias com Joaquim Ribeiro de Avellar Jr., filho do barão de Capivary, com honras de grandeza. E o filho homônimo se casou com Carolina Monteiro, filha de Joaquim Manoel Monteiro, visconde de Estrela, negociante português de grosso trato estabelecido no Brasil como grande capitalista e honrado com as Ordens de Cristo e da Rosa.[35]

No primeiro caso, o contrato de casamento significava para os Ribeiro de Avellar uma proximidade com o círculo social da corte que a riqueza advinda da agricultura mercantil voltada para exportação era incapaz de proporcionar por si mesma. No segundo caso, a fortuna familiar dos Monteiro era proveniente dos lucros do grande comércio, estabelecido no Rio de Janeiro a partir da chegada da família real. Mesmo com origens diferenciadas, em ambos os casos a proximidade com o Paço adquirida pelos Velho da Silva era um instrumento de barganha social tão importante quanto o título de nobreza, dependendo da influência e da importância social de seus detentores. Portanto, o casamento no interior desse grupo pode ser considerado uma questão de propriedade, pois almejava a preservação da fortuna sem perder de vista a aquisição de prestígio. Ou seja, a política de casamentos era um artifício importante para garantir a permanência do grupo familiar no seio das *melhores famílias*.

2

Acertos para uma união indissolúvel

Rio, 21 de novembro de 1842.

... O Antônio Paiva não oficializou o casamento da filha do conselheiro com o seu filho, escreveu vagamente; disse que convinha condecorar Vme. com o título de barão; pois que era muito abastado e nisso levava muito gosto, acrescentou também ter um filho único bem-educado e que podia fazer a felicidade de alguma menina ilustre, bem como a filha do Chagas tinha feito com o do visconde de Queluz.

Ora, deste não se concebe que houvesse proposta para casamento; falou-se indeterminadamente, e na verdade há muitas meninas ilustres que desejam casar com fortuna.

Deixou-se entrever a possibilidade de fazer o casamento se ambos os pais quiserem tentar e nada mais. Conheço quanto são precisas e judiciosas as suas observações, nem é urgente que a coisa seja feita já, podendo-o somente se Vme. julgar útil e no tempo que lhe parecer mais apropriado. O que queríamos era saber de sua vontade a respeito e se porventura naquela aliança não se encontrava a sua desaprovação, visto que o filho deseja ... Neste arranjo eu só procurava engrandecimento do meu amo e de seu filho, nenhum outro interesse a ele me clama. Aí não há riqueza, há educação e meios de subir as honras já pela grande afeição que as princesas têm à filha do conselheiro, já pela simpatia e respeito de S.M.I. Fique pois este arranjo para Vme. olhar de oportuno. ...

Domingos Alves da Silva Porto.[1]

Antes de entrar no tema do casamento propriamente dito, gostaria de dizer algumas palavras sobre os personagens envolvidos: remetente e destinatário. Qual a relação entre eles? Por que mantinham uma comunicação tão assídua a ponto de gerar uma série de 121 cartas, entre as quais a acima transcrita é apenas uma peça do quebra-cabeça? Quais as principais temáticas abordadas no seu conjunto? O que movia tal ato de escrever?

Domingos Alves da Silva Porto prestou serviços ao capitão Joaquim Ribeiro de Avellar durante muito tempo. Primeiramente, foi capelão de sua fazenda e, mais tarde, atuou como seu comissário, na praça do Rio de Janeiro, negociando a compra e a venda do café vindo do Pau Grande e de outras fazendas do vale do Paraíba. A série de correspondências analisada neste trabalho está circunscrita entre os anos de 1842 e 1853, mas, com certeza, a relação entre ambos se estende para além dessa temporalidade. A proximidade entre os correspondentes é revelada em sutilezas, por exemplo no modo como Domingos se referia a Joaquim, chamando-o de "meu amo", e ainda nas frases de despedida que se repetiam, fazendo com que o leitor quase pudesse adivinhar o que viria: "seu amigo sincero e obrigado" ou "saúde lhe deseja quem o estima." Essa forma de narrativa escolhida pelo remetente demonstra sua preocupação em fortalecer as relações pessoais conquistadas, que, no caso, passam não só pelo terreno dos negócios, mas também da amizade, mesmo que guardadas as devidas hierarquias. Assim, como afirma Angela de Castro Gomes no livro *Escrita de si, escrita da História*, a escrita epistolar pode ser considerada um espaço preferencial para a construção de redes e vínculos pessoais que possibilitem a conquista e a manutenção de posições sociais, profissionais e afetivas.[2]

A periodicidade dessas correspondências estabelecia um ritmo descontínuo e cíclico que consolidava um contato quase semanal entre os atores. Durante mais de dez anos, os assuntos tratados foram variados. Em relação à política e negócios era quase obrigatório referir-se à quantidade e à qualidade do café recebido, ao preço da arroba pelo qual o produto fora negociado, à descrição da praça de negócios, aos valores de crédito e débito, feitos em nome de Joaquim Ribeiro de Avellar em diversos estabelecimentos da corte, às artimanhas e mudanças na política, bem como à remessa de sementes de café para plantio. Como demonstrou Stanley J. Stein em *Grandeza e decadência do café no vale do Paraíba*, o comissário era o fornecedor natural de panos, mantimentos, remédios e outros artigos de primeira necessidade, pois as quantias creditadas aos fazendeiros pela compra de café eram empregadas na aquisição dos artigos encomendados que retornavam ao interior, utilizando-se a mesma tropa de mulas que outrora havia trazido o "ouro negro".

Apesar de serem cartas que, a princípio, teriam a função de relatar o recebimento e a venda do café, suas narrativas entrelaçavam questões econômicas e financeiras com assuntos pessoais e de família. Os limites entre esses dois mundos – individual e familiar – se mostram muito tênues à luz das correspondências aqui referidas. Se, por um lado, essa ambigüidade espelha a própria relação dos dois personagens envolvidos – ora distante e respeitosa, ora fraterna e íntima –, por outro, ela também é constitutiva da própria sociedade imperial, que pensa os papéis públicos através da dimensão privada e que negocia a consolidação de uma monarquia parlamentar constitucional através da preservação da escravidão e das restrições à cidadania e à liberdade. No conjunto de cartas trocadas entre o barão de Capivary e Domingos Alves, há três grandes temas de cunho mais familiar que podem ser recortados. São eles: a educação de Joaquim Ribeiro de Avellar Jr., a aquisição do título de barão de Capivary e os acertos e preparativos para o casamento do filho do barão com Mariana Velho da Silva. Convido agora o leitor a participar desses *acertos para uma união indissolúvel.*

Na carta que abre este capítulo, datada de 21 de novembro de 1842, pode-se perceber que Domingos Alves não conhecia pessoalmente o conselheiro José Maria Velho da Silva, pai de Mariana. A primeira sondagem em relação ao enlace foi feita através de uma terceira pessoa da convivência de ambos, Antônio Paiva. A princípio, a intenção das núpcias foi bem-vista por parte da família da noiva, ressaltando-se as qualidades aparentes do jovem Joaquim: bacharelado na Europa, dono de riqueza e filho único, herdeiro universal de todos os bens do pai. Entretanto, exigiu-se o baronato por parte do patriarca, não só como forma de legitimar sua fortuna e status, mas também para compor uma igualdade social e de prestígio entre as famílias, caso viessem a consolidar tais pretensões.

A forma narrativa empregada na carta foi sempre indireta. Domingos Alves afirma que teria havido interesse por parte da família da pretendida, mas que, no entanto, nenhum pedido concreto fora realizado porque: "deste [Antônio Alves] não se concebe que houvesse proposta para casamento; falou-se indeterminadamente ..." Sua estratégia era utilizar-se da influência de uma terceira pessoa para intermediar o acordo entre famílias que não eram próximas. Mas não era só isso. A forma como faz uso das palavras demonstra um certo receio de que Joaquim Ribeiro de Avellar não aprovasse a noiva escolhida, a época para iniciar os acordos de casamento do filho ou, ainda, que se sentisse ofendido caso um pedido oficial fosse de todo rejeitado sem sua aprovação prévia. Domingos conhecia bem o gênio e a personalidade da pessoa com quem está lidando, fazendo uso de artifícios constituídos durante vários anos de convivência.

O comissário aproveitava para enfatizar sua fidelidade: "Neste arranjo eu só procurava engrandecimento do meu amo e de seu filho, nenhum outro interesse a ele me clama." Ao mesmo tempo afirmava que, em sua procura, sempre tivera em mente as precisas exigências do amigo e patrão para honrar o filho. Nesse momento, suas palavras parecem querer lembrar ao cafeicultor o nascimento ilegítimo do jovem Joaquim e a necessidade de "limpar" seu nome através de um bom casamento. Aproveitava a ocasião para reforçar que a mesma estratégia matrimonial fora utilizada pela família do primeiro visconde de Queluz, quando casou seu filho João Tavares Maciel da Costa, de ascendência ilegítima, com Cândida Werneck, filha do comendador Francisco das Chagas Werneck com Ana Joaquina de São José, grandes proprietários de terras no vale do Paraíba.[3] Portanto, justificava sua escolha dizendo que os Velho da Silva eram uma família de muita educação, cuja união serviria como "meios de subir as honras" devido a sua proximidade com a família real. Entretanto, não deixava de apontar o senão da união: "aí não há riqueza."[4] Todavia, em sua opinião, esse aspecto poderia ficar em segundo plano, já que o prioritário era encontrar uma noiva com honra e tradição da casa familiar.

Gostaria de analisar mais demoradamente esse comentário de Domingos Alves sobre a riqueza da família Velho da Silva. Sua afirmação está imbuída de uma comparação entre a fortuna de José Maria Velho da Silva e a de Joaquim Ribeiro de Avellar. A intenção comparativa e relacional pode ser confirmada porque, decerto, não lhe interessaria a união com alguma família que não pertencesse à elite imperial. A tão sonhada aquisição de prestígio não seria conquistada fora desse círculo. Outros dados também apontam na mesma direção.

Não é possível precisar as posses do casal José Maria e Leonarda da Silva Velho na época dos acertos para o casamento de sua filha Mariana. Sei que a fortuna de José Maria foi inteiramente construída no Brasil. Seu desembarque no Rio de Janeiro deveu-se a dificuldades financeiras de sua mãe, a viúva Josefa Ximenez, em manter o sustento da família em Portugal. Mais tarde, herdou os negócios comerciais e alguns bens do tio Amaro Velho da Silva. Já a esposa e prima Leonarda Maria Velho e Motta inicia a união com um dote de dez contos de réis e recebe, posteriormente, o monte de 10:550$000, proveniente da herança de seu pai, o comendador José Luiz da Motta. No entanto, pelas cartas trocadas entre Leonarda, José Maria Velho da Silva e sua filha Mariana Velho de Avellar no período de 1853 a 1864, é possível levantar a propriedade de alguns imóveis: uma bela casa na Glória e "uma casa grande com muitos cômodos" em Petrópolis, onde residiam, além de "casas na rua de Santo Amaro", uma casa na rua Direita, uma casa na rua dos Arcos, outras moradias e um terreno no morro de Santo Antônio que se destinavam a aluguel.[5] Portanto, não se tratava de uma fortuna desprezível para a época, embora não chegasse aos pés das constituídas por imensa escravaria, terras e cafeeiros dos ricos proprietários do vale do Paraíba.

Os estudos de João Luis Fragoso demonstram um aspecto curioso em relação à sociedade do Rio de Janeiro no início do século XIX. Apesar de as grandes fortunas serem provenientes do capital mercantil, oriundo do comércio de cabotagem e do tráfico atlântico de escravos, os comerciantes de grosso trato não possuíam um status social elevado. Suas imensas doações para instituições, irmandades e erário público podem ser explicadas como tentativas de mudar essa ordem de coisas. A hierarquia social estava encabeçada pelos senhores de terras e escravos, demonstrando que a organização social possuía uma lógica que não se restringia, somente, à riqueza e nem se explicava, exclusivamente, por fatores econômicos.* Portanto, a mobilidade

---

* A interpretação de Fragoso se diferencia da defendida por Jurandir Malerba. O primeiro vê uma preocupação da elite econômica (no caso, os comerciantes de grosso trato) de se estabelecer também como elite social. O segundo relativiza essa dificuldade reconhecendo

social só era verificada quando se passava a pertencer à classe dirigente da sociedade – aristocracia fundiária e altos estratos da burocracia.

No entanto, a problemática do casamento entre Mariana Velho da Silva e Joaquim Ribeiro de Avellar apresenta uma "opacidade" que deve ser mais bem apreciada. Por que em meados do século XIX, após a ascensão da economia cafeeira e a prosperidade da região do vale do Paraíba, vê-se um grande senhor de terras, considerado, juntamente com o clã dos Werneck, o mais importante da freguesia de Paty do Alferes, em Vassouras, interessado em unir seu único filho a uma família "sem riqueza"? Mesmo que esta seja uma descrição comparativa, como demonstrei, o estranhamento se torna ainda maior quando se sabe que, entre os chamados "barões do café", era um artifício recorrente o acerto de casamentos dentro da própria classe ou da família. Evitava-se, assim, a subdivisão de terras por herança e, ao mesmo tempo, ampliava-se o controle político, econômico e social sobre uma região.

A lógica mental que estava por trás desse ato se diferenciava da anterior, tão bem demonstrada por Fragoso em relação ao início do século XIX. Tornar-se senhor de homens e terras já não bastava. Tais propriedades proporcionavam uma importância local, contudo não eram garantia de prestígio social numa esfera mais ampla que ultrapassasse os limites das províncias. Quais seriam os novos elementos de prestígio, capitais simbólicos capazes de garantir o tão almejado diferencial social? A carta de Domingos Alves ao capitão Joaquim Ribeiro de Avellar contém alguns elementos importantes de análise para a solução desse questionamento.

Os dois círculos familiares tinham intenções diferentes no que se referia à união prevista. Os Ribeiro de Avellar viam no casamento "meios de subir as honras", utilizando-se da boa educação e relacionamento da família Velho da Silva com os imperiais. Essa era uma grande oportunidade de novamente projetar seu poder e riqueza para além das freguesias de Paty do Alferes e Vassouras. Por outro lado, o núcleo Velho da Silva almejava manter sua casa familiar como parte da elite imperial através de um enlace que pudesse lhe proporcionar maior cabedal e lastro financeiro. Nesse sentido, não haveria desvantagem para nenhuma das partes e sim uma troca de interesses. Contudo, pode-se inferir que os motivos da união ultrapassavam a problemática do contexto histórico em que foi acordada. Com o surgimento do núcleo Velho de Avellar, sacramentava-se a união das duas famílias originais em uma só parentela, fortaleciam-se o prestígio e a fortuna de ambas e, talvez o mais

---

uma facilidade da Coroa em absorver essa elite econômica devido à especificidade de boa parte da nobreza portuguesa, originada na mercancia. J.L. Fragoso, *Homens de grossa aventura*. J. Malerba, *A corte no exílio...*

importante, solidificava-se uma descendência com qualidades aristocráticas, perpetuando-se o nome de suas casas familiares no tempo.

A forma como Domingos Alves desenvolveu sua narrativa nesta primeira sondagem deixa transparecer que o desequilíbrio financeiro importava pouco para a concretização do matrimônio. O maior impedimento estava na falta de um título de nobreza por parte de Joaquim Ribeiro de Avellar. Esse aspecto pode ser comprovado por uma série de cartas subseqüentes nas quais o comissário auxiliaria seu "amo" nos trâmites e doações beneméritas necessários para a conquista do baronato. A nobilitação, além da fortuna, era precondição para os novos núcleos que pretendessem se unir à casa dos Velho da Silva. Em meados do século XIX, quando se sucederam os arranjos para o casamento, não eram poucos os parentes titulados e de prestígio ainda vivos: o conselheiro Amaro Velho da Silva, visconde de Macaé com honras de grandeza; Mathilde Carolina Velho Pereira da Veiga, baronesa de Jacotinga; e Cláudio Velho da Motta Maia, futuro conde da Motta Maia, além de médico e amigo do imperador.

Dessa forma, a aquisição de títulos se colocava como um elemento primordial para a conquista de importância social. O quesito fortuna foi incorporado pela nobilitação porque, salvo exceções por mérito, para se obter titulação era necessário um bom cabedal. O prestígio social não adviria, prioritariamente, da propriedade de terras e homens. Outro diferenciador social que a carta de Domingos Alves permite apontar é a sociabilidade nos círculos da corte. No caso aqui estudado, a boa circulação no Paço e em outras esferas aristocráticas fora herdada como tradição familiar e mantida através de cargos públicos importantes ligados à burocracia imperial. Ser alto funcionário, ou melhor, "ter uma posta", como se dizia na época, era garantia de renda, prestígio e posição. Esse aspecto era reiterado pela própria lógica do Estado imperial, onde boa parte dos elementos com possibilidade de galgar posições na elite política estava vinculada, de alguma maneira, à máquina estatal. Portanto, os acordos matrimoniais envolviam um feixe complexo de relações e interesses de ambos os lados das casas familiares.

3

A caminho do altar

Sete longos anos separaram a primeira carta sobre a pretendida união, datada de 21 de novembro de 1842, da celebração do casamento de Mariana Velho da Silva e Joaquim Ribeiro de Avellar Jr. Durante esse tempo, Domingos Alves da Silva Porto cuidou pessoalmente de todos os preparativos: agenciou a conquista do baronato para o cafeicultor, acompanhou o noivado, comprou e remeteu para a fazenda Pau Grande as encomendas feitas para a ocasião, procurou uma residência para os recém-casados na corte e cuidou da contabilidade e pagamentos referentes à festa. Todos esses assuntos ficaram registrados, de forma bastante sucinta, nas correspondências que dividiram suas páginas com os negócios e os números referentes à exportação de café.

Cumprindo prerrogativas: a conquista do baronato

> Rio, 6 de agosto de 1843.
>
> Depois de escrever-lhe ontem, lembrei-me que o imperador está muito empenhado na conclusão do hospital para os alienados e que o ministro do Império tem feito circulares a várias pessoas. Chagas teve circular, assinou e entregou dois contos de réis. Parece-me que o meu amo faria bem se assinasse dois ou três contos de réis para fixar sobre o seu nome. ... se aprova esta lembrança diga-me se quer que seu filho entregue da sua parte, e o quanto.
>
> Seu sincero e obrigado
>
> Domingos Alves da Silva Porto.[1]

Durante três anos, Domingos Alves e o amigo Joaquim Ribeiro de Avellar calcularam as melhores estratégias para conquistar a nobilitação e, assim, abrir caminho para a consagração da união desejada. Nas cartas trocadas, dentre os conselhos do comissário de café constavam não só as contribuições para o Hospício D. Pedro II, como se vê no trecho citado, mas também visitas à corte, conversas com ministros e participação em cerimônias públicas no Paço:

> Rio, 20 de julho de 1843.
> ... Eu achava conveniente que aparecesse aos ministros antes que a sua pretensão entrasse em Conselho de Ministros. Eles vão tratar dos despachos e bem era estar tudo prevenido para que nenhum fizesse reflexão ou oposição. A imperatriz só de 25 de agosto por diante é esperada. Podia por cá dar uma chegada de seis a oito dias e voltar depois. Esta é a minha opinião e do Paiva Guedes.[2]

Domingos Alves demonstrava ser alguém que conhecia, com detalhes, os meandros políticos dos quais um pedido de titulação dependia. Solicitava ao amigo que viesse à capital, lembrando-lhe que "é necessário e de estilo aparecer aos ministros e pedindo-lhes que apadrinhem o requerimento, visto que estão tratando já dos despachos". Neste trecho e no anterior, ele deixa claro que a concessão do título era prerrogativa do imperador, mas a requisição devia passar previamente pelos ministros, que a colocariam ou não em pauta. Por isso, uma boa relação com o ministério facilitava a conquista do título e evitava qualquer exigência extra que pudesse causar seu atraso ou impedimento. A conquista do baronato não era somente uma questão de fortuna e disposição de recursos para a sua compra, mas também de boas relações e obediência à etiqueta de conquista. Trabalhando com uma abordagem não só pontual, mas também serial das correspondências, percebe-se que o conhecimento e o cuidado do comissário com o habitus e as regras de comportamento, ditadas pelo imperador, continuavam mesmo após a conquista da nobilitação: "... Não faz bem retardando o seu agradecimento ao imperador, é incômodo, mas é forçoso sujeitar-se a ele. Esse senhor repara muito. No dia dos seus anos ficou sumariamente desapontado vendo pouca gente no cortejo. Amuou de tal sorte que nem se despediu dos ministros, nem os convidou a jantar, como era de costume."[3]

Pode-se verificar que Joaquim Ribeiro de Avellar confiava nos caminhos traçados pelo amigo e os seguia. No entanto, quando tinha que se deslocar da província para a corte, demonstrava alguma resistência. Por diversas vezes desmarcou o compromisso de visita e mostrou-se desconfortável em eventos e cerimônias públicas fora de sua localidade. Esse aspecto talvez explique seu não-comparecimento ao Rio de Janeiro para agradecer ao imperador a conquista do baronato, comportamento muito recriminado pelo amigo.[4] Paralelamente aos conselhos sobre a etiqueta para a aquisição de título, o comissário era bastante minucioso no relato dos pagamentos e na prestação de contas dos valores e esmolas já gastos: "os dinheiros que tenho dado tenho mandado recibo, menos da primeira entrada para os alienados, que conservo comigo por terem passado só um."[5] Ou ainda: "fui avisado para entrar com a terceira prestação de quatro contos a favor do hospício de alienados."[6]

Entrar para a nobreza significava cumprir uma série de prerrogativas sociais e econômicas, além de se fazer notar nos círculos da corte. A prática de distribuição de títulos foi trazida para o Brasil, juntamente com a família real, por meio da Nobre Corporação dos Reis de Armas, que passou a funcionar em 1810, dando continuidade aos procedimentos lusitanos de formalização das mercês e cartas de brasões em terras coloniais. Mais tarde, na primeira Constituição do Império do Brasil, essa questão foi tratada no artigo 102, item XI, assegurando ao imperador, através do poder Moderador, o direito "de conceder títulos, honras, ordens militares e distinções em recompensa aos serviços feitos ao Estado, dependendo das mercês pecuniárias da aprovação da Assembléia, quando não estivessem já designadas e taxadas pela lei".

Segundo Lilia Schwarcz, essa prerrogativa começou a ser utilizada ainda com d. Pedro I, porém, não de forma tão acentuada como com seu sucessor, quando se enraizou uma verdadeira "corte tropical". Os títulos eram concedidos em ocasiões especiais – nascimento ou sagração e coroação do imperador, casamento dos imperiais, batizados ou aniversários oficiais – por diversos motivos, tais como "serviços prestados", "provas de patriotismo", "fidelidade e adesão a S.M.I." etc.[7] A nobilitação era doada por decreto imperial e, para que o agraciado tivesse o direito de utilizá-la, deveria pagar as taxas para o recebimento da "carta de mercê nova" e seu registro no livro, a fim de completar a legalização dos trâmites.

No caso de Joaquim Ribeiro de Avellar, as negociações para a titulação haviam sido iniciadas em 1843, com as contribuições em prol do "hospital para alienados" pagas em diversas prestações de quatro contos de réis cada. Contudo, a titulação veio apenas em 15 de novembro de 1846. Pela análise das correspondências entre o cafeicultor e o comissário, não foi possível saber a assiduidade das prestações, para que se pudesse calcular o valor da "compra" do título. Entretanto, alguns anos depois, em 1852, Francisco Peixoto de Lacerda Werneck, futuro barão de Paty do Alferes, escreveu a seu correspondente na corte pedindo-lhe que cuidasse de seu baronato: "o meu amigo está autorizado a gastar, vindo com grandeza o despacho, até dez contos de réis, ou até 15, se não houver outro remédio."[8] Dessa forma, acredito que o pagamento pelo título de barão de Capivary, através das contribuições ao "hospital de alienados", deve ter girado perto dos mesmos valores.

O nome da titulação é outro aspecto interessante a ser apontado. A preferência de Joaquim Ribeiro de Avellar era pela graça de barão de Paty do Alferes, que legitimaria, também através do nome, seu poder naquela freguesia, onde era importante proprietário. Sua intenção acabou frustrada. O título almejado foi concedido a Francisco Peixoto de Lacerda Werneck, outro rico fazendeiro da freguesia de Nossa Senhora da Conceição de Paty do Alferes, poucos anos depois. A elaboração das denominações aos títulos era tarefa do imperador, que, além de concedê-los, os criava muitas vezes inspirado no tupi-guarani. Seu intuito era afirmar, através de uma nobreza brasileira, a particularidade de um império recente que seguia as regras da nobreza européia, preservando a hierarquia dos títulos e suas instituições, todavia com uma singularidade de "corte tropical".*

A elevação de barão com honras de grandeza veio mais tarde, em 11 de outubro de 1848, após a passagem do imperador d. Pedro II pela província fluminense, percorrendo as localidades de Estrela, Paraíba do Sul, Valença, Vassouras e Iguaçu, durante todo o mês de fevereiro. Sua estada em Vassouras resumiu-se aos dias 17, 18 e 19, entretanto, com uma intensa programação que ficou registrada numa das atas da Câmara Municipal de Vassouras:

> No dia 17, a Câmara, acompanhada de mais 80 cidadãos dos mais grados do município, foi, de madrugada, encontrar S.M.I. na porta do Paraíba, onde S.M.I. apareceu seguido de comitiva e da Guarda Nacional de Valença. Ao passar a ponte do Paraíba, subiram ao céu dezenas de foguetes e, depois de vivas ao estilo, deu S.M.I. o beija-mão a todos os cidadãos que vieram cumprimentá-lo. S.M.I. fez sua entrada às oito horas da manhã em Vassouras, encontrando no portão da casa preparada para hospedá-lo grande concurso de cidadãos decentemente vestidos e a Guarda Nacional no número de 230. ... Às duas horas da tarde veio a Câmara, seguida de grande concurso de cidadãos, receber S.M.I. debaixo do pálio na casa de sua residência para conduzi-lo à Igreja Matriz, onde se celebrou solene te-déum, antes do que o reverendo pregador imperial, padre João Joaquim Ferreira de Aguiar, recitou um discurso análogo. Às cinco horas da tarde, depois do te-déum, deu S.M.I. beija-mão aos cidadãos que o acompanharam e à Câmara Municipal, que lhe dirigiu a alocução. ... À noite, iluminaram-se a igreja, num rico arco triunfal, o chafariz, os dois castelos e todas as casas da vila. S.M.I. foi assistir nesta noite a um espetáculo que lhe foi oferecido por uma companhia eqüestre.[9]

A estada do imperador certamente modificou a rotina da cidade de Vassouras e das freguesias vizinhas. Para uma recepção digna de visita tão importante, foram necessários fundos e doações dos "cidadãos de Vassouras", entre os quais o barão de Capivary contribuiu com a maior quantia, 500 mil réis, juntamente com outros ilustres do lugar: o conselheiro José Clemente Pereira, Laureano Correa e Castro, Antônio Correia e Castro, Cláudio Gomes Ribeiro de Avellar, Francisco José Teixeira Leite, João Evangelista Teixeira

---

* As viagens do imperador foram importantes instrumentos de legitimação e unificação das representações do monarca e da monarquia. De um lado, auxiliavam, mesmo que simbolicamente, a demarcação das fronteiras do grande e vasto território imperial. De outro, ajudavam a alargar a boa receptividade da imagem da monarquia tanto interna quanto externamente. L.M. Schwarcz, *As barbas do imperador...*

Leite, Carlos Teixeira Leite, Joaquim José Teixeira Leite, Caetano Souza Vieira. Por outro lado, estas e outras gentilezas relacionadas ao custeio dos festejos, bailes e cerimônias em homenagem ao soberano foram lembradas por Aureliano de Souza Oliveira Coutinho em documento redigido por ordem do visconde de Macaé. Trata-se de uma lista com os nomes das pessoas que receberam, abrigaram e obsequiaram d. Pedro II durante sua estada em Vassouras, no verão de 1848. Ao lado de cada um deles, a lápis, estavam relacionados pedidos de graças honoríficas e títulos de nobreza, quase todos concedidos, como forma de agradecimento aos serviços prestados.[10]

A visita do imperador foi anunciada por Domingos Alves da Silva Porto em carta de 13 de janeiro de 1848: "Dizem que o imperador passará em Vassouras, mas consta que preparam baile, e então ali deve dormir. É provável que o meu amigo ali o vá esperar e cumprimentar; e que desculpas lhe dará de não ter vindo agradecer a graça do título!" Sua preocupação era que Joaquim não seguisse as prerrogativas e etiquetas que convinham a um barão na visita do imperador e lembrava-lhe de agradecer a Sua Majestade a concessão da honraria, já que não tinha ido até a corte para tal feito. Se o barão seguiu ou não o conselho de Domingos Alves, é impossível saber com certeza. Pela listagem de Aureliano de Souza e Oliveira Coutinho, diria que não, pois não se encontra citado. Entretanto, o documento é datado de 8 de maio de 1848 e seu despacho foi atendido em 11 de outubro de 1848, mesma data em que o barão de Capivary foi elevado a barão com honras de grandeza. Portanto, mesmo não constando na listagem, a honraria lhe foi concedida, o que me faz pensar que sua participação foi tão destacada como a dos demais citados. Seu nome acabou sendo incluído por outros meios.

No Brasil, diferentemente da nobreza portuguesa, o baronato era individual, vitalício e não hereditário. Os títulos nobiliárquicos, principalmente o baronato, correspondiam a um reconhecimento social a que a oligarquia rural enriquecida almejava. Aproximadamente 30% dos títulos distribuídos a partir de 1840 foram conferidos a fazendeiros, banqueiros e comissários ligados ao café.[11] Esse título de enobrecimento ainda podia ser acrescido de outros diferenciais de prestígio, como honras de grandeza, cargos de comando na Guarda Nacional e condecorações, como as Ordens do Cruzeiro e da Rosa, todos conquistados por Joaquim Ribeiro de Avellar. Entretanto, algumas vezes, o barão parecia duvidar das vantagens adquiridas com a titulação, ressentindo-se da grande soma de dinheiro empregada. Pelo menos, é o que se pode concluir a partir das palavras de seu correspondente no Rio de Janeiro:

> Não se arrependa da esmola com que subscreveu para o hospício de alienados. Foi uma obra muito meritória e dá valor à fortuna que muito lhe tem custado a ganhar. *Devemos trabalhar não só para gozarmos dos cômodos da vida como também para merecer, nós e a nossa família, de alguma consideração da sociedade: o que não for isto é assemelhado aos burros cargueiros, que não passam do capim, milho, e*

> *arrolam sempre na estrada.* Não se arrependa pois, meu amigo, do que fez. O que fora para desejar é que o meu amigo fosse menos bom e governasse por si, não por mãos de Micael e de Manoel Gomes.[12]

Domingos Alves inicia esse trecho da carta dizendo ao barão que ele não tivesse dúvida quanto a ter feito a escolha certa em relação às grandes somas de dinheiro, empregadas em doações para o "hospital de alienados". Essas quantias volumosas já haviam se transformado em honrarias, como no caso do baronato, e tenderiam a render muito mais por meio de um maior reconhecimento social para si e sua família. Segundo ele, o trabalho – utilizado aqui desvinculado do sentido de trabalho manual e sim se referindo à atividade de comando da fazenda e dos negócios – tem por finalidade não somente o enriquecimento para o gozo de conforto e aquisição de bens materiais, mas, principalmente, para a conquista de prestígio e "consideração da sociedade". Todavia, aqueles que se prendessem à lógica da acumulação de capital pura e simples se assemelhariam a animais de carga que executam um trabalho pesado sem saber usufruir seus benefícios devido à sua irracionalidade. Por meio dessas fortes palavras, Domingos Alves expressava sua opinião pautado numa lógica social em ascensão em que o pertencimento de um indivíduo ao grupo dos proprietários de terras e homens não garantia, em si, um prestígio social. O atributo de grande proprietário de terras e escravos proporcionava um comando e uma importância locais, todavia, não gerava o reconhecimento social por parte da elite imperial como um todo.

Reescrevendo a tradição: o pagamento do dote

> Felicito-a pela boa compra da caleche, que, sendo boa como me diz, é baratíssima. Sinto o que está sofrendo o Achiles Arnaud, mas é o resultado de ter-se casado fora de sua classe. [13]

O comentário acima estava respaldado por um habitus compartilhado por uma sociedade hierárquica e excludente, herança metropolitana que atravessou os séculos, como demonstra o velho ditado português: "Se queres casar bem, casa com teu igual." No que concerne aos estudos sobre a colônia, Sheila de Castro Faria e Maria Beatriz Nizza da Silva afirmam, para as regiões de Campos e Rio de Janeiro, respectivamente, que os casamentos entre grupos sociais distintos eram malvistos e condenados pela parentela, principalmente nas classes mais abastadas.[14] Sua existência era tolerada, entretanto a maioria dos casamentos era realizada "entre iguais" e abençoada pela Igreja, já que a união católica também favorecia a inserção social. Em casos extremos, a família apelava para o impedimento oficial se utilizando, inclusive, da burocracia do Estado e da Igreja. O resultado dos processos, sua aprovação ou recusa, variou caso a caso.

Luciano Figueiredo, no livro *Barrocas famílias...*, apresenta uma outra visão do tema no que concerne à vida familiar em Minas Gerais do Setecentos. Segundo ele, a expansão das famílias brancas e legítimas era fundamental para a paz social e o funcionamento do sistema colonial, sendo encarada pelo Estado como um de seus objetivos centrais. No entanto, foi a Igreja, como sócia do padroado, que tratou de cuidar da execução da política familiar, vinculando-a ao projeto de expansão do cristianismo. Respeitando as especificidades das áreas estudadas, é possível confluir tais análises e concordar com Gilberto Freyre quando este diz que "a família, não o indivíduo, nem tampouco o Estado, ... é desde o século XVI, o grande fator colonizador no Brasil".[15] Essa característica da família como unidade produtiva, colonizadora e política teve na prática do dote um instrumento importante, porque este servia de atrativo para que os homens constituíssem casamentos legítimos e abençoados pela Igreja nos moldes desejados pela Coroa portuguesa.

O dote era uma instituição européia trazida pelos portugueses para o Brasil no início da colonização, ainda no século XVI. De acordo com as antigas leis e costumes lusitanos, constavam entre os deveres do pai alimentar, cuidar e dotar uma filha, o que só não ocorria justificado por grande limitação de recursos materiais. O dote foi uma das principais formas de transmissão de riqueza para mulheres durante o Brasil colônia e, do ponto de vista legal, servia de proteção no caso de falência do marido e deveria ser devolvido integralmente pelo esposo no caso de separação. Muriel Nazzari, no livro *O desaparecimento do dote...*, realizou um estudo sobre a concessão desse benefício no Brasil, principalmente na região de São Paulo, ao longo de três séculos, utilizando inventários como fonte privilegiada. Guardando as respectivas especificidades regionais, a autora percebeu, na longa duração, algumas transformações na prática do dote que também se apresentariam num contexto histórico mais geral.

De acordo com a historiadora, no século XVII os dotes proporcionavam a maior parte da mão-de-obra e dos meios de produção necessários para um casal dar início a sua unidade produtiva. Por meio do dote aproximava-se o genro da família da esposa, o qual, com o tempo, passava a integrar a esfera da produção familiar. Nessa época, as doações eram compostas de terras, escravos, animais, ferramentas e outros meios de produção. Dessa forma, consistia numa grande vantagem sobre a herança, pois a maioria das filhas abria mão de sua legítima e ficava com o dote. Sendo as mulheres mais ricas do que os homens, o que estava em jogo para a família da nubente eram o branqueamento, o enobrecimento e a capacidade de trabalho do noivo. Essa perspectiva se assemelha às conclusões de Sheila Faria, para quem a herança de poder e de prestígio era transmitida pelas filhas, tornando a mulher peça-chave no processo produtivo, e o genro, herdeiro personagem comum dessa "colônia em movimento".[16]

Por outro lado, no Setecentos, algumas modificações se apresentam. Nem todas as filhas eram dotadas e os dotes se tornaram comparativamente menores do que anteriormente. Esses novos aspectos podem ser comprovados pelo fato de que um número maior de filhas entrou com o pedido de colação, demonstrando desvantagem em abrir mão da legítima. Todavia, a prática ainda era bastante disseminada, principalmente, entre os mais ricos. O processo de transformações se acentuou ao longo do século XIX, quando as poucas famílias que concederam dotes o fizeram em parcelas menores de seus patrimônios e todos os dotes foram à colação. Ao mesmo tempo, paralelamente aos valores, também se observam diferenças no conteúdo dos mesmos. O enxoval deixa de ser parte do dote. Este passou a ser composto por bens de representação (escravos, jóias, cavalos) e mesmo dinheiro, ao invés de bens de produção (terras, ferramentas, gado de serviço). Tais transformações influenciam o decréscimo do poder de decisão da família da noiva no que diz respeito às atividades produtivas do noivo. Assim, o pacto matrimonial também se altera porque o marido passou a fornecer, praticamente, todo o sustento da nova família.

Portanto, conforme defende Muriel Nazzari, ao longo do século XIX a maioria das filhas de proprietários passou a não levar mais os bens para o casamento, a menos que tivessem recebido alguma herança. Dentre as poucas que ainda receberam dote, a maioria foi dotada de bens para uso próprio (jóias, escravos, pratarias, roupas) ou miudezas que não contribuíam, substancialmente, para o sustento do casal.[17] Todavia, pela análise do documento de concessão do dote assinado pelo casal Mariana Velho da Silva e Joaquim Ribeiro de Avellar Jr., é possível apontar aspectos interessantes sobre as formas de permanência do dote na sociedade oitocentista. Vamos a eles:

> ... os excelentíssimos José Maria Velho da Silva e dona Leonarda Maria Velho da Silva, perante duas testemunhas abaixo assinadas, que, tendo ajustado casar a dita filha dona Mariana Velho da Silva com o sr. Joaquim Ribeiro de Avellar, no que estão estes contentes muito de suas livres vontades e para cujo matrimônio havia já prestado e ora se é necessário de novo presta o seu consentimento o pai do nubente, excelentíssimo barão de Capivary, tinham deliberado e efetuado que seja o matrimônio dotar como pela presente dotam a sobredita sua *filha com 20 apólices da dívida pública fundada, sendo cada uma apólice do valor nominal de um conto de réis e do juro de seis por cento ao ano, as* quais apólices se obrigam a entregar e transferir logo que recebidos sejam os nubentes pelas quais foi o aqui acertado esta promessa de dote assim e na forma declarada.[18]

No registro, feito em cartório, as partes interessadas faziam questão de assinalar a concordância dos pais e a felicidade dos nubentes com o futuro matrimônio. Para se saber o real valor e o poder de compra da quantia paga pelo dote na época, é preciso recorrer a outros documentos. Em 9 de março de 1848, d. Mariana Luiza da Glória Avellar, irmã do barão de Capivary e moradora da casa do Pau Grande, aborrecida com o mau comportamento de sua escrava Militana, resolveu vendê-la ao irmão "pelo preço de 700 mil réis", desfazendo qualquer intenção de absolvê-la, como estava anteriormente escrito em seu testamento. No mesmo contrato, também vende sua quinta parte "na sociedade das escravas Balbina e Maria do Bom Jesus, pela quantia de 200 mil réis, ambas, ... por serem coniventes com a escrava acima". Portanto, o preço de boas escravas domésticas variava em torno de 700 e 500 mil réis em fins da década de 1840. Dessa forma, o dote de Mariana Velho da Silva conseguiria comprar entre 28 e 30 escravos, quantia nada desprezível para a época.

A análise relacional entre o valor pago pelo dote e o montante da fortuna do casal Velho da Silva se torna difícil porque o inventário de José Maria Velho da Silva, falecido em 1860, não foi localizado. No testamento de d. Leonarda Maria Velho da Silva, aberto 11 anos depois, Joaquim Ribeiro de Avellar responde como cabeça do casal, no lugar da herdeira Mariana Velho de Avellar, pela legítima de 76:581$699. Devido ao princípio de igualdade entre os herdeiros, seu único irmão, José Maria, recebeu o mesmo montante. Dessa forma, o inventário de d. Leonarda partilhou 153:163$398, descontados pagamentos a outros beneficiados, dívidas, gastos com enterro e missas.[19]

Através de uma especulação do valor dos bens do casal na época do inventário de José Maria, a partir do testamento de d. Leonarda, podem ser supostos dois valores aproximados para o monte bruto. Caso o conselheiro não tenha lançado mão da terça em favor de sua esposa, o valor partilhado giraria em torno de 306 contos de réis. Ao contrário, levando-se em consideração o valor bruto testado por d. Leonarda e os costumes do reino de beneficiar as viúvas de uniões por comunhão de bens com a terça, o monte bruto estaria em cerca de 228 contos de réis. Considerando-se a inflação em 1849, "20 apólices da dívida pública fundada, sendo cada uma apólice do valor nominal de um conto de réis", era uma boa quantia se pensada isoladamente e deveria significar entre 10% e 20% do total dos bens do casal.

Além disso, como foi dito anteriormente, juridicamente o dote era considerado um adiantamento da legítima da filha, ou seja, da parte que lhe cabia na herança após a morte de cada um dos progenitores. A filha dotada poderia escolher entre levar os bens à "colação" – somando-os ao monte bruto do inventário e dividindo-os com os outros herdeiros – ou abdicar de sua parte na herança. No caso de Mariana, optou-se pela primeira possibilidade e devolveram-se 8:900$000 para o inventário de d. Leonarda, provavelmente o restante do valor do dote foi pago na ocasião da partilha de seu pai. Ainda segundo Muriel Nazzari, a opção pela colação já era uma demonstração de que o dote estava caindo em desuso. Em sua pesquisa para o século XIX, o maior dote foi de 40 contos de réis, concedido pelo barão de Limeira, representando menos de 20% da legítima de sua filha. O barão e a baronesa de Limeira despojaram apenas 5% de seus bens para conceder a todas as suas quatro filhas dotes equivalentes.

Durante muito tempo, o dote servira para que as filhas conseguissem bons casamentos, pois fornecia um quinhão igual ou superior a sua parte na legítima, proporcionando um desfalque considerável na fortuna do casal progenitor e na herança dos filhos homens. No século XIX, a concessão do dote se transformou. Perdeu o caráter de veículo privilegiado de transferência de riquezas para que um casal iniciasse sua vida produtiva. Seus valores raramente ultrapassavam a legítima e os pais não necessitavam utilizar a terça para completar ou melhorar o dote da primeira filha, como ocorria anteriormente. No entanto, apesar de perder força, o dote não desapareceu por completo. Apresentou-se sob outras formas e roupagens até que os debates travados na imprensa, literatura, academia de medicina e outros veículos, acrescidos de um ideal de amor romântico, acabassem, pouco a pouco, diluindo essa tradição por completo.

O tipo de dote concedido por José Maria e Leonarda Velho da Silva à filha seria impensável em outros tempos. Seu pagamento foi realizado na forma de apólices da dívida pública, que poderiam ser convertidas em dinheiro ou deixadas a render juros de 6% ao ano, demonstrando uma preocupação em investir o dinheiro de forma segura e, ao mesmo tempo, facilitar sua disposição para negócios futuros. Além disso, a aquisição de apólices seria, sobretudo, uma forma garantida de manter o patrimônio da filha resguardado dos gastos do marido e demonstrava uma facilidade da família Velho da Silva em lidar com diferentes formas de investimento. Ainda faziam parte do dote de Mariana "escravas e jóias do seu uso", propriedades que a auxiliariam tanto no comando das tarefas da casa quanto nas prerrogativas de representação social. Se por um lado concordo com Muriel Nazzari, quando a autora diz que o valor do dote se retrai ao longo do século XIX, por outro considero bastante e reducionista a justificativa de que essa mudança teria se verificado devido ao nascimento de uma economia de mercado e do individualismo no Brasil. Mesmo porque, no meu entender, a sociedade oitocentista tinha a indefinição desses valores na sua estrutura constitutiva, já que buscava combinar tradição e modernidade, escravidão e civilização, não de forma dicotômica, mas conciliatória.[20]

A união de Mariana Velho da Silva com Joaquim Ribeiro de Avellar é exemplar nesse sentido. Trata-se de um casamento impulsionado pela busca de prestígio social e engrandecimento não só para o filho, mas para toda a família Ribeiro de Avellar. Os acertos desse matrimônio fizeram com que o futuro barão do Capivary tivesse gastos nada modestos com a aquisição de títulos de nobreza e elementos de representação. Esses aspectos seriam impensáveis numa sociedade individualista com uma economia de mercado plenamente estabelecida. O que estava em jogo naquele momento eram outros atrativos e não somente a riqueza e o valor do dote. Na sociedade oitocentista, interessava aos futuros maridos das famílias da elite mulheres com outros atributos, como instrução e educação, além de prestígio e influência nos círculos sociais da corte. Ao mesmo tempo, já é possível perceber, no arranjo de casamento analisado, algumas preocupações que fariam parte do ideal de amor romântico: união entre pessoas de faixas etárias próximas e noivados longos para que os noivos não fossem meros desconhecidos.

No Brasil, como a grande maioria dos casamentos era efetuada em regime de comunhão de bens, qualquer ressalva que modificasse esse contrato selado por lei deveria ser efetuada através de pactos nupciais registrados em cartório. No caso estudado, o mesmo foi assinado por ambas as partes, de pleno acordo, nos seguintes termos:

> 1º – Havendo filhos deste matrimônio os bens dos cônjuges herdados ou adquiridos se comunicarão na forma de costume da terra, menos, contudo, quanto às apólices dotadas e as escravas e jóias do seu uso que tiver levado ou adquirido a nubente, porque estes bens ficarão sempre incomunicáveis;
> 2º – Não havendo filhos ou tendo estes morrido durante a constância do matrimônio, e acontecendo morrer o marido primeiro que a mulher, esta sairá só com as sobreditas apólices e demais bens acima declarados. Receberá ... a quantia de 50 contos com que ele e seu pai, o excelentíssimo sr. barão de Capivary, dotam a nubente, a qual, conseqüentemente, nada mais poderá haver ... conformidade o que fica estipulado;
> 3º – Sucedendo morrer a mulher primeiro do que o marido, os bens dotados, a saber, as apólices, escravos e jóias que ela tiver levado reverterão ao casal dos pais da nubente, e sendo estes pré-defuntos, aos seus herdeiros e sucessores;

Segundo o documento firmado na véspera do casamento, o dote era incomunicável. As apólices, as jóias e os escravos eram concedidos a Mariana como usufruto, no entanto, em caso de sua morte, mesmo que tivesse deixado filhos, esses bens retornariam à família Velho da Silva, primeiramente a seus pais e, se já falecidos, a seu irmão, José Maria. Ficava nessa cláusula bem colocado que o dote havia se tornado um auxílio para o sustento da esposa, dando a ela certa independência em relação às finanças do marido no que dizia respeito ao pagamento e manutenção de suas necessidades pessoais. Ao tornar o dote incomunicável, o termo deixava claro que o prover da casa e da família era obrigação masculina.

A segunda cláusula também tornava os bens do marido incomunicáveis no caso de viuvez sem descendentes vivos. Nessa circunstância, Mariana Velho de Avellar retiraria seu dote e mais 50 contos de réis, a serem pagos pelo barão de Capivary ou outro parente que cuidasse da legítima, como estipulado na quarta ressalva. Entretanto, se o casamento constituísse descendência, a partilha seria realizada pelo regime de comunhão de bens, conforme os costumes do Império, dando à viúva metade dos bens do marido, sendo o restante dividido entre os filhos e as filhas. Nesse último caso, a lei também autorizava as partes envolvidas a deixarem a terça de seus bens a alguém de sua escolha. Dessa forma, após 39 anos de casados e 12 filhos, tendo seis chegado à fase adulta, Joaquim Ribeiro de Avellar, na época já visconde de Ubá, deixou, em 1888, para sua esposa, por testamento, a terça de seus bens além da meação a que tinha direito.[21]

O casamento: rito de passagem e representação social

> Para A... provar o seu estado livre é preciso que a noiva vá à Câmara Eclesiástica declarar que quer casar com ele, como se A..., depois de provar que é livre, não possa casar com quem quiser; mas como geralmente as senhoras brasileiras alegam um impedimento qualquer para se não exporem às vistas lúbricas dos sátiros da Câmara Eclesiástica, há sempre um que vai tomar em casa aquela declaração, pelo que recebe duas libras. O português é obrigado a fazer – depois de justificado o seu estado livre – correr banhos em Portugal, deixando de fiança 20 mil réis.[22]

Em sua declaração, o viajante europeu Thomaz Lino D'Assumpção, em visita ao Rio de Janeiro, se mostrava bastante incomodado com os valores pagos pelos noivos à Câmara Eclesiástica Católica para fazer correr o processo de banhos. Segundo ele, o padroado e a proximidade entre Estado e Igreja impediam a realização dos casamentos somente no civil. Assim, aconselhava aos interessados "lançar mão da Igreja protestante, onde os sacerdotes são mais sérios ... e mais baratos". Tal declaração, fundada num olhar estrangeiro, demonstrava um profundo desconhecimento da cultura religiosa local, não só porque o casamento era um importante sacramento da religiosidade católica, bastante disseminada no Brasil, ainda que sincrética, mas também por desprezar seu valor enquanto atributo de inserção social e rito de passagem para uma nova fase da vida. Sheila de Castro Faria estudou os processos de banhos na sociedade colonial. Segundo ela, qualquer pessoa que quisesse casar deveria entrar com um pedido e apresentar: certidão de batismo, comprovação de estado civil de solteiro e descompromisso com qualquer outra instituição (como voto de castidade e religião), assento de óbito do marido para o caso das viúvas e carta de alforria em se tratando de ex-escravos. Além disso, os interessados deveriam mandar publicar a união em todos os lugares onde já tivessem habitado por seis meses ou mais com o intuito de provar a inexistência de impedimento.[23] As palavras de Thomaz Lino D'Assumpção demonstram que os banhos e dispensas de impedimentos matrimoniais, instalados durante a colônia, continuavam uma prática no Império como forma de tentar evitar a bigamia e os casamentos ilegais. Apesar de não ter sido possível encontrá-los para o caso de Mariana Velho da Silva e Joaquim Ribeiro de Avellar Jr., sabe-se que devem ter corrido na corte e em Vassouras, locais onde os noivos tinham morado entre 1848 e 1849.

Paralelamente ao correr dos banhos, dava-se andamento aos outros preparativos do casamento, que possuía uma etiqueta rígida. Diferentemente da moda francesa, que o realizava com bastante luxo e ostentação, o costume brasileiro em meados do século XIX ainda seguia o português, com uma grande cerimônia na igreja e em família. Os pais dos noivos, ou seus responsáveis vivos, convidavam parentes, amigos e conhecidos para assistirem à bênção nupcial, que incluía sempre uma missa rezada, e às vezes cantada, além de sermão aos esposos proferido por um padre autorizado ou alguma dignidade eclesiástica; no caso estudado, o presbítero secular e vigário José do Desterro Pinto. No meio da capela-mor preparavam-se duas cadeiras e dois genuflexórios ornamentados; de cada lado dessas peças um castiçal grande com um círio aceso, onde ficavam alojados os noivos durante a cerimônia. Não era só a organização do espaço que ressaltava a importância dos nubentes. No caso da noiva, sua indumentária, toda branca, acrescida de um véu até os joelhos, grinalda e ramalhete de flores de laranjeiras, a colocava num lugar de destaque nesse rito de passagem para a vida adulta. Quanto ao noivo e demais convidados, deviam trajar roupas de gala para ressaltar a grandiosidade da ocasião.

A celebração do casamento consistia num evento que fugia do cotidiano, todavia tinha aí sua origem e preparação. A etiqueta do matrimônio extrapolava o espaço do cerimonial e regulava seus preparativos. Os convites eram feitos por carta, com três ou quatro dias de antecedência, em que se pedia aos convidados que comparecessem à igreja na hora marcada para assistir à bênção nupcial. No caso dos eventos seguidos por jantares ou festas, era preciso declarar o convite ao fim da carta. As boas maneiras também mandavam que fossem enviadas duas cartas, assim supunha-se que ambas as famílias faziam o convite. Aqueles que não fossem chamados para a cerimônia deveriam receber uma participação da mesma alguns dias depois.

No que concerne às responsabilidades da família do noivo, Domingos Alves da Silva Porto mais uma vez cuidou de todos os preparativos, enviando ao barão de Capivary a contabilidade de suas despesas para que ele acompanhasse tudo bem de perto.

> Quanto a desembolsos para os arranjos do sr. Ribeiro, tenho expedido: 1º = 1:200$000 para o piano, 2º = 360$000 para uma parelha de cavalos pretos, 3º = 2:500$000 para o cupê, e tendo o Moraes entregado a peça de brilhantes, vou

> dar-lhe 5:000$000. Por ora não tem sido preciso descontar as letras. Entretanto, veja V. Excelência se pode ir abreviando as remessas e ver se dispensa o desconto. ... Ainda não me apresentaram as contas das miudezas compradas.[24]

Como evento, a cerimônia de casamento possui uma narrativa que lhe impõe uma organização estrita. Fazem parte desse rito de passagem uma determinada etiqueta e um fascínio conferido ao ritual sagrado. Dessa forma, as compras descritas acima procuravam dar conta das exigências estabelecidas. O cupê e a parelha de cavalos pretos eram para o transporte até a igreja de Joaquim, do barão de Capivary e dos padrinhos, o marquês de Itanhaém e José Maria Correia de Sá. A noiva seria conduzida da mesma forma, em companhia de seus pais e madrinhas. Entretanto, como a cerimônia nupcial foi realizada na capela da casa da família Velho da Silva, dentro da imperial Quinta da Boa Vista, alguns desses protocolos podem ter sido dispensados. Paralelamente a todas as prerrogativas, o local escolhido para a celebração ostentava a proximidade dessa casa familiar com o Paço e impunha a grandiosidade arquitetônica do local, conferindo prestígio à celebração.

Dentre os gastos mencionados por Domingos Alves, estava uma peça de brilhantes encomendada para decorar a bengala do noivo: "Mandei pedir a bengala para mandar pôr-lhe novo castiço."[25] Ao longo do século XIX, a indumentária masculina sofreu uma simplificação progressiva, passando do luxo dos bordados em profusão de cores e materiais, típicos da década de 1930, a gravatas pretas, que combinavam com coletes e paletós escuros e discretos, um verdadeiro "uniforme". Já que a vestimenta tendia a igualar os participantes masculinos no cerimonial, cabia ao noivo se destacar dos demais demonstrando riqueza e opulência através do uso de outros objetos, como jóias.

Preocupação semelhante pode ser apontada para a escolha da indumentária dos outros membros da família Ribeiro de Avellar: "Entretanto, julgo conveniente que venham quanto antes, porquanto, se for a efeito o nosso, digo [que] é melhor comprar logo trajes convenientes e de gosto, e para esta compra é também preciso cá estar o sr. Ribeiro."[26]

Segundo os conselhos de Domingos Alves, a ocasião pedia uma visita à corte para a escolha de roupas "convenientes e de gosto", adequadas ao cerimonial, pois a cidade de Vassouras não possuía recursos para a pompa e os investimentos em representação exigidos pela ocasião. Ao contrário, na capital, nas ruas do Ouvidor e Direita, se espalhavam as melhores lojas e modistas francesas: Delmas, Geuvrin, Gudin, Mlle. Aimée, Mme. Pompom e Felicité Saint-Brisson. Naquele pedacinho de Paris dos trópicos, também estavam estabelecidos finos armarinhos, sapatarias, cabeleireiros e lojas de fazendas onde se procurava acompanhar as tendências da moda européia. Moravam nas duas casas que compunham a fazenda Pau Grande, em 1849, ano do casamento, o barão do Capivary e suas irmãs Maria Angélica e Ana Angélica de Avellar, além do cunhado José Maria Salter de Mascarenhas, com os filhos Antônia Ludovina, Maria Serafina, José e Joaquim Mascarenhas Salter. A recomendação do amigo para que todos viessem à corte tentava evitar o envio de encomendas erradas, não condizentes com o gosto do dono ou, o que era mais grave, com a moda vigente, como muitas vezes ocorria no dia-a-dia da fazenda: "Não sabendo ao certo o que desejava, mandei das largas [rendas], as cabeleiras [perucas] foi mal explicado, melhor ir a tal modista de 170 mil réis, bem se vê que é coisa de carregação. Bem peço que sejam bem explícitos e miúdos nas explicações do que pedem."[27]

Norbert Elias, em seu estudo sobre a corte francesa, demonstrou que, em sociedades profundamente hierarquizadas, como também é o caso da imperial, a etiqueta estava intimamente ligada à auto-representação dos grupos e indivíduos. Dessa forma, as categorias do "ser" e do "parecer" tendiam a se identificar, cada vez mais, reforçando a hierarquia constituída ou contribuindo para subvertê-la. No caso analisado, a escolha das indumentárias a serem utilizadas durante o casamento era importante no sentido de reforçar o poder e o status social da família do recém-titulado barão de Capivary, representante da rica aristocracia cafeicultora, ao mesmo tempo em que legitimava as diferenças no interior do grupo social de elite e do espaço do cerimonial.

Dentre as prerrogativas que antecediam a cerimônia do matrimônio, estava a troca de presentes. Segundo o "Código do bom-tom", de J.F. Roquete, bastante consultado na época, o noivo dava a sua futura esposa uma cesta, conforme o costume antigo, ou um pequeno móvel com "tudo que forma o enfeite duma senhora: vestidos, xales, lenços bordados com primor, diamantes, jóias etc.". A "troca de prendas" entre Joaquim Ribeiro de Avellar e Mariana Velho da Silva foi marcada para o dia 2 de outubro, e a futura sogra, d. Leonarda, se encarregou de escolher os "arranjos de louças, vidros, e mais miudezas de casa". Segundo Domingos Alves, seu auxílio era a garantia de que "vai tudo do melhor", conforme desejava a família do noivo. Ao final, confessava ao barão: "foi bom ela mesma ter querido tomar para si este trabalho."[28]

Esta e outras visitas feitas pelo noivo antes do casamento serviam para aproximar os nubentes e fazer nascer alguma amizade e sentimento entre eles, haja vista que o casamento se tratava de um acerto material que não envolvia a sua participação. O que se pode perceber, através da leitura das cartas, é que Joaquim Ribeiro de Avellar Jr. esteve na corte muitas vezes antes do casamento ou lá residiu, para estar com a noiva. Os relatos de suas visitas e das simpatias entre os noivos e a família da noiva são freqüentes, demonstrando uma preocupação do sr. barão de que tudo estivesse correndo conforme o desejado: "... acho o negócio em um ponto que não é mais possível desmanchar-se. As simpatias não só dos pais como da noiva são muito grandes."[29]

"O sr. Ribeiro passa a maior parte do tempo junto da noiva e continua a mesma satisfação na família."[30]

Inicialmente, a cerimônia do matrimônio estava marcada para outubro, entretanto, a procura da casa para os futuros esposos e sua reforma tomaram mais tempo do que o previsto. A primeira opção foi a chácara do barão de Bonfim, que não agradou por ser muito pequena e de pouco requinte. Por fim, a residência escolhida foi comunicada em carta de 2 de outubro ao sr. barão: "a casa é a que foi do marechal Caetano Pinto, na estrada ao pé da ponte."[31] A seguir, começaram as fases de pintura e de seleção do mobiliário e objetos da casa, que correram por conta da família do noivo. Conforme relatou o comissário de café em algumas de suas cartas, as "miudezas" eram compradas por d. Leonarda, que lhe apresentava as contas das despesas para que fossem ressarcidas. Por outro lado, algumas peças eram escolhidas pelo barão e desaprovadas pelo amigo Domingos Alves: "... Os fogões de chapa batida, além de caros e dificultosos de transportar, têm o inconveniente de esquentar muito as cozinhas e queimar o cozinheiro ao menor descuido. Também o fogo dentro é mais depressa na chapa batida."[32]

O valor das despesas com o cerimonial e com a montagem da casa para os futuros esposos não foi baixo. Da parte do barão, sabe-se que antecipou algumas remessas de café e mandou descontar letras de câmbio, em bancos da praça do Rio de Janeiro, para cobrir seus gastos financeiros. Entretanto, essa volumosa soma de dinheiro seguia uma lógica que valorizava o ritual como linguagem de afirmação política e social. Pedro Cardim, em seu estudo sobre as entradas régias realizadas em Portugal e no Brasil colonial, contribuiu de forma interessante no sentido de teorizar a utilização dos ritos e de sua etiqueta como veículo de afirmação de poder e de representação social. Segundo o autor, esse aspecto não se encontra circunscrito ao mundo cortesão e régio ou eclesiástico e episcopal. Portanto, se por um lado as manifestações públicas apresentam uma dimensão política, por outro contêm uma intenção de representação social que deve ser interpretada como elemento importante num modelo de sociedade hierarquizada. Seguindo um viés interpretativo parecido, Jurandir Malerba mostrou como a vinda da corte para o Brasil exacerbou, nos trópicos, esse caráter teatral da política absolutista portuguesa.[33]

O casamento dividia o curso dos anos de uma vida em duas etapas distintas. Esse acontecimento social fundava a continuidade social e familiar da elite oitocentista e originava um novo núcleo que uniria dois troncos anteriormente distintos. Essa união era intencionalmente calculada no sentido de proporcionar a manutenção dessas famílias como parte de um grupo seleto e privilegiado. Contudo, era preciso ir além e gerar novos elementos de poder e prestígio que as distinguisse e elevasse socialmente, atualizando as disputas sociais intra e extragrupo.* As exigências minuciosas feitas durante os processos de arranjos matrimoniais revelam o esforço de consolidação de novas alianças políticas, econômicas e sociais que objetivavam estruturar uma rede familiar complementar que, em última instância, ia dar continuidade às casas envolvidas. Dessa forma, ao final, acabava-se reproduzindo a dinâmica hierarquizante fundadora da composição social do Império.

Se, por um lado, o cerimonial do casamento tinha uma dimensão de festa privada, em que se comemorava com os parentes e amigos a entrada numa nova fase da vida, por outro também era um acontecimento público que seria participado à sociedade num sentido mais amplo. Enquanto tal, tornava-se um campo privilegiado para disputas por representação e elementos de prestígio, obedecendo a um ritual e a uma etiqueta restritos. De acordo com esse ponto de vista, é possível compreender por que, ao longo do século XIX, esse evento vai se sofisticando cada vez mais, principalmente com a chegada das influências francesas, que incluíam novos elementos, como bailes de comemoração e viagens de lua-de-mel. No caso estudado, a união entre Joaquim Ribeiro e Mariana Velho da Silva reunia diversos interesses. Do lado do noivo, o novo estatuto de casado procurava apagar a mácula de um nascimento ilícito, além de elevar o prestígio social de sua família por meio de sua introdução na sociabilidade da corte, haja vista que a riqueza e a titulação conquistadas conferiam-lhe uma importância circunscrita à província. No que concerne aos interesses da família da noiva, o que estava em jogo eram a preservação do seu patrimônio econômico e social e o cumprimento do destino natural da mulher na sociedade oitocentista. Dessa forma, as escolhas matrimoniais, assim como o compadrio e as alianças por amizade, faziam parte das estratégias de manutenção de bens e prestígio daquelas que eram consideradas "as melhores famílias do Império".

Após o casamento, o tempo privado transcorria ocupado e entrecortado por outras temporalidades que preenchiam a vida cotidiana desses atores sociais. O tempo da riqueza familiar dizia respeito a tudo que se relacionasse

* A noção de disputa intra e extragrupo que aqui destaco se baseia nos trabalhos do sociólogo Norbert Elias, que propõe tratar a sociedade como uma *formação* ou *configuração*. Encaradas dessa forma, as sociedades são como teias de indivíduos interdependentes, cujos sentimentos, ações e relações estão em constante tensão e interação, pois há sempre equilíbrios instáveis entre forças sociais distintas. Como conseqüência, todos os indivíduos de uma dada sociedade, até os de maior prestígio e poder, sofrem pressão. Os indivíduos lutam entre si e fazem alianças para conseguir ascender socialmente, ao mesmo tempo em que devem se defender, para que os grupos que estão em patamares abaixo, e que também pretendem uma melhor posição social, por algum deslize não lhes ocupem o lugar. Dessa forma, cada formação social é distinta, porque a sua rede de interdependências e pressões é peculiar. Ver: N. Elias, *A sociedade de corte* e *The Stablished and the Outsiders.*

à administração da fazenda e ao governo da casa. Na curta duração, era preenchido pela preocupação com o plantio e a colheita do café, a produtividade diária dos escravos, a administração das tropas, a relação entre receita e gastos da unidade produtiva, as encomendas e compras para a casa-grande etc. Na longa duração, reunia todas as estratégias e acertos para a preservação da riqueza e patrimônio familiares. O tempo da intimidade era pontuado por aspectos mais ligados ao espaço doméstico, como nascimento e educação dos filhos, realização dos papéis familiares no cotidiano, convivência com parentes, relação com os agregados e formação de laços de compadrio. Em contrapartida, o tempo social era demarcado pelas viagens, temporadas em Petrópolis, visitas, festas familiares, passeios, bailes e eventos públicos. Tempos que se interpenetravam e se encontravam na composição de um cotidiano em família. Tempos que, na sua instabilidade, produzida por diferentes ritmos de aceleração e recuo, compunham uma temporalidade própria para o Oitocentos. Tempos que – cada um a seu tempo – legitimaram o triunfo de um dado modelo de família oitocentista.

PARTE II

Vida Material e Manutenção da Riqueza Familiar

Pintura da fazenda.

4

A criação da vila de Paty do Alferes

> Eu, El-rei, faço saber aos que este alvará com força de lei virem que aos quatro dias do mês de setembro do ano de nascimento de Nosso Senhor Jesus Cristo de mil oitocentos e vinte, hei por bem criar no sobredito lugar de Paty uma vila com a denominação de vila de Paty do Alferes, que terá por termo todo o território entre as vilas de São João do Príncipe e de São Pedro do Cantagallo, limitando-se por norte pela serra da Mantiqueira e pelo rio Paraibuna, e ao sul pelo surgimento da serra do Mar e cordilheira do Tangoá, ficando porém excluída do mesmo a freguesia de Nossa Senhora de Valença, que já foi servida mandar erigir em vila.[1]

A decisão de d. João VI, corroborada pela mesa de Desembargo do Paço, era justificada por existirem naquelas localidades condições ideais para a criação de uma vila, tais como terreno plano e central, conjunção de várias estradas e vias de acesso e algumas habitações estabelecidas formando um arraial. Por esse decreto, passavam a fazer parte da vila de Paty do Alferes todas as casas de fazendas, casebres, ranchos para pouso de tropeiros e viajantes, vendas e demais formas de morada e trabalho construídas dentro dos limites das antigas freguesias de Nossa Senhora da Conceição do Pati, Sacra Família do Caminho Novo do Tinguá, Nossa Senhora da Conceição e Apóstolos São Pedro e São Paulo da Paraíba Nova e dos curatos de Santana de Cebolas e Senhor Bom Jesus de Matosinhos.[2]

A região, bastante visitada por aqueles que se destinavam às Gerais pelos caminhos do ouro, se mantinha por meio da produção de gêneros agrícolas como cana-de-açúcar, mandioca, milho, legumes, café, marmelos e diversas frutas. No caso dos fazendeiros da localidade de São João Marcos, houve também um investimento na criação de porcos e preparo de carnes de conserva. Em viagem pelo vale do Paraíba no início do século XIX, Charles Ribeyrolles relatou, no livro *Brasil pitoresco*, que d. João VI costumava ter sempre à mesa opulentos lombos de porco e salsichas magníficas provenientes de Sacra Família. Entretanto, o principal destino dessa produção era o autoabastecimento e, em escala reduzida, o fornecimento para a corte, com exceção do açúcar, que era levado em grandes quantidades ao porto da Estrela para ser encaixotado e transportado para armazéns na capital. Não demoraria muito e o café se tornaria o principal gênero das exportações brasileiras e o vale do Paraíba seu maior pólo de produção mundial.[3]

A ocupação do vale do rio Paraíba do Sul foi estudada pelo historiador Stanley Stein em seu trabalho clássico *Grandeza e decadência do café no vale do Paraíba*. Segundo o autor, esse movimento populacional se deu impulsionado por dois fatores principais: a concessão de sesmarias, feita pela Coroa portuguesa em reconhecimento por serviços a Sua Majestade, e a posse, derivada da intensa movimentação territorial e financeira na região mineradora aliada à alta demanda por terras numa zona de fronteira agrícola aberta. A convivência entre sesmeiros e posseiros, que inicialmente foi pacífica, tendeu a se acirrar à medida que as áreas de expansão agrícola foram escasseando e os litígios pela posse de terras se intensificando. O resultado de tal dinâmica histórica foi uma enorme concentração de terras, escravos, poder político-militar e prestígio social nas mãos de poucas famílias. No caso de Paty do Alferes, os núcleos mais privilegiados foram os Ribeiro de Avellar e os Werneck, integrantes de uma mesma origem familiar de pioneiros na ocupação da região que ali chegaram no século XVIII.[4]

Como se pode verificar, desde os tempos coloniais a terra era um fator de produção disponível no mercado, pois, na maioria das vezes, a sesmaria podia ser alienada ou alugada por seus titulares. Mesmo se tratando de uma apropriação política, concedida em decorrência de merecimento militar ou em retribuição a benefícios encaminhados ao erário público, a sua transmissão ocorria por meio da venda, ainda que de parte do terreno. Portanto, a terra não se constituiu, ao longo do tempo, um bem ilimitado e acessível a todos. Colocando-se nesse debate, Hebe Mattos argumentou, em *Das cores do silêncio...*, que os critérios de liberdade e propriedade podiam estar imbricados na sociedade colonial e oitocentista, tanto no que se referia à propriedade de terras quanto à de homens. Por meio da história de vida do lavrador Domingos Vieira de Carvalho, demonstrou que este era considerado dono de um sítio de roças de mandioca por seu filho sem que o fosse legalmente. Na verdade, sua única propriedade era uma escrava. O reconhecimento social para o uso da terra estava respaldado em favores e relações pessoais e familiares historicamente constituídas na região que lhe garantiam o acesso a tal. No caso de grandes fazendeiros, o critério de concessão de sesmarias podia se aliar ao de posse de terras consolidada e legitimada ao longo de gerações, como no núcleo Ribeiro de Avellar.

A análise de Maria Sylvia de Carvalho Franco, em trabalho pioneiro sobre os *Homens livres na ordem escravocrata*, enfatiza a pluralidade de condições e de relações que esse grupo social podia constituir com os grandes proprietários rurais ao nível de compadrio, vínculos pessoais, favores prestados, interesses eleitorais, arrendamento de terras e/ou instrumentos de trabalho. A autora, assim como Stanley Stein e Warren Dean, ressalta a pouca oferta de terras como favorecedora de um pequeno grupo de ricos proprietários que exercia seu poder, autoridade e controle político sobre um certo número de homens livres e pobres.[5] No entanto, estende a influência desses poucos senhores não só aos arrendatários e sitiantes que se dedicavam à agricultura, mas também a vendeiros, tropeiros e comerciantes de pequeno porte com negócios na região.*

Para Maria Sylvia de Carvalho Franco, os vínculos pessoais constituídos entre os chamados agregados e os grandes proprietários locais dificultavam a possibilidade de um existir politicamente autônomo, ao mesmo tempo em que legitimavam a imposição da vontade do mais forte sobre o mais fraco. Observando a questão sob outro ângulo, José Murilo de Carvalho enfatizou que o voto era um importante instrumento de barganha dos homens pobres. Apesar do voto censitário, o número de eleitores no Império era considerável se comparado ao de outros países. A renda mínima anual exigida para os votantes, de acordo com a Constituição de 1824, era de 100 mil réis, relativamente pequena para os padrões da época. Além disso, seu controle também obedecia a critérios pessoais pouco definidos, pois, na prática, a Coroa não era eficaz na fiscalização. Em tempos de eleições, muitos votantes negociavam favores com os chefes políticos locais porque sabiam que a derrota desses latifundiários significaria desprestígio e perda do controle de cargos públicos.[6] A exemplo desse funcionamento, no Congresso Agrícola de 1878 os senhores de terras se pronunciaram a favor de eleições diretas e censitárias para a Câmara, argumentando que o nível de participação política vigente era muito oneroso, pois os obrigava a manter, sob sua proteção, elevado número de votantes por interesses eleitorais.[7]

Se, por um lado, a pouca oferta de terras deixava uma boa parcela da população livre vulnerável às relações pessoalizadas impostas pelos grandes senhores, por outro, acredito que esses vínculos pessoalizados abriam possibilidades de acesso a terras, benefícios e oportunidades de inserção na comunidade local. Obviamente não estou defendendo que as partes se colocassem em iguais condições. O caráter violento e desigual dessas relações não pode ser desmerecido, contudo os espaços sociais para o desenvolvimento de negociações, barganhas, conflitos e rebeldias devem ser levados em consi-de-ração sob pena de se encobrirem as especificidades desses homens livres e despossuídos e acabar por considerá-los uma massa de manobra sem valores ou pensamentos próprios.[8] Em seu estudo sobre a lavoura em Rio Claro (SP),

* Sobre o espaço de sobrevivência dos homens livres e pobres na ordem escravocrata, a autora mostrou que, na fímbria do sistema econômico voltado para a produção e comercialização do café, surgiram atividades residuais que, na maioria das vezes, não podiam ser realizadas por cativos, abrindo, assim, oportunidades aos trabalhadores livres e pobres. M.S. de C. Franco, *Homens livres na ordem escravocrata.*

Warren Dean salientou que os pequenos proprietários faziam parte do restrito eleitorado do Império e assim garantiam a proteção dos grandes senhores e o direito de servirem na milícia. Entretanto, ao efetivarem esses laços de solidariedade, também estavam obrigados a perseguir escravos fugidos, montar guarda em dia de eleição e outras dívidas de obediência.*

A elevação de Paty do Alferes à categoria de vila tendeu a acirrar a interdependência e os favorecimentos entre as famílias proprietárias, pioneiras na região, e os homens livres e pobres, seus aliados. O novo estatuto tornava urgente a criação e a construção de uma Câmara Municipal, além da convocação de eleições para os cobiçados cargos de: juiz de fora (1) ou juiz ordinário (2); vereador (3); procurador (1); almotacé (2); e escrivão (1). O surgimento desse espaço privilegiado de negociação e de disputa política entre as elites locais fazia com que seus integrantes buscassem fortalecer os laços de dominação para mobilizar um maior número de aliados e vencer as eleições, assegurando, assim, seus privilégios. Como demonstra José Murilo de Carvalho no livro *Cidadania no Brasil...*, essa relação de favorecimentos mútuos, que incluíam o voto na pauta de negociação, transformava este em moeda de troca, ato de obediência ou, na melhor das hipóteses, fruto de uma expressão de gratidão e lealdade. No caso do núcleo Avellar não foi diferente. Tendo participado ativamente da política local e da Guarda Nacional, outro importante espaço de disputa político-social do Império, os Avellar conseguiram legitimar suas concessões e posses de terras nas localidades conhecidas como Pau Grande, Ubá e Guaribu e conquistaram um invejado prestígio social.**

Após o decreto de d. João VI, foram iniciados os preparativos para a festa de elevação de Paty do Alferes a vila. Um mutirão de escravos, emprestados pelos grandes fazendeiros, cuidou da limpeza e assoreamento dos caminhos que ligavam ao arraial, nivelou as valas para escoamento das águas e construiu novos ranchos para recolher as montarias e servir as refeições daqueles que se demorassem no local. Na casa escolhida para servir de sede da Câmara

---

* Os trabalhadores livres possuíam diferentes funções nas fazendas. Alguns conquistavam certa estabilidade e se tornavam agregados. Mas também existia uma população flutuante e bastante empobrecida, os chamados "camaradas", homens contratados esporadicamente para determinadas tarefas ou para ajudar na colheita. W. Dean. *Rio Claro: um sistema brasileiro...*

** O baronato foi uma importante forma de aquisição de prestígio social para os cafeicultores. Os Leite Ribeiro, de Vassouras, fizeram oito barões, e dois viscondes na família. No mesmo município, os Werneck tinham cinco barões, e os Avellar, seis barões e três viscondes. No entanto, não era muito comum que os mesmos ocupassem cargos políticos de importância nacional. Como concluiu J.M. de Carvalho, a distribuição desses títulos pretendia aproximar os grandes proprietários da Coroa sem, necessariamente, torná-los políticos. Uma estratégia de cooptação política que, na prática, se transformava em compensação. J.M. de Carvalho, *O teatro de sombras*, p.258.

providenciaram a limpeza dos cômodos, a decoração e o mobiliário, sendo exibida, na mesa central, uma rica toalha de damasco de seda vermelha. Em pouco tempo, o tão esperado dia havia chegado. Os grandes proprietários das freguesias próximas apontavam em suas melhores montarias e indumentárias pelas estradas do Pau Grande, Sant'Anna e Sacra Família, acompanhados de pajens e muitos curiosos. Finalmente, em 23 de fevereiro de 1823, na presença do ouvidor geral e corregedor da comarca, Joaquim José de Queiroz, ocorreram as solenidades de fundação da vila de Paty do Alferes e a posse dos componentes da primeira Câmara Municipal. Foram empossados para o período de 1821 a 1823 os seguintes nomes: Antonio Gomes da Cruz, Manoel João Goulart e capitão José Lopes França (vereadores); alferes José de Souza Vieira (procurador); capitão-mor Manoel Francisco Xavier e capitão Francisco das Chagas Werneck (juízes ordinários).[9]

A importância sociopolítica atribuída ao evento procurava refundar uma lógica do espetáculo inspirada em cerimoniais da corte portuguesa. Mesmo sem estar presente, o primeiro imperador se fez representar por uma burocracia real a quem era delegada a função de "olhos do rei", perpetuando, assim, a noção de amplitude do domínio real que pretendia se estender até mesmo às localidades mais distantes.[10] Mais tarde, esses valores simbólicos seriam ressignificados por d. Pedro II de uma forma muito mais eficaz, seja através das viagens às províncias distantes, seja através de imagens perpetuadas em fotografias, pinturas, moedas e estátuas. Entretanto, apesar de toda a pompa inicial, a recém-criada vila não teve o desenvolvimento esperado nos anos que se seguiram e "não passou das quatro casas edificadas antes de sua fundação". Desse modo, em 15 de janeiro de 1833, sob o comando político da Regência Trina, foi assinada a extinção daquela vila nos seguintes termos: "fica extinta a vila de Paty do Alferes e em seu lugar ereta em vila a povoação de Vassouras, compreendendo no seu termo as freguesias de Sacra Família e Paty do Alferes."[11]

Vassouras, assim como Paty do Alferes, tinha sido ocupada a partir da decadência da mineração. Em seus primeiros anos, a produção era diversificada (mandioca, feijão, banana e porcos) e levada para a capital pelas estradas do Comércio e da Polícia, à margem das quais nasceram as primeiras culturas dos cafeeiros, ainda na década de 1830.[12] Na verdade, a introdução dos cafezais na região é anterior e sua origem está ligada aos tropeiros que transitavam entre os centros da mineração e a capital e plantaram as primeiras mudas de café ao longo do Caminho Novo, como forma de garantir alimento em futuras paradas. O grande florescimento de Vassouras acabou influenciando a alteração do centro político e facilitando a exploração do café na região que, já em 1836, alcançava o patamar de 300 mil arrobas exportadas.

A decisão regencial veio satisfazer interesses políticos e econômicos das famílias Teixeira Leite e Correia e Castro, que, enriquecidas com a mineração, haviam se instalado na região de Vassouras, na virada do século, após a escassez do ouro. A princípio, a mudança do centro político da província para Vassouras poderia significar que o poderio político de suas *melhores famílias*, incluindo os Avellar, tinha sido abalado. Entretanto, é curioso ressaltar que todos os vereadores da Câmara de Paty do Alferes concordaram com tal medida em votação unânime dos presentes, dentre eles nosso Joaquim Ribeiro de Avellar, futuro barão de Capivary.[13] Ao que parece, percebendo que a transferência era inevitável devido ao crescimento mais acelerado da povoação vizinha, o melhor a fazer politicamente era somar forças. Dessa forma, a Câmara foi transferida e mantidos os mandatos dos vereadores eleitos. Na época, compunham essa casa do Legislativo sete vereadores e quatro suplentes, dos quais três pertenciam ao núcleo Avellar: Joaquim Ribeiro de Avellar, proprietário da fazenda Pau Grande, seu sobrinho Cláudio Gomes Ribeiro de Avellar, dono das terras do Guaribu, e seu irmão Francisco Ribeiro de Avellar, dono da fazenda Japão, que, na ocasião, atuava como suplente.

Como se pode ver, a estratégia política de apoio à mudança da sede havia funcionado. O poderio dessa família se manteve, fazendo com que os membros da casa Avellar se revezassem em importantes postos da política local. Joaquim foi eleito para a presidência da Câmara e Francisco para juiz de paz, sem falar dos irmãos Paulo e Manoel Gomes Ribeiro, vencedores do pleito para vereador em 1841. Os títulos de nobreza e as condecorações vieram em pouco tempo, após fartas contribuições filantrópicas ao erário público, legitimando uma prática antiga de agregar poder político e prestígio social. Observe a tabela abaixo: [14]

Joaquim Ribeiro de Avellar (Barão de Capivary em 1847, com grandeza em 11.10.1848, falece em 2.6.1863.) - Fazenda Pau Grande	• 1833-36, vereador • 1833-36, vereador suplente • 1841-44, vereador suplente • 1844-45, coronel da Guarda Nacional e deputado na Assembléia Provincial na terceira legislatura • Grande do Império; comendador da Ordem da Rosa
Cláudio Gomes Ribeiro de Avellar (Barão de Guaribu em 31.7.1860, falece em 4.9.1863.) - Fazenda Guaribu	• 1833-36, vereador • Imperial Ordem de Cristo; Imperial Ordem da Rosa; guarda-roupa de S.M.D. Pedro II
Francisco Ribeiro de Avellar - Fazenda Japão	• 1826, sargento-mor • coronel instrutor da Guarda Miliciana • 1833-36, vereador • 1841, juiz de paz

Paulo Gomes Ribeiro de Avellar (Barão de São Luis em 23.10.1861, falece em 5.7.1870.) - Fazenda Boa Sorte	• 1841-44, vereador • 1849-52, vereador • 1852, comando superior da Guarda Nacional • comendador da Imperial Ordem de Cristo; Imperial Ordem da Rosa; Real Ordem de Nossa Senhora da Conceição de Vila Viçosa; fidalgo cavaleiro da Casa Real de Portugal (Portugal) • 1857-60, vereador
Manoel Gomes Ribeiro de Avellar - Fazenda da Glória	• 1841-44, vereador suplente • 1848, chefe da legião da Guarda Nacional • comendador da Imperial Ordem de Cristo e da Imperial Ordem da Rosa
João Gomes Ribeiro de Avellar (Visconde da Paraíba em 1848, falece em 12.1.1879.) - Fazenda Boa Vista	• 1836-37, deputado na Assembléia Provincial na primeira legislatura. Foi ainda reeleito para a 15ª e 16ª legislaturas; foi chefe do Partido Liberal de Paraíba do Sul • 1838, tenente-coronel da Guarda Nacional • 1847, coronel chefe do Estado-Maior da 8ª Legião, municípios de Valença e Paraíba do Sul • 1848, presidente da Câmara Municipal de Paraíba do Sul • 1852, coronel-comandante superior da Guarda Nacional de Paraíba do Sul e Petrópolis • 1879, coronel da Guarda Nacional de Paraíba do Sul e Petrópolis • 3º vice-presidente da província do Rio de Janeiro • Grande do Império; dignatário da Ordem da Rosa; comendador da Ordem de Cristo
Quintiliano Gomes Ribeiro de Avellar - Fazenda Boa Sorte	• 1857-60, vereador suplente • capitão da Guarda Nacional
Joaquim Ribeiro de Avellar (Visconde de Ubá em 14.3.1887.) - Fazenda Pau Grande	• 1849, tenente-coronel da Guarda Nacional • 1855, jurado eleitor e comandante do batalhão da Guarda Nacional[15] • oficial da Imperial Ordem da Rosa; fidalgo cavaleiro da Casa Imperial; sócio correspondente do IHGB
Antonio Gomes Ribeiro de Avellar	• 1877, tenente-coronel da Guarda Nacional

Como se vê, a casa Avellar manteve uma efetiva ocupação de cargos na política local até, pelo menos, a década de 1860. Essas responsabilidades envolviam a família diretamente nas questões referentes ao orçamento municipal e levantamento de fundos para obras públicas, inclusive por meio de contribuições privadas. Por exemplo, em 1844, Joaquim Ribeiro de Avellar declarava publicamente que abria mão de seus subsídios na Assembléia Provincial, no valor de 11 contos de réis, em favor dos cofres vassourenses. A doação foi entregue por Domingos Alves da Silva Porto, seu comissário de café no Rio de Janeiro, ao deputado Paulo Gomes Ribeiro de Avellar sob autorização da Câmara. O restante do dinheiro, destinado à construção de bicas públicas para o fornecimento de água, foi conseguido por subscrição popular até alcançar o valor total de 13 contos de réis. A sobreposição dos espaços público e privado no orçamento municipal também pode ser percebida durante a visita de d. Pedro II a Vassouras, em 1848. Devido às dificuldades financeiras para a recepção do imperador, ficou decidido, na sessão da Câmara de 5 de janeiro de 1848, que as despesas seriam repartidas entre os principais fazendeiros da região, dentre eles o barão de Capivary e o barão do Guaribu.[16]

José Murilo lança mão do conceito de "dialética da ambigüidade" para caracterizar a dinâmica das relações entre os proprietários rurais e a burocracia imperial, demonstrando que em vários momentos os interesses da Coroa e da classe proprietária rural entraram em descompasso durante o Segundo Reinado. No que concerne às contas públicas e ao controle orçamentário, por exemplo, defende que, por diversas vezes, o governo central procurou atender aos interesses agrários (construção de ferrovias e facilitação de créditos agrícolas), quando estes caminhavam na direção de trazer vantagens à economia de exportação, principalmente o café. Entretanto, o mesmo não se verificou em relação às despesas com Justiça, administração do governo central, educação, obras de infra-estrutura e assistência pública, principalmente nas províncias. Nesses casos, o orçamento reduzido destinado pelo governo era complementado por contribuições privadas para a construção e funcionamento de escolas, cemitérios, abrigos etc., perpetuando um entrelaçamento das esferas pública e privada, e fortalecendo, ainda mais, o poder daqueles que as financiavam. Como metaforizava o visconde de Uruguai, "a burocracia do Estado era macrocefálica: tinha a cabeça grande, mas os braços muito curtos. Agigantava-se na corte, mas não alcançava as municipalidades e mal atingia as províncias".[17]

Essa situação foi recorrente durante todo o Segundo Império. Mesmo as províncias mais ricas, caso de Vassouras, careciam de recursos e buscavam a superação desse impasse por meio do apelo direto ao patrimônio particular do cidadão comum ou do próprio servidor público. Em viagem a Vassouras nos dias 17, 18 e 19 de fevereiro de 1848, d. Pedro II ficou hospedado na casa do vereador Pedro Correia e Castro, que fez questão de arcar com todas as despesas referentes à estada do soberano. Como resultado de tão solene visita, d. Pedro II doou dois contos de réis para a construção de um chafariz parietal e distribuiu uma série de concessões honoríficas e títulos para aqueles que tão bem o haviam recepcionado. Pedro Correia e Castro foi feito barão com grandeza do Tinguá e, em retribuição, arcou com a construção da Santa Casa da Misericórdia de Vassouras no valor de dez contos de réis, importância cinco vezes maior do que a contribuição do imperador.

Essa política de distribuição de recursos levada a cabo pelo Estado imperial favorecia os cafeicultores em um duplo aspecto. De um lado, buscava incentivar medidas que trouxessem um desenvolvimento econômico – como a concessão de créditos agrícolas e a construção de ferrovias – que auxiliasse no fortalecimento da produção cafeeira. De outro, ao não ocupar este espaço no tocante às províncias, a Coroa deixava um vazio que era preenchido pelos grandes senhores de terras e homens que almejavam prestígio social, aquisição de títulos e privilégios políticos. A distribuição de títulos nobiliárquicos parece ter sido o mais comum mecanismo de compensação, pois 14% de todos os títulos conferidos por d. Pedro II foram para fazendeiros de café. Confira na tabela:[18]

Ano	Barões do café	Total dos barões	Total de todos os títulos
1840-49	15	61	70
1850-59	20	75	92
1860-69	35	127	133
1870-79	51	192	204
1880-89	-	347	372
Total	121	802	871

Apesar desse entrelaçamento abordado entre as esferas pública e privada, foram poucos os "barões do café" que ocuparam cargos importantes na política ou na alta burocracia nacional. Numericamente, é possível reafirmar esta idéia porque, apesar de constituírem 77% dos titulados por d. Pedro II, representaram somente 14% dos ministros do Segundo Reinado que possuíam títulos.[19] Contudo, um estudo mais apurado das correspondências de cunho político pertencentes à coleção da família Ribeiro de Avellar revela que, mesmo não ocupando as mais altas posições na política central, os grandes proprietários de terras e homens se viam, direta e indiretamente, ligados a ela no seu cotidiano.

Nos meses que antecederam as eleições provinciais de 1860, o barão de Capivary recebeu algumas cartas do visconde de Abaeté – importante político e, na época, senador do Império –, pedindo seu apoio à reeleição do candidato Jerônimo José Teixeira Jr. para a Assembléia Provincial. Antônio Paulino Limpo de Abreu considerava a influência do barão um "valioso apoio" e tentava reverter o que chamou de "hostilidade política" da Câmara de Vassouras em relação a seu protegido.[20] As amizades e solidariedades políticas entre os dois eram antigas e podem ser rastreadas no ano de 1849. Limpo de Abreu havia sido uma figura de relevo na conquista do baronato por Joaquim Ribeiro de Avellar, como narrou, na ocasião, seu correspondente na corte: "Mandei entregar as suas cartas [solicitação do título de barão ao imperador]. Paulino me disse que havia já recomendado ao ministro da Justiça as suas lembranças."[21] Dessa forma, o barão de Capivary garantiu o apoio solicitado para o pleito de 1860 em nome das velhas relações e foi, prontamente, retribuído pelo visconde, que se despediu do cafeicultor com considerável afeição: "... contribuindo assim para a reeleição desse distinto candidato fará também um obséquio muito especial a quem é com a maior consideração e estima. De Vmce. Amigo muito obrigado e altivo. Visconde de Abaeté."[22]

O próprio candidato Jerônimo José Teixeira Jr. também lhe escreveu em agradecimento. Em poucas palavras, se comprometia a não esquecer os serviços prestados, ressaltava a força política local do barão e a importância de seu apoio para a sua candidatura: "Sabendo o quanto vale a vossa influência ... não me porei como ingrato facultando-me a sua poderosa coalizão."[23] Nas eleições seguintes, foi a vez de o visconde de Uruguai utilizar seu prestígio político de membro do Conselho de Estado e chefe do Partido Conservador para garantir alguns nomes na Assembléia Provincial.

> Rio, 7 de janeiro de 1862.
>
> Ilmo sr. barão de Capivary,
>
> Por mais que seja de me envolver em eleições, pelos dissabores que me têm dado e de incomodar os amigos, não há remédio senão incomodar os bons para servir a outros. *Vou rogar que empregues os valiosos meios ao seu alcance a fim de que sejam ali bem votados para a Assembléia Provincial os seguintes candidatos, os quais todos já têm sido deputados provinciais e bons.* Ao menos não hão de votar para desperdícios: dr. Luis Alvares de Azevedo Macedo; dr. Francisco Antonio de Souza; Manoel Ribeiro de Almeida Jr.; dr. Bernardino Alves Machado; dr. José Francisco Viana; e dr. Jerônimo Severiano Barrão.
>
> Pretendia fazer uma chapa, mas eram tantos os candidatos e tantos os protetores querendo meter dois ou três que não foi possível haver acordo. Não há mais disciplina! Estou convencido de que o resultado da eleição há de ser péssimo e nunca esta infeliz província precisou mais de uma boa Assembléia.
>
> Creia-me sempre.
>
> Amigo altivo e obrigado,
>
> visconde de Uruguai.[24]

Em sua carta, José Paulino Soares de Sousa transparecia certa irritação com o funcionamento da política, apesar de ter sido um dos responsáveis pela centralização político-administrativa do Segundo Reinado.[25] Sua principal reclamação era a de que, devido a interesses locais, muitos nomes haviam sido apresentados para a Assembléia Provincial, ficando impossível consolidar uma chapa forte que concorresse com a certeza da vitória. Em seu pequeno desabafo, o visconde apresentava a política de conciliação, desenvolvida a partir de 1853 pelo ministério do marquês de Paraná de forma dinâmica, ressaltando que os interesses centrais (em sua narrativa, confundidos com seus próprios interesses) eram a todo instante renegociados com os poderes locais. Por isso, ele se via obrigado a "incomodar os amigos" pedindo que utilizassem seus "valiosos meios" a fim de reeleger seus indicados. Por outro lado, estar no rol de "amigos" e ser considerado uma pessoa de influência política pelo visconde de Uruguai demonstra, por si só, o prestígio e o cabedal político do barão de Capivary e da casa Ribeiro de Avellar. Vale acrescentar ainda que, considerando-se o jogo da política imperial, esses favores políticos prestados poderiam ter sua contrapartida cobrada na hora em que o cafeicultor julgasse necessário.

A análise das cartas familiares de cunho político me leva a supor que, após a transferência da Câmara para Vassouras e o crescimento dos negócios do café nos anos 1850-60, tanto o barão quanto seu filho e sucessor passaram por um processo de enriquecimento. Contudo, a manutenção da casa Ribeiro de Avellar no círculo da elite política vassourense foi garantida por meio da preservação de um poder econômico que se traduzia num bom número de dependentes votantes – sem que fosse necessária uma atuação direta através da aquisição de cargos para si na política local – e num relacionamento cordial com seus pares. Em relação a esse último aspecto, faziam parte do ciclo de amizade dos Ribeiro de Avellar tanto políticos de projeção nacional como os viscondes do Abaeté e do Uruguai, além de parentes e amigos provenientes de poderosas famílias estabelecidas na região, a exemplo dos Teixeira Leite.

Durante quase 15 anos, o barão de Capivary e o barão de Vassouras, sr. Francisco José Teixeira Leite, trocaram correspondências. Nestas há uma variada gama de assuntos que vai desde a montagem de chapa para as eleições provinciais até a alforria de escravos, participação de falecimentos, política nacional, finanças, favores e casamento de parentes. Os correspondentes nutriam uma antiga amizade, consolidada por interesses de classe, que aflorava em despedidas afetuosas, estimas de melhoras de saúde, prorrogações infindáveis de prazos de pagamentos de letras e empréstimos e recorrentes recomendações a familiares de ambas as partes. Ao que tudo indica, essa amizade foi compartilhada pelas gerações subseqüentes, porque na coleção de fotografias dos Ribeiro de Avellar localizei *cartes de visite* de membros da família Teixeira Leite com dedicatórias bastante afetuosas, o que demonstra que a reciprocidade se manteve no tempo.

Entretanto, o que impulsionava constantemente o ato de escrever entre esses senhores era a necessidade de tramar os rumos da política local de modo a atender seus desejos particulares. Depois de dois mandatos como vereador e um na Assembléia Provincial, o então recém-titulado barão de Capivary resolveu utilizar sua influência para preparar a entrada de seu filho, Joaquim, na carreira política. Aos 26 anos de idade, e tendo feito o curso de direito na Europa, Joaquim Ribeiro de Avellar Jr. foi indicado pelo pai para compor uma chapa partidária nas eleições da Câmara Municipal de Vassouras, em 1848. Para tanto, tinha o apoio do barão de Vassouras e de seu irmão Joaquim José Teixeira Leite, na época presidente daquela Casa Legislativa. Algumas dessas negociações sobreviveram em cartas trocadas por estes velhos amigos.

> Cachoeira, 9 de agosto de 1848.
>
> Ao Exmo sr. barão de Capivary,
>
> ... Ontem estive em Vassouras e combinamos eu e várias pessoas a chapa para vereadores. O mano Joaquim ficou encarregado de falar a uma das pessoas lembradas para vereador e ver se aceita a nomeação. Ele lhe transmitirá a chapa que espero merecerá sua aprovação. Seu filho vai nela incluído, conforme seu desejo.
>
> Sr. Felício falou-me para ser contemplado nela, mas eu o dissuadi disso, visto morar ele muito longe e não poder vir às sessões. Queira V.Exª de sua parte convencê-lo desta necessidade. ...
>
> Disponha com franqueza de quem é com estima
> De V.Exª
> Amigo respeitoso,
>
> Francisco José Teixeira Leite.[26]

Essa passagem ressalta a problemática das longas distâncias para a política e coloca a importância das cartas para os acordos políticos locais. Muitos senhores as utilizavam para solicitar aos chefes e membros mais influentes dos partidos locais a indicação de seus candidatos para as chapas eleitorais. Ou, como escreveu Francisco Teixeira Leite, pessoas importantes eram lembradas em reuniões políticas e indicadas pelos principais líderes, que depois iam fazer uma "visita de aceite final".

Dessa forma, de sua fazenda Cachoeira, o então vereador Francisco José Teixeira Leite escrevia ao barão de Capivary narrando sua ida à cidade de Vassouras para acertar os últimos detalhes da chapa que concorreria às próximas eleições e costurar os acordos finais. Dentre as notícias importantes destacava não só o papel de articulador político de seu irmão Joaquim José Teixeira Leite, mas também o seu próprio, ao tentar influenciar o sr. Felício Peixoto de Lacerda a não concorrer ao pleito devido à grande distância de sua fazenda até Vassouras.[27] Sua preocupação demonstrava a importância dada ao comparecimento às sessões de votação para a manutenção dos interesses da classe senhorial que representava. Aproveitava, ainda, para pedir ao amigo que reforçasse essa posição e tranqüilizava-o dizendo que o nome de Joaquim Ribeiro de Avellar Jr. já constava entre os concorrentes. A proximidade das eleições e a urgência nas decisões fizeram com que o barão de Capivary respondesse logo à sua correspondência, no dia 11 de agosto. Sua intenção principal era saber como tinha ficado desenhada a chapa definitiva:

> Cachoeira, 26 de agosto de 1848.
> Exmo sr. barão de Capivary,
> Amigo e senhor,
> Recebi a sua estimada carta, que V.Exa me dirigiu em data de 11 do corrente, e a seu conteúdo cumpre-me responder-lhe que a chapa de vereadores é a mesma com a simples mudança de um nome, isto é, em vez de Simplício entra o Ezequiel.[28] ...
> Seu amigo,
> Francisco José Teixeira Leite.[29]

Apesar dos cuidados do pai com sua candidatura e do apoio dos irmãos Teixeira Leite, Joaquim Ribeiro de Avellar Jr. não foi eleito vereador de Vassouras para o mandato de 1849 a 1852 e, ao que tudo indica, nunca ocupou nenhum cargo legislativo, seja na Câmara, seja na Assembléia Provincial. O que o teria levado a esse "limbo político", considerando-se que este era um espaço privilegiado de poder no Império? A princípio, levantei a hipótese de que seu afastamento de cargos políticos mais evidentes, como era da vontade de seu pai, deveu-se à antiga condição de filho ilegítimo.

Todavia, se essa condição de ilegitimidade vivida até 1843 fosse marca social tão forte a ponto de o excluir do campo da política, mesmo depois de ser considerado herdeiro universal dos bens do barão e ter tido sua paternidade reconhecida, acredito que o mesmo valeria para o campo social. Nesse caso, o casamento com Mariana Velho da Silva não teria sido realizado, sob pena de a família Velho perder seu prestígio e lugar de poder na corte. Como foi discutido no capítulo anterior, a marca da ilegitimidade de Joaquim Ribeiro de Avellar Jr. foi diluída devido ao seu alto grau de instrução, seu comportamento social, sua riqueza e inserção, pelo matrimônio, numa família de renome.

Esta também foi a conclusão a que chegou a historiadora Sandra Lauderdale Graham ao fazer o estudo de caso das irmãs Ignacia Delfina Werneck e Francisca Laureana, pertencentes a uma rica família de fazendeiros na mesma região de Paty do Alferes.[30] Nesse trabalho, a autora demonstrou que, apesar de possuírem características próximas – ambas solteiras, iletradas e pertencentes à mesma família de origem –, essas duas mulheres da elite imperial percorreram caminhos distintos. Enquanto a primeira não deixou prole, como era de esperar em seu estado civil, a segunda teve um filho de pai não declarado que herdou toda a sua fortuna. O que surpreende nesta história é o fato de seu filho, Felício Augusto de Lacerda, ter sido acolhido por sua família, batizado por Francisca e, no futuro, ter se tornado uma figura pública proeminente em Vassouras, atuando até mesmo como juiz de paz e vereador.[31]

O interessante caso assinalado por Graham merece ser detalhado em alguns aspectos. Roberto Meneses de Moraes aponta que a criança batizada Felício Augusto de Lacerda era, na verdade, filho de Francisca Delfina com o cunhado Francisco Peixoto de Lacerda Werneck, casado com sua outra irmã, Anna Mathilde Werneck. Nesse caso, a não-revelação da paternidade tinha outros aspectos envolvidos. Primeiramente, tratava-se de um homem casado e, portanto, não seria possível reparar o mal através da obrigação de as partes contraírem matrimônio. Em segundo lugar, o progenitor era o marido da irmã, e a revelação da paternidade geraria uma desonra social para toda a família. O silêncio foi a estratégia encontrada e mantida até a morte por Francisco P. de Lacerda, que nem em testamento o assumiu como filho.

A conclusão de Graham recai na afirmação de que "Felício como bastardo só conseguiu um certo destaque social porque era proveniente de uma família poderosa".[32] Por outro lado, não são poucas as referências bibliográficas que analisam como a virgindade de mulheres pertencentes às famílias abastadas tinha uma grande importância no que concernia à preservação da honra familiar e do futuro da figura feminina envolvida. Sheila de Castro Faria, analisando essa problemática no período colonial, afirma que virgindade e casamento não estavam necessariamente ligados para a população mais pobre, contudo, o mesmo não era verdadeiro para a classe senhorial que detinha prestígio econômico e social. Nestes casos, as noivas ricas deveriam se manter "puras" até o casamento. Em se tratando de Francisca Laureana, pode-se dizer que as punições sociais recaíram sobre ela, que permaneceu solteira, mas também sobre Felício, que não recebeu o sobrenome Werneck, figurando como seu herdeiro, mas não como descendente.

O estudo de Graham reforçou minha suspeita de que a questão da ilegitimidade não poderia ser a explicação principal para o afastamento do futuro visconde de Ubá da política vassourense. No episódio da família Avellar aqui analisado, a recriminação social não era de gênero, pois aos homens solteiros eram permitidas relações sexuais. O que estava em questão era um relacionamento amoroso com descendência "fora de sua classe". Desse modo, Joaquim Ribeiro de Avellar Jr. pôde herdar tanto os bens do barão e de suas irmãs quanto o sobrenome familiar. Refutada essa primeira hipótese, permanecia a pergunta: por que Joaquim Avellar Jr. nunca teria participado da política local? Uma possível resposta para esta minha inquietação surgiu quando da leitura de uma das cartas de Joaquim José Teixeira Leite ao barão de Capivary. A princípio, ela não tinha sido incluída na análise por não conter datação precisa, contudo, da imprecisão pude extrair indícios bastante significativos. Vamos a ela:

Ao Exmo sr. barão de Capivary,

... Quando apareci entre os eleitores que se estavam reunindo para combinarem a respeito dos candidatos em que se havia de votar, já haviam aprontado *o mínimo de votos que devia caber ao protegido de V.Exª, o candidato Borges. Vendo eu que o vosso Joaquim Ribeiro achava-se satisfeito com esses algarismos, pareceu-me não dever também fazer nenhuma reflexão.* Ontem consultei meu sogro a respeito do Comando Superior da Guarda Nacional. Acrescentou meu sogro que consultará as famílias importantes acerca das pessoas mais idôneas para oficiais e procederá em conformidade. É esse o único meio de obter a comprovação e boa vontade de todos. ...

Amigo afetuoso,

Joaquim José Teixeira Leite.[33]

O que se percebe ao trabalhar com cartas é que, muitas vezes, os correspondentes não são generosos em suas palavras e explicações. O que quero dizer é que as epístolas são escritas para serem lidas pelas partes interessadas que, na realidade, sabem em detalhes o que está sendo tratado. A economia de informações tem por finalidade evitar a redundância. Do contrário, podemos sentir que a narrativa se estende no intuito de dar uma explicação mais substancial ao outro correspondente e, assim, garantir a continuidade da troca de palavras. É da primeira forma que proponho a interpretação da carta acima: como pertencendo a um conjunto de outras correspondências a respeito das eleições para a Câmara em 1848.[34] Sendo assim, eram dispensáveis longas considerações, visto que os envolvidos estavam no calor dos acontecimentos. Outro aspecto que me levou a considerar que tal fonte tratava daquelas eleições municipais foi o fato de que Joaquim Ribeiro de Avellar Jr. entraria para a Guarda Nacional no mesmo ano de seu casamento, 1849. Se a carta também trata de sua nomeação para essa instituição, só poderia ser de um período anterior.

É possível ler nas entrelinhas que Joaquim Ribeiro de Avellar Jr. não chegou a concorrer às eleições para a Câmara, em 1848, por vontade própria. Em seu lugar, o barão de Capivary indicou outro, "protegido de V.Exª, o candidato Borges". Joaquim José Teixeira Leite, no papel de amigo da família, parecia discordar, mas respeitou a decisão do fazendeiro, já que "o vosso Joaquim Ribeiro achava-se satisfeito ... pareceu-me não dever também fazer nenhuma reflexão". A carreira política, que no Império trazia poder e prestígio para os membros da classe senhorial, foi substituída pelo pertencimento à Guarda Nacional. Conquanto tal troca não significasse uma desistência no que concernia à ocupação de um lugar de poder na política local, demonstrava que ela possuía outras esferas de atuação – diferentes da Câmara ou da Assembléia Provincial – que poderiam se justapor ou concorrer. Olhado por esse ângulo, o conceito de política se amplia para além da ocupação de cargos legislativos e se estende à Guarda Nacional,[35] ao tamanho da terra e às relações pessoais e favorecimentos que esta pode gerar, ao número de dependentes com direito de voto e às afinidades com seus pares e representantes políticos.

A notícia da desistência de concorrer à Câmara foi relatada juntamente com o pedido de que os arranjos necessários para a entrada na Guarda Nacional fossem feitos. Sobre esse aspecto, o empresário Joaquim José Teixeira Leite tranqüilizava o amigo, dizendo que sua solicitação já tinha sido passada ao sogro, o barão de Campo Bello.[36] Todavia, para que a nomeação de Joaquim Jr. fosse bem aceita pela boa sociedade vassourense e alcançasse respaldo e legitimidade sociais, era preciso seguir os trâmites constituídos e consultar as partes envolvidas. A resposta final, que acabou sendo positiva, ainda estava por vir, e Joaquim Ribeiro de Avellar Jr. foi nomeado para tenente-coronel da Guarda Nacional no ano seguinte.

A passagem pela instituição foi bastante longa. Em 1855, ele foi empossado comandante do 23º Batalhão e teve sua nomeação noticiada no *Jornal do Commercio*, como escreveu o sogro à filha Mariana em carta de parabenização. Mais tarde, foi condecorado oficial da Imperial Ordem da Rosa e fidalgo cavaleiro da Casa Imperial. Tais títulos lhe conferiam prestígio social e influência política local, que tenderam a se consolidar após o falecimento do barão do Capivary, quando se apresentou como seu sucessor em termos de riqueza e cabedal político. Em 10 de janeiro de 1866, o advogado Caetano Alves de Souza Figueiras lhe escrevia em busca de apoio à sua candidatura à Assembléia Provincial.[37]

O último mandato legislativo do barão de Capivary foi na Assembléia Provincial, em 1845. A partir da recusa do filho de seguir carreira no Legislativo, a participação política dos Ribeiro de Avellar se dava por meio da indicação de candidatos entre parentes e amigos próximos – "seus protegidos", como se referiu o amigo Teixeira Leite – que lhes garantiam a preservação de seus interesses. Mesmo quando já apresentava o cansaço da idade avançada, o barão de Capivary recebia demonstrações de sua importância e influência política na região:

> Vassouras, 10 de novembro de 1851.
>
> Meu prezado amigo foi designado no dia 30 do corrente mês para a eleição da nova Assembléia Provincial. É natural que V.Exª venha fazer parte do colégio eleitoral. Se vier, muito prazer terei em que V.Exª venha hospedar-se nesta sua casa.
>
> Muito estimarei que V.Exª tenha continuado a gozar de saúde e creio que sou com estima de V.Exª.
>
> Amigo muito obrigado,
>
> Francisco José Teixeira Leite.[38]

Após a morte da primeira esposa, em 1850, o barão de Vassouras vendeu a fazenda Cachoeira e comprou um palacete na cidade de Vassouras, onde se estabeleceu definitivamente para se dedicar a suas atividades políticas, de comerciante e banqueiro. De sua nova residência escreveu ao velho amigo oferecendo-lhe estada durante a reunião do Colégio Eleitoral que se realizaria, em 30 de novembro próximo, para a escolha dos deputados da Assembléia Provincial. Infelizmente, as cartas que se seguiram com a resposta e os acertos finais para o pleito não sobreviveram ao tempo ou, pelo menos, não estavam entre aquelas doadas ao Arquivo Nacional. Contudo, a força política e o poder social da casa Avellar estavam mantidos, conforme demonstram a consideração e o interesse do barão de Vassouras. Entretanto, se por um lado esses atributos eram originários da tradição familiar dos Avellar (pioneiros na região) e das boas relações com seus pares (em termos locais e nacionais), por outro eles estavam estruturados numa extensa riqueza que era reconhecida por vastas propriedades de terras e escravos. Portanto, uma administração eficiente da casa do Pau Grande era a condição para a manutenção da riqueza e do prestígio familiar do núcleo Ribeiro de Avellar, mas também para a preservação de influência e poder na região do vale do Paraíba Médio. Assim, após a morte do barão, em 1863, seu filho, o jovem Joaquim Jr., herdaria seu sobrenome, fortuna e cabedal político.[39]

A constituição das terras do Pau Grande como uma sociedade familiar atravessou o século XVIII e sobreviveu ao Império. Cinco gerações se sucederam no seu comando. Durante todo esse tempo, foram implementadas diferentes maneiras de preservar e expandir o patrimônio. A seguir, conduzirei o leitor a esse dia-a-dia da fazenda, buscando entender como esses patriarcas do Oitocentos tocaram os negócios familiares e a vida material da casa do Pau Grande. O fio que dirige minha narrativa é o entendimento das estratégias de preservação e ampliação da riqueza utilizadas pelos Ribeiro de Avellar ao longo do século XIX. As respostas para tal proposição muitas vezes se confundem com a própria história da região. Suas terras, na década de 1830, começam a ser cobertas de prósperos cafezais cujas produções se integram à economia da capital.

O convite já foi feito. Resta-nos agora adentrar pela porta da frente...

5

Os primeiros anos

> Dos Pousos Frios se vai à primeira roça do capitão Marcos da Costa; e dela, em duas jornadas, à segunda roça, que chamam do Alferes. Da roça do Alferes, numa jornada se vai ao *Pau Grande*, roça que agora principia, e daí se vai pousar no mato ao pé de um morro que chamam Cabaru. Desse morro se vai ao famoso rio Paraíba, cuja passagem é em canoas. Da parte de aquém, está uma venda de Garcia Rodrigues e há bastantes ranchos para os passageiros; e da parte d'além está a casa do dito Garcia Rodrigues, com larguíssimas roçarias.[1]

André João Antonil, ao traçar o "roteiro do Caminho Novo da cidade do Rio de Janeiro para as minas" no livro *Cultura e opulência do Brasil*, fez o primeiro registro referente às terras do Pau Grande de que se tem notícia. Em sua descrição, ressaltou a localização geográfica – próxima à roça do Alferes (mais tarde, vila de Paty do Alferes) e ao rio Paraíba – e destacou seu cultivo incipiente em contraste com as "larguíssimas roçarias" de Garcia Rodrigues, pioneiro no desbravamento e na posse das matas às margens do Caminho Novo. O primeiro proprietário da sesmaria em Pau Grande foi o sargento-mor Martim Corrêa de Sá, que obteve sua concessão em 14 de março de 1714, sendo, provavelmente, o dono da "roça que agora principia", citada por Antonil. Cem anos depois, em 1816, quando o francês Saint-Hilaire voltou à região, encontrou um cenário bastante diferente: as terras do Pau Grande haviam se transformado num importante engenho de açúcar.

Durante o período que separa as passagens dos dois viajantes, as matas que vieram a constituir a fazenda Pau Grande pertenceram a diferentes proprietários. Todavia, a partir de 3 de julho de 1748, vigorou como uma sociedade familiar com a participação de descendentes dos Ribeiro de Avellar.[2] A primeira administração coube aos irmãos portugueses Manoel e Francisco Gomes Ribeiro, que receberam uma carta de sesmaria de uma légua de terras em Pau Grande em 1750. Nove anos depois, Manoel morreu, deixando o sobrinho, o padre Marcos Ribeiro, como seu único herdeiro. Após o falecimento dos sócios Marcos (1760) e Francisco (1763), os irmãos Antônio Ribeiro de Avellar e José Rodrigues da Cruz herdaram as terras do Pau Grande juntamente com o cunhado Antônio dos Santos. Em fins do século XVIII, os três migrantes portugueses possuíam a sociedade comercial Avellar & Santos, que incluía a sesmaria do Pau Grande e outros negócios de origens diversas, constituindo, portanto, uma terceira geração de proprietários do ramo Gomes Ribeiro de Avellar.

Na divisão de tarefas referentes à Avellar & Santos, José Rodrigues da Cruz ficou responsável pela administração da fazenda Pau Grande. Nos mais de 30 anos em que ocupou a função, promoveu um alargamento dos limites territoriais da sesmaria e investiu nas produções de gêneros alimentícios para abastecimento interno e de cana-de-açúcar para exportação, transformando a propriedade no importante engenho descrito por Saint-Hilaire. A valorização das terras e as melhorias realizadas podem ser calculadas a partir do alto preço pelo qual foi lavrada a escritura de compra e venda. No documento, datado de 1797, os outorgantes José Rodrigues da Cruz e Antônio dos Santos vendiam uma terça da fazenda Pau Grande ao outorgado Luis Gomes Ribeiro por 90:586$550. Incluíam-se na transação bens de raiz, maquinário especializado, mão-de-obra escrava e outros meios de produção necessários para o funcionamento de um engenho de grande porte. Portanto, a quarta geração da sociedade familiar do Pau Grande foi composta por Luis Gomes Ribeiro e pelo espólio do comerciante Antônio Ribeiro de Avellar (falecido em 7 de julho de 1794), que possuía os dois terços restantes, os quais correspondiam a 3.635,5 alqueires de terras, e 221 escravos, número considerável para a época.[3]

Sobre o período em que Luis Gomes Ribeiro esteve à frente da administração da fazenda (1797-1810), restaram, em ótimo estado de preservação, cópias de cinco livros de contas nos quais foram registrados os ritmos de compra e venda de produtos no Pau Grande, bem como os gastos com empréstimos, aquisição de bens, reformas, pagamento de pessoal etc. Apesar de serem lançadas despesas desde 1794, é possível perceber que tais livros foram preenchidos a posteriori, provavelmente por volta de 1810, quando houve um desentendimento entre os sócios quanto à prestação de contas e à participação nos lucros. Cada um dos cadernos apresenta, no alto da primeira página, um título diferente que serve para orientar os que se seguem. Dessa forma, a lógica pela qual a documentação descrita foi organizada favorecia a nomeação do tipo de despesa ou recebimento, em detrimento de uma ordenação cronológica (mensal, semestral ou anual) que facilitasse o fechamento da contabilidade, como pode ser observado abaixo:

> **Caderno n.1** – "Contas de despesas da fazenda do Pau Grande apresentadas pelo sócio em duas terças partes e gerente Luis Gomes Ribeiro nos 14 anos que vão de 1797 a 1810."

Caderno n.2 – "Contas apresentadas por Luis Gomes Ribeiro, sócio e gerente da fazenda do Pau Grande de 1797 a 1810."
Caderno n.3 – "Importância de vários efeitos vendidos a pessoas abaixo mencionadas nos anos seguintes./ Contas apresentadas a d. Antônia Maria da Conceição por seu genro e sócio Luis Gomes Ribeiro."
Caderno n.4 – "Mantimentos e mais coisas fornecidas a d. Antônia Maria da Conceição por seu genro e sócio Luis Gomes Ribeiro durante sua administração no Pau Grande de 1797 a 1810."
Caderno n.5 – "Contas de Luis Gomes Ribeiro de sua administração da sociedade com sua sogra no Pau Grande desde 1797 a 31 de dezembro de 1810./ Contas da fazenda e dinheiro fornecido a d. Antônia Maria da Conceição por conta do terço que tem na fazenda."

Tal documentação é um ótimo testemunho da vida material e das finanças na fazenda durante o primeiro quartel do século XIX, quando a propriedade tornou-se a principal residência e meio de sustento da família Ribeiro de Avellar. Nesse sentido, pode-se dizer que a administração de Luis Gomes Ribeiro representou um marco na história familiar em questão. Trata-se de uma temporalidade na qual os principais negócios deixaram de ser urbanos para tornarem-se rurais, voltados para a lavoura e o cultivo da terra. Como já mencionei, Antônio Ribeiro de Avellar se viu obrigado a fechar uma série de negócios importantes e lucrativos na capital devido ao seu envolvimento no processo da Devassa. Seguiu-se um período de reestruturação financeira: a sociedade Avellar & Santos foi desfeita; José Rodrigues da Cruz vendeu sua parte no Pau Grande e investiu nas terras vizinhas de Ubá; Luis Gomes Ribeiro abandonou a exploração de ouro e diamantes em Serro Frio para dedicar-se à produção de açúcar, tendo, para isso, comprado dois terços das terras do Pau Grande.

Ao que tudo indica, a família Ribeiro de Avellar assentou residência na casa-grande em 24 de janeiro de 1795. Esse dia foi registrado, no caderno n.5 de Luis Gomes Ribeiro, de forma sucinta, como, aliás, era seu estilo narrativo nessas anotações: "dinheiro que paguei a três barcos para a condução de trastes quando veio ao Pau Grande – 3.360."[4] Infelizmente, com as informações de que disponho não foi possível saber se a transferência dos Ribeiro de Avellar para o vale do Paraíba já estava sendo planejada antes do falecimento de Antônio Ribeiro de Avellar. Um fator que pode apontar nessa direção é que, ao morrer, ele deixou a maior parte de sua fortuna empregada em bens rurais, principalmente terras e escravos. Nesse caso, as obras na sede da fazenda seriam anteriores às anotações de Luis Gomes Ribeiro, e o início de seus registros coincidiriam com o período em que sua administração lhe foi confiada pela viúva d. Antônia Maria da Conceição. Um segundo caminho de interpretação seria o de considerar que a mudança foi decidida após a morte do patriarca. Já nesse caso, d. Antônia, ao ver o nome familiar abalado pelo processo da Devassa e sem ter como gerir os negócios, teria decidido vender os imóveis na corte e se mudar com as duas filhas casadas e os filhos menores para o interior.

Entretanto, pode-se afirmar que a mudança do núcleo Ribeiro de Avellar para Pau Grande foi realizada de forma planejada, pois desde agosto do ano anterior Luis Gomes Ribeiro já havia passado a comprar objetos e a reformar a sede da fazenda, lançando as despesas em seu livro de "contas de fazenda e dinheiro". As obras mais urgentes foram feitas antes mesmo da chegada da viúva com os filhos, e outros ajustes, inclusive decorativos – caso da ornamentação do oratório –, acabaram por ser implementados após a entrada dos novos moradores:

> **19 de agosto de 1794** – Fazendas, mantimentos e objetos de casa fornecidos por Antônio José da Costa Barbosa, João Rodrigues Pereira de Almeida e uma firma ilegível – 431.845.
> **7 de setembro de 1795** – Dinheiro que paguei aos oficiais que trabalharam no oratório: Manoel da Cruz Silva, seis dias a 480 – 2.880; João Francisco, seis dias a 360 – 2.160; Joaquim Manoel, dez e meio dias a 280 – 2.940; Anselmo Seguis, seis dias a 400 – 2.400. Total = 10.380.
> **29 de outubro de 1795** – Que paguei pelo celeiro de consertos – 17.330.
> **10 de dezembro de 1795** – Seis peças de papel pintado para o oratório comprado a Francisco José Rodrigues a 1.440 – 8.640.
> **6 de janeiro de 1796** – Seis caixilhos para as janelas da sala – 7.680.
> **16 de julho de 1796** – Importe de duas sacras para o oratório – 840.

O primeiro lançamento de gastos feito por Luis Gomes Ribeiro foi realizado cerca de 40 dias após a morte do sogro. Referia-se a "fazendas, mantimentos e objetos" comprados para a residência do Pau Grande. Seguiram-se, então, gastos com a reforma do celeiro e da casa-grande, quando se contrataram serviços de pintores e caiadores. Também foi montado um rico oratório ornado com papel de parede, vidros e imagens sacras. Para abastecer a futura residência da família Avellar, foram compradas mercadorias vindas da corte e fornecidas por João Rodrigues Pereira de Almeida, parente e rico comerciante com quem Antônio Ribeiro de Avellar havia tido sociedade na companhia Avellar & Santos.[5] O que as descrições de Luis Gomes Ribeiro demonstram é que, apesar de abrir mão da vida na cidade devido às circunstâncias sociais não muito favoráveis decorrentes do processo da Devassa, a família Ribeiro de Avellar não pretendia fazer o mesmo no que se referia a sua vida material e ao cultivo de objetos de prestígio que correspondessem ao seu lugar social diferenciado. Não são raros os registros da aquisição de bens de consumo restritos a uma camada privilegiada da sociedade colonial e da importação de modos de vida sofisticados da corte para a província.[6]

16 de junho de 1797 – Chapéu de copa alta para mucamas – 3$300.
9 de fevereiro de 1801 – Aluguel de uma sege em que foram passear na chácara de Beralda Francisca [sobrinha de Luis Gomes Ribeiro].
17 de abril de 1801 – Despesas com a família quando foi para a cidade em 23 de dezembro de 1798 – 23$390, das quais carrego a metade para a minha também.
1805 – Conta do ourives José Gonçalves da Silva – 164$960.
1º de dezembro de 1805 – Dinheiro que dei ao mestre dos meninos Joaquim, Luis e Mariana por ensino de sete meses em 1801, a ler, todos três, e por mês a 3$200 – 22$400.
1º de dezembro de 1805 – Dinheiro que paguei a Pedro do Couto Ribeiro para ensinar a ler seus filhos Joaquim, Luis e d. Mariana, desde 15 de setembro de 1801 a 15 julho de 1803 – 66$664.
2 de janeiro de 1806 – Pago ao ourives José Gonçalves da Silva em 1804 – 13$770.
19 de agosto de 1806 – Um par de esporas de prata para o sr. Joaquim – 6$000.
11 de fevereiro de 1807 – Fazendas compradas a João Rodrigues Pereira de Almeida em 1804 – 106$910.
22 de fevereiro de 1810 – Cinco côvados de cambraia verde-escura comprada a Antônio da Torre em 1798 a 1$440 – 7$200.

Os investimentos nas vestimentas de escravos domésticos e na aquisição de jóias, tecidos caros e seges eram diferenciais comuns utilizados pelas famílias urbanas endinheiradas da colônia fora do âmbito doméstico. O pintor August Debret, importante observador dessa ótica da ostentação pública, imortalizou em uma de suas pranchas, intitulada "Un employé du govern: sortant de chez lui avec sa famille", a parentela organizada de forma hierarquizada e acompanhada de pajens e mucamas ricamente aparatados.[7] Também não lhe passou despercebido o contraste com a "simplicidade" da vida familiar doméstica, outro tema recorrente no conjunto de suas pinturas. Portanto, as anotações do genro sobre as despesas de d. Antônia Maria da Conceição mostram que os Ribeiro de Avellar compartilhavam do habitus difundido entre as famílias mais abastadas da capital. Entretanto, se destacavam como uma fatia diferenciada no interior desse mesmo grupo, ao valorizar a alfabetização de seus membros. Numa época em que os conhecimentos da leitura e da escrita eram ainda muito restritos, inclusive entre as *melhores famílias*, os membros da casa Ribeiro de Avellar dominavam tais saberes, o que adquiria um aspecto ainda mais significativo por se estenderem às mulheres.[8]

Em 1805, dez anos depois da mudança definitiva da família para as terras do Pau Grande, Luis Gomes Ribeiro mandou erguer uma nova sede, em estilo de quinta portuguesa, importando uma série de materiais de Portugal. A grandiosidade da casa-grande chamou a atenção do francês Saint-Hilaire, que a descreveu, segundo seu olhar europeizado, como mais parecendo um mosteiro do que um castelo:

> A casa do proprietário tem um andar além do rés-do-chão, apresenta 16 janelas de frente ornadas de balcões de ferro de fabrico europeu e, no meio do edifício, há uma grande capela ao mesmo nível que ele, mas cujo teto é totalmente distinto. O outro lado do edifício, que encosta em um morro, tem duas alas, entre as quais há um pátio estreito. Como na maioria das casas portuguesas e espanholas, o andar térreo é habitado pelos senhores, uma escada de madeira, muito mal construída, conduz aos apartamentos: os da parte de trás são reservados para as senhoras, os da frente consistem numa série de grandes peças, todas despendendo uma das outras e muito pouco mobiliadas, ao fundo dessas peças estão pequenos cubículos, obscuros, fechados por portas, e é lá que se dorme.[9]

No centro da construção foi feita uma capela dividindo ao meio as duas formações de casas assobradadas. Assim estava mantida a sociedade nos negócios da fazenda, porém, separava-se a parentela no que concernia ao espaço doméstico. Luis Gomes Ribeiro viveria com a esposa, Joaquina Mathilde, e seus filhos em uma das casas, enquanto a outra residência ficaria para d. Antônia, seus filhos solteiros, a filha Rosa Joaquina, o genro José Maria Salter de Mascarenhas e netos.[10] Para a imponente fachada foram importados de Lisboa, através da casa comercial Pereira de Almeida, 18 grades de ferro (360$000) e 500 vidros (55$000), ficando o custo total da obra em mais de cinco contos de réis. Esforços não foram poupados para que a nova residência fosse servida de todo luxo e requinte. Contratou-se, na corte, o construtor Manoel Ignácio Ferreira Pinto, que possuía em seu currículo os projetos do prédio da Marinha, do altar-mor do Mosteiro de São Bento e da Igreja Nossa Senhora da Mãe dos Homens. Recomendou-se, por isso, que a capela que interligaria as duas casas fosse uma réplica, em menor escala, dessa última igreja, localizada na rua da Alfândega.

No que se refere à organização do espaço de trabalho, as usinas e as diversas senzalas ficaram alinhadas em semicírculo diante da habitação do senhor. A destilaria, as caldeiras e a moenda funcionavam no interior de uma enorme construção de madeira e barro, próxima ao rio. A obra da nova sede, bem como sua aproximação geográfica dos espaços dedicados ao trabalho e à produção, são componentes da cultura material que apontam para uma larga expansão dos negócios. Pouco tempo depois da mudança da família Avellar para o Pau Grande, tornou-se possível custear uma obra de grandes dimensões (mais de cinco contos de réis) e necessário acompanhar de perto os trabalhos que exigiam maior dedicação. Além de vasta escravaria, o engenho contava com muitos "camaradas", expressão com a qual Luis Gomes Ribeiro se referia àqueles que executavam trabalhos temporários ou por jornada.

A partir de suas descrições das diferentes funções dos "camaradas", é possível vislumbrar a complexidade das relações sociais, de dependência e de trabalho naquele engenho de grande porte. Para cada funcionário contratado, Luis Gomes Ribeiro mantinha, "sob o rígido controle da pena", a função executada, o tempo de serviço e o valor do pagamento ao final da tarefa: José

Rabello (feitor de roça, seis meses, 19$200); Antônio (feitor de terreiro, seis meses, 26$665); Antônio José da Silva (cirurgião, nove meses, 74$997); José Dias da Silva (tropeiro, um ano, 80$200); José da Silva (falquejador, 165 dias, 52$800); Manoel Panasco (aguardenteiro, um ano, 25$600); José Antônio (feitor nas moendas, um ano, 25$600); Miguel da Silva (serralheiro, 170 dias, 54$400); Antônio José do Nascimento (servir na fornalha); José Gomes Mafra (feitor no tendal); João Francisco (derrubador de árvores, 26 dias, 5$200), para citar alguns exemplos.[11]

Para controlar o pagamento dos empregados temporários, bem como os gastos com fornecedores, a venda dos diferentes produtos e as despesas com a manutenção da fazenda eram necessários organização e controle efetivos. Nesse sentido, ser um homem letrado era fundamental para a administração dos negócios e auxiliava a manutenção da riqueza familiar, função social masculina por excelência. Com esse intuito, durante o tempo em que esteve à frente da sociedade familiar casa do Pau Grande, Luis Gomes Ribeiro deixou registradas as produções de açúcar e aguardente, além dos rendimentos anuais da propriedade:[12]

	Açúcar	**Aguardente**	**Receita Total**
1797	4:661$540 (1960@e30ss)	1:818$540 (60 pipas)	6:480$080
1798	15:327$420 (3716@e2ss)	3:631$920 (130 ½ pipas)	18:959$340
1799	35:012$590 (7249@e15ss)	2:928$120 (115 pipas)	37:940$710
1800	44:040$183 (3.531@e6ss)	1:463$860 (68 pipas)	44:529$643
1801	48:916:476 (3707@)	2:450$800 (92 ½ pipas)	52:492$661
1802	54:854$299 (1392@e4ss)	1:813$440 (56 pipas)	56:667$739
1803	65: 555$224 (3760@e24ss)	4:790$355 (108 pipas)	70:345$579
1804	76:263$980 (não consta)	2:436$318 (80 pipas)	78:700$298
1805	83:038$634 (não consta)	2:089$040 (107 ½ pipas)	85:127$675
1806	88:793$404 (não consta)	2:910$517 (96 pipas)	90:910$517
1807	92:736$834 (1932@)	1:661$624 (67 pipas)	94:398$458
1808	95:343$792 (824@e18ss)	3:463$277 (98 pipas)	98:807$069
1809	99:701$139 (730@e3ss)	1:686$030 (34 pipas e 105 medidas)	101:387$169
1810	102:747$529 1035@e26ss)	2:997$920 (63 pipas e 132 medidas)	105:745$449

Os valores ascendentes das receitas anuais demonstram que, durante sua administração, a sociedade retirava a maior parte dos lucros do comércio do açúcar e da aguardente para consumo interno e exportação, além de estar em franca expansão nos negócios. A venda das mercadorias era feita para diferentes compradores, tanto das localidades circunvizinhas, como

Barra do Inhomirim e Pillar, quanto da capital. Considerando-se a freqüência e a quantidade de açúcar, os mais importantes compradores eram: José Gomes Ribeiro (filho de Luis Gomes Ribeiro), o capitão Cláudio José Ribeiro de Avellar, ambos pertencentes à parentela, além do capitão José da Costa Barbosa e de João Rodrigues Pereira de Almeida, irmão de José Pereira de Almeida, cunhado e ex-sócio de Antônio Ribeiro de Avellar.[13] Muitos desses homens negociavam também as pipas de aguardente, que, em algumas remessas, tiveram Benguela e Lisboa registrados como destinos finais. A "condução dos açúcares e aguardente" era realizada por tropeiros e seus gastos entravam nas despesas da fazenda, devendo ser incluídas no preço final dos produtos. No ano de 1800, por exemplo, o gasto registrado com tropas foi de 1:923$277, ou seja, 4,36% do faturamento total.

Todos os cinco cadernos de contas da fazenda Pau Grande, pertencentes a Luis Gomes Ribeiro, se limitam ao período de 1794 a 1810. No ano seguinte, a sociedade foi desfeita. Com a maioridade dos filhos homens de Antônia Maria da Conceição, começaram as acusações de que o tio e cunhado havia agido levianamente no que se referia à prestação de contas da fazenda, à venda das terras de Ubá e à sociedade em uma mina que possuía com o sogro nas Gerais.[14] A sobrevivência de documentos tão antigos entre os guardados familiares talvez se justifique por serem eles próprios motivo de forte querela no interior da parentela.[15] Nesse sentido, explica-se também a necessidade de reproduzi-los através de cópias manuscritas. Apesar da briga, havia a preocupação de manter a coesão no interior da família extensa e, caso alguma dúvida futura recaísse sobre o episódio, os cadernos serviriam de prova para os descendentes.

Ao retirar-se da sociedade, Luis Gomes Ribeiro, acompanhado da mulher Joaquina Mathilde e dos dois filhos mais velhos, Isabel e João, recebeu na partilha as terras do Guaribu, onde fundou um novo engenho. A princípio, moraram no "Guaribu Velho" até que ficasse pronta a sede definitiva. Os negócios familiares da casa do Guaribu, como passou a ser chamado esse ramo da família, foram administrados por Luis Gomes Ribeiro até seu falecimento, em 1839. Na ocasião, deixou esposa e 13 filhos dentre os 21 nascidos: Maria Isabel (baronesa de Paty do Alferes), Cláudio (barão de Guaribu), Joaquina Rosa, Margarida Herculana, Quintiliano, Paulo (barão de São Luis), Luiza Inácia, Francisco, Felisberta Balbina, Cláudia, João (visconde da Paraíba), Manoel (comendador) e José Gomes Ribeiro de Avellar (comendador). Os títulos conquistados por muitos dos membros demonstram que, apesar do fim da sociedade, foi possível ao ramo Gomes Ribeiro manter um elevado poderio econômico e político na região.

O ajuste de contas definitivo foi feito em 15 de julho de 1836. Na ocasião, Domingos Alves da Silva Porto, ex-capelão do Guaribu e, naquele momento, comissário de café de Joaquim Ribeiro de Avellar, foi até a fazenda pedir que o casal Gomes Ribeiro assinasse a quitação da legítima de Joaquina Mathilde na partilha de bens de sua mãe. Tal documento a excluía do inventário de d. Antônia Maria da Conceição por considerar que toda herança de direito já lhe havia sido dada em vida. Mesmo com o documento assinado, Luis Gomes Ribeiro fez alguns pedidos de recontagem de bens durante o correr do inventário da sogra no intuito de aumentar o monte-mor e passar a ter algum direito sobre o mesmo. No entanto, não teve sucesso.

Esses momentos subseqüentes à separação da moradia e à quebra da sociedade devem ter sido tensos. Estavam no ar as possibilidades de desunião da parentela e de quebra na solidariedade familiar entre os Avellar. Todavia, conforme a lógica social vigente, os desentendimentos do presente não deveriam atingir as gerações futuras, sob pena de se enfraquecerem o poder e a importância da família tanto reduzida, quanto extensa. Esse pensamento compartilhado pela classe senhorial do Império foi explicitado pelo contemporâneo João Alfredo Correia de Oliveira: "a família que se desune é uma força que por si mesma se destrói", é a repetição do crime de Caim, "a traição que a cobiça arma à natureza".[16] Dessa forma, a paz entre os membros da parentela, principalmente entre os patriarcas, era vista como a chave para a manutenção do prestígio, riqueza e importância político-social da casa familiar.

Os vínculos sociais, financeiros e afetivos, mantidos ou constituídos a partir de então, endossam minha crença de que, pelo menos em parte, o desentendimento pôde ser contornado. Por exemplo, d. Mariana Luiza da Glória Avellar, irmã do futuro barão de Capivary, doou, em vida, 600 mil réis à afilhada e sobrinha-neta Mariana Isabel de Lacerda Werneck, e deixou em testamento uma cadeia de ouro com figa ao sobrinho Paulo Gomes Ribeiro de Avellar, respectivamente neta e filho de Luis Gomes Ribeiro.[17] Da mesma forma, Quintiliano Gomes Ribeiro de Avellar, sobrinho e amigo pessoal do barão de Capivary, constava entre seus possíveis inventariantes, posição que requeria confiança e amizade.

A continuidade das relações entre os membros da casa Avellar também pode ser apontada na celebração do casamento de Felisberta Balbina de Avellar, outra filha de Luis Gomes Ribeiro, com o tio materno Francisco Ribeiro de Avellar. Um dos filhos desse casal, Antônio Gomes Ribeiro de Avellar, foi mais um a contrair matrimônio com uma prima, filha de José Gomes Ribeiro, mantendo a família coesa e o patrimônio circulando no interior da parentela. As correspondências também são testemunhos interessantes que ajudam a endossar a hipótese da manutenção das relações. Através de sua escrita informal e de caráter quase emergencial, é possível perceber certa atmosfera de intimidade em algumas delas: "Meu tio e senhor, soubemos ontem que tem passado mal e mesmo tia Maria. Vai um portador para nos mandar notícias que estimarei muito que sejam de extrema melhora. Minha filha e genro fazem também uma visita e muito nos recomendamos a todos. Sua sobrinha e comadre obrigada, Maria."

Nas poucas palavras que escreveu ao tio, em papel de carta timbrado com as iniciais de baronesa de Paty do Alferes, a sobrinha optou por identificar-se somente pelo primeiro nome e avisava da visita que sua filha e genro fariam em breve.[18] Sem querer optar pelo caminho da minimização dos conflitos, que obviamente existiram no dia-a-dia das relações familiares, não só entre os ramos aqui tratados, mas também internamente, no nível da família nuclear, acredito que tenha sido vitoriosa a opção pela preservação das boas relações no interior da parentela. Seus componentes se viam interligados como num jogo de xadrez, em que a mudança de uma só peça desencadeia uma nova configuração e a movimentação das mesmas é pensada na sua relação com o todo.

Cortar relações entre esses importantes ramos da casa familiar dos Ribeiro Avellar certamente representaria uma diminuição significativa das possibilidades de acordos de casamento, manutenção da riqueza e do patrimônio. Além disso, criaria uma vulnerabilidade no que se referia ao poder político e social dos envolvidos. Tal atitude drástica colocaria em xeque, ainda, a importância da casa Ribeiro de Avellar na sua relação com as outras casas de prestígio do Império. A decisão tomada era aprovada socialmente e foi, magistralmente, definida nas palavras de Nabuco de Araújo: "não é obra do poder ou da revolução, mas procede da natureza das coisas a influência que sempre teve e há de ter uma família numerosa, antiga e rica e cujos membros sempre figuraram nas posições sociais mais vantajosas."[19]

Portanto, com a fundação da fazenda do Guaribu ficava extinta a segunda geração de administradores da casa do Pau Grande e inaugurava-se uma terceira geração, que iria tocar os negócios tendo à frente Joaquim Ribeiro de Avellar, futuro barão de Capivary. Mas essa é uma outra história... Vamos a ela...

6

O comissário e o barão

Entre 1811 e 1863, Joaquim Ribeiro de Avellar, futuro barão de Capivary, foi o filho escolhido para estar à frente da casa do Pau Grande, inaugurando uma nova fase na vida material e na manutenção do patrimônio familiar. Após a conclusão do inventário de d. Antônia Maria da Conceição, em 1839, foi assinada uma escritura que mantinha aquela propriedade como uma sociedade familiar, denominada Avellar & Cia, agora composta pelos irmãos Mariana Luiza, Ana Angélica, Maria Angélica e Joaquim Ribeiro de Avellar.[1]

A temporalidade acima descrita coincidiu com outro período de expansão da riqueza por meio da substituição da cultura da cana-de-açúcar pela plantação do cafeeiro. Na verdade, a fazenda acabou por acompanhar uma tendência geral, descrita por Stanley Stein em seu estudo sobre Vassouras e o vale do Paraíba fluminense.[2] O café chegado à região, trazido pelas tropas que transitavam pelo Caminho Novo, acabou se desenvolvendo como uma cultura de exportação a partir da década de 1830, fazendo com que, em pouco tempo, seu cultivo deixasse de ser uma aventura arriscada. Entusiasmado com tal fenômeno, João Joaquim Ferreira Aguiar relatou, em 1836, que algumas fazendas possuíam entre 500 e 800 mil pés de café, acumulando uma exportação de 300 mil arrobas no total.[3]

No que concerne às terras do Pau Grande, é difícil precisar quando se iniciou o plantio de café em larga escala, contudo algumas pistas foram deixadas. Nas anotações de Luis Gomes Ribeiro para o ano de 1803, consta que o comerciante José Barbosa da Fonseca lhe vendeu uma arroba de café, juntamente com outros produtos de uso diário, o que indica que a fazenda ainda não o produzia. A situação continuava a mesma no final da década de 1820. No inventário de d. Antônia Maria da Conceição (1828), não foram relacionados instrumentos de trabalho, bens de raiz ou plantações referentes a seu cultivo. Tal constatação indica que, até aquele momento, o cafeeiro ainda não havia se tornado o principal sustentáculo da riqueza familiar; logo, a fazenda continuava vigorando como um engenho, por excelência. Ao contrário, no inventário do barão de Capivary (1863), encontram-se listados milhares de árvores de diferentes idades, demonstrando que a substituição de culturas deve ter sido iniciada na década de 1830:

Bens do Pau Grande
50:000$000 pés de café de 23 a 24 anos
50:000$000 pés de café de 18 e 19 anos
40:000$000 pés de café de 9 e 10 anos
42:000$000 pés de café de 12 a 13 anos
30:000$000 pés de café de 6 anos
10:000$000 pés de café de 3 anos
30:000$000 pés de café de 2 anos.

Total: 252:000$000 em pés de café[4]

Levando-se em consideração que as mudas de café precisavam de três anos para frutificar e seis para se tornarem árvores produtivas, pode-se afirmar que a substituição do plantio de cana pelo cafeeiro ocorreu de forma gradativa.[5] Nesse caso, durante alguns anos, as vendas de açúcar e aguardente continuaram sustentando a economia do Pau Grande até que a nova cultura fosse estabelecida em termos de plantio, colheita, beneficiamento e comercialização.[6] O fato é que 35 anos após ter herdado de sua mãe a fazenda Pau Grande em sociedade com as irmãs, o barão de Capivary havia acumulado um patrimônio estimado em 858:670$300.[7] Dentre os bens arrolados no inventário constavam o total de 709 escravos e mais louças, pratarias, vasto mobiliário e animais de carga e de criação, além das seguintes propriedades: Cachoeira (122 escravos, 160 mil pés de café); Posse (104 escravos, 200 mil pés de café); São Joaquim (93 escravos, 168 mil pés de café); Glória (100 escravos, 100 mil pés de café); Papagaio (77 escravos, 200 mil pés de café) e a já conhecida fazenda Pau Grande (213 escravos). Mesmo se levando em conta a variação dos preços na primeira metade do século XIX, é inegável que houve um grande enriquecimento por parte do barão.

Como é possível explicar a vasta ampliação da fortuna de Joaquim Ribeiro de Avellar? Um primeiro aspecto a ser apontado é o pioneirismo da família na aquisição de sesmarias na região. Na segunda metade do século XVIII, o vale do Paraíba ainda era uma fronteira agrícola aberta, facilitando aos pioneiros, como era o caso dos Ribeiro de Avellar, a aquisição de imensas porções de terras, o que, futuramente, com a expansão da cafeicultura, seria impensável.* Gozando dos poderes econômico e social decorrentes da posição de grande proprietário, Joaquim Ribeiro de Avellar e muitos de seus parentes puderam se juntar aos patriarcas das *melhores famílias* na composição da Câmara Municipal de Paty do Alferes e, posteriormente, de Vassouras para fortalecer seu poder por meio de troca de favores e solidariedades. Nesse sentido, o barão reunia em sua pessoa três atributos importantes que lhe asseguravam poder econômico e prestígio social: uma família há muito instalada na região e que participou, inclusive, de seu processo de ocupação; o pertencimento a uma geração pioneira na implementação da cultura do café e na montagem de um centro político para o vale do Paraíba fluminense, seja em Paty ou em Vassouras. Esses aspectos, certamente, se revertiam em um maior número de agregados e dependentes, imensas porções de terra, plantéis numerosos, grandes safras e riqueza. Entretanto, outros elementos explicativos para o enriquecimento do barão devem ser considerados.

É certo que, na década de 1840, o café já havia se tornado uma produção lucrativa, contudo não a ponto de, em curto espaço de tempo, aumentar tão expressivamente a fortuna de seus produtores. Como afirma Sheila de Castro Faria, uma empresa agrícola cafeeira rendia, anualmente, 5% a 10% de lucro, o que não explicaria tamanha ampliação de fortuna. Além disso, um importante elemento para o alargamento do patrimônio era o recebimento do dote.[8] Muitos maridos se utilizavam dele para aumentar o contingente de escravos e de terras da unidade familiar, podendo, então, fazer crescer a produção e a renda. Todavia, este não era o caso de Joaquim Ribeiro de Avellar, porque ele nunca contraiu matrimônio oficial. Resta-me, então, considerar outras atividades nas quais o barão possa ter tido algum investimento lucrativo, mesmo que temporariamente.

Depois que o café era descascado, separado e ensacado, um grande número de escravos conduzia-o, em tropas, no lombo de burros, sob o comando de um arrieiro, até uma casa comissionária no Rio de Janeiro, onde seria vendido e embarcado para a Europa e os Estados Unidos. Entretanto, somente os fazendeiros mais ricos do vale possuíam tropas. Em primeiro lugar, era grande o volume de cativos e animais designados para tal tarefa. Dessa forma, esses senhores deveriam ter sob seu controle um elevado número de escravos para que as atividades cotidianas da fazenda continuassem a ser tocadas

* Conforme interpretações de Emília Viotti da Costa, a expansão cafeeira no vale do Paraíba fluminense foi influenciada pela crise da mineração e acabou por gerar a substituição da pequena propriedade de alimentos pelo latifúndio cafeicultor. João Luis Fragoso apresenta um novo elemento, ao defender que muitas das grandes famílias que se instalaram no vale estiveram ligadas ao comércio de grosso trato da capital e à lógica de aquisição de terras como diferencial de prestígio. E.V. da Costa, *Da senzala à colônia*; J.L. Fragoso, *Homens de grossa aventura*.

sem o ressentimento daqueles envolvidos nos carregamentos. Um segundo aspecto era o alto investimento exigido na manutenção física dos animais. Há que considerar que, fora da época de escoamento da safra, o gado deveria ser cuidado e alimentado. Na década de 1860, a solução encontrada pelo barão de Capivary para essa problemática foi o aluguel de pastos do sr. Antônio da Silva Rosa e a compra de milho e outros mantimentos tanto do particular João Nicolau Pereira da Silva quanto da casa comercial Santos & Rodrigues. Assim, mantinha as terras mais férteis do Pau Grande ocupadas com o plantio da rubiácea, tida como mais lucrativa.

Um terceiro aspecto que restringia a propriedade das tropas somente aos fazendeiros mais ricos era o elevado custo da contratação de um arrieiro, profissional responsável pela segurança e condução dos animais. Entre 1859 e 1861, Cláudio Pinto prestou tais serviços ao barão de Capivary conduzindo seu café da fazenda Pau Grande até a casa comissionária de Domingos Alves da Silva Porto e retornando serra acima com as mercadorias encomendadas. A contratação desse profissional se fazia necessária pelo risco de saques, assaltos, fugas de escravos e perda de animais e/ou de café durante o trajeto. Por isso, a reposição das mulas era uma preocupação constante e um importante fator de encarecimento da atividade. Em 1849, o barão de Capivary adquiriu duas bestas de Lipodêncio José Gomes por meio de letra provisória de 100 mil réis a ser paga, com juros, em seis meses.[9] Sete anos depois, o barão de Paty do Alferes, outro grande fazendeiro da região, reclamava que haveria de comprar 25 animais, de um pequeno lavrador, a 110 mil réis cada, para repor sua tropa. E os gastos não paravam aí. Segundo ele, tal aquisição implicaria, ainda, mais investimentos com a compra de milho. Dois anos depois, José Maria Velho da Silva, sogro de Joaquim Ribeiro, mandava o seguinte recado para o genro, numa carta endereçada à filha:

> Rio, 24 de janeiro de 1858.
>
> A respeito das bestas não fiz cerimônia e, se as não mandei, foi porque, achando um dos cavalos doente, preferi como mais urgência mandá-lo. Deixo a parelha de bestas aqui por ser necessária e não ter urgência imensa de descanso. Quanto à parelha que veio do Rio Grande, como não é boa, entendi melhor vendê-la e ficaram por esse feito, pois é inútil conservar animais que não prestam bem. ...
>
> Teu pai muito amado,
>
> Velho.

Suas palavras destacam outros problemas provenientes da manutenção de uma vasta tropa: a necessidade de descanso dos animais depois de desgastante viagem e a compra de parelhas doentes. Mesmo assim, apesar das queixas apresentadas pelos cafeicultores, acredito que a posse desses animais de carga em quantidade era um elemento hierarquizador dentre os proprietários de terra. Francisco Peixoto de Lacerda Werneck, barão de Paty do Alferes, tinha uma opinião bastante reveladora: "sem tropa não se pode ser fazendeiro serra acima."*

Portanto, àqueles proprietários e homens livres e pobres que não tinham condições de arcar com a manutenção de uma tropa restava a venda do café aos maiores fazendeiros, por preços menores do que os conseguidos na capital, ou o pagamento pelo transporte dos grãos, o que, certamente, saía mais caro. Negociação semelhante deveria ocorrer com algum café proveniente de roças de escravos por meio da chamada "brecha camponesa".** Joaquim Ribeiro de Avellar, enquanto abastado produtor, certamente tirou vantagens financeiras dessas situações. Na ocasião de sua morte, possuía 80 bestas e 100 bois destinados à carga, os quais, certamente, lhe renderam boas oportunidades de acumulação de capital. A grande dimensão desse montante de animais pode ser sentida se comparada à tropa do mesmo barão de Paty do Alferes. Em 1855, esse conterrâneo era proprietário de um total de 105 bestas que foram empregadas no escoamento de 30 mil arrobas de café que levaram quatro dias para descer a serra com destino ao Rio de Janeiro.[10]

A manutenção e a ampliação da riqueza eram, portanto, preocupações que transcendiam as etapas de plantio, colheita, secagem e separação do café, incluindo aspectos como a escolha dos melhores capatazes, feitores, escravos, arrieiros, além dos negócios relativos às tropas, ao comissariado e aos empréstimos financeiros. Isso sem considerar as relações pessoais, os laços de compadrio e redes de solidariedades que haviam de ser traçados no sentido de constituir uma teia de poderes que envolvesse familiares, agregados e pares sociais. Desse modo, tudo o que se referia à fazenda e aos negócios era controlado por Joaquim Ribeiro de Avellar e qualquer descuido podia significar grandes prejuízos:

> Rio, 26 de junho de 1847.
>
> Os ensacadores estão abarrotados, já não têm dinheiro para o café, não aliviará o mercado antes de agosto. Ficam-lhe creditados 1:402$240 = produto líquido 557

---

* As tropas eram conduzidas pelos arreadores, muitos deles de nacionalidade portuguesa, que ficavam encarregados da direção dos escravos tropeiros (20% da força masculina da fazenda), cuja responsabilidade era a entrega segura do café ao armazém do comissário. F.P. de L. Werneck, apud S. Stein, *Grandeza e decadência...*, p.109.

** Este espaço de cultivo próprio conquistado pelo escravo é chamado de "brecha camponesa" e era utilizado para que os cativos produzissem tanto para sua subsistência como para o pequeno comércio. Além disso, tal permissão proporcionava um "alívio" das pressões internas do sistema escravista. A brecha camponesa, juntamente com a formação de famílias, as festas e os casamentos, pode ser entendida dentro de uma esfera de negociação que compunha a lógica escravista da sociedade brasileira tanto quanto os espaços de conflito vividos com extrema violência através das revoltas, fugas e assassinatos de senhores. Sobre a importância da brecha camponesa na negociação entre senhores e escravos, ver: J.J. Reis e E. Silva, *Negociação e conflito...*

arrobas e 9s de café como verá da conta da venda n.9. ... Esta carregação compunha-se de café variado em cor, vermelho, esbranquiçado e alguns grãos pretos. Uma porção mais inferior do que a outra. Quando cá estiver, meu amigo, e chegar café seu, verá se tudo sai igual de lá.

Domingos Alves da Silva Porto.[11]

Estar a par das condições do mercado era precondição para obter um bom faturamento anual e garantir a manutenção da riqueza familiar. Joaquim Ribeiro de Avellar tinha como seu encarregado na corte o comissário Domingos Alves da Silva Porto, que, por meio de cartas e envio de notas numeradas, lhe informava sobre o preço do café, a qualidade dos grãos, o nível dos estoques etc. O volume de correspondências era tamanho que não podia depender exclusivamente do sistema de correio, por isso também era entregue aos destinatários por escravos e outros emissários encarregados:

Rio, 20 de julho de 1843.

Recebi a sua carta de 17 do corrente. ... Houve troca nas contas dos remédios, porém a seu crédito levei já 12$750 réis da diferença que havia em seu favor. Remeterei os dois jogos de pedras, pedras de amolar e ferro e sabão. ...

Seu sincero e obrigado,

Domingos Alves da Silva Porto.[12]

Referindo-se cotidianamente ao barão como patrão e amigo, a tarefa principal do comissário era cuidar da saúde financeira dos negócios de Joaquim Ribeiro de Avellar, pelo menos no que dizia respeito às transações realizadas na corte. Com esse objetivo, Domingos Alves procurava o melhor preço para o café, providenciava encomendas, comprava mercadorias e as remetia para a fazenda, pagava credores e empregados na corte, emprestava dinheiro a juros em nome do barão, recebia pagamentos de devedores, descontava letras de câmbio e notas promissórias, comprava e controlava rendimentos de ações, efetuava pagamento de doações e mercês.[13] Os avisos dos envios de encomendas e outras negociações eram descritos rapidamente em uma narrativa bastante pontual, demonstrando que os códigos de entendimento e as relações de confiança entre os dois personagens tinham sido há muito estabelecidos: "... os seus sapatos estão prontos, e só espero portador para lhes mandar. O Queirós é muito demorado nas obras. Pela lancha lhe mandarei o ferro e o sal já foi."[14]

Num mundo onde as relações de trabalho eram configuradas pela propriedade de outrem e pelas redes de solidariedade e dependência, as tarefas do comissário acabavam por se espalhar pelo campo dos favores pessoais, desde assuntos de grande importância – cuidar da compra do título de barão, tratar dos estudos do jovem Joaquim na Europa, arranjar seu casamento com Mariana Velho da Silva – até a escolha de objetos pessoais, como sapatos, perucas, louças. Nesses casos, o comissário ressaltava que certos produtos poderiam ser trocados, contanto que fossem enviados de volta com urgência, caso não ficassem ao gosto do freguês. Negócios e pessoalidade constituíamse, portanto, esferas complementares na sociedade imperial.

Os laços pessoais que ligavam o comissário à casa dos Avellar se estendiam a grande parte da parentela, inclusive o ramo dos Velho da Silva, que freqüentavam seu estabelecimento para remeter encomendas, documentos, pagamentos, além de receber e mandar cartas para a filha e o genro na fazenda: "Vi esta manhã em casa de Domingos Alves, indo procurar o Chico Chagas, a carta do sr. Barão por este correio em que diz que nada havia da moléstia [cólera]. Há dias se encontrou o Juca com o Chagas na rua do Ouvidor, foi depois visitá-lo em casa de Domingos Alves e eu não fui logo porque choveu sem cessar dois dias."[15]

Estabelecido comercialmente na travessa do Paço, Centro do Rio de Janeiro, Domingos Alves trabalhava em sua casa comissária auxiliado pelo sobrinho Luiz Bartholomeu da Silva Oliveira. Em sua cartela de clientes grassavam algumas das famílias mais importantes da cafeicultura e da política vassourense, tais como os Ribeiro de Avellar, os Correia e Castro e os Werneck. Dentre os proprietários que apresentavam maior volume de negócios estavam o barão de Capivary, o comendador Antônio Correia e Castro (irmão do barão do Tinguá) e Felício Augusto de Lacerda (político e proprietário em Vassouras, ligado ao núcleo Werneck).[16] As despesas com a manutenção dessas e outras grandes empresas cafeeiras ocorriam, cronologicamente, antes das receitas. Dessa forma, Domingos Alves adiantava os recursos necessários e, posteriormente, abatia a dívida do montante do café vendido: "No dia 12, recebi por ordem da senhora sua irmã a sra. d. Rosa mais 800 mil réis, que ficam lançados em seu crédito. ... O café tem baixado mais de preço e não há esperança por hora de que suba. Saúde lhe deseja quem é com estima. Amigo e obrigado, Domingos Alves da Silva Porto."[17]

Como afirma João Luis Fragoso, a baixa liquidez e as dificuldades de crédito do sistema pré-capitalista instituíam o endividamento dos cafeicultores como parte do processo reprodutivo do sistema agrário escravista-exportador. Contudo, as dívidas adquiridas com comissários ou outros financistas não representavam uma deficiência da capacidade produtiva da empresa, o seu não-pagamento é que era perigoso e indicava falência. Os juros anuais cobrados eram da ordem de 12% a 18% ao ano. No que se refere aos negócios do barão de Capivary, entre dezembro de 1857 e fevereiro de 1859 houve um saldo positivo de 26:218$362. Já no período de fevereiro a dezembro do mesmo ano, os valores alcançados ficaram na ordem de 2:961$963.

Tais índices significavam que, nos anos de 1857, 1858 e 1859, o barão de Capivary havia apresentado o "transporte de crédito" maior do que o "transporte de débito", não acumulando dívidas com o comissário.[18] A amizade e confiança entre ambos fizeram de Domingos Alves o administrador dos negócios do barão na corte, além de seu principal financista. Entretanto, outras agências financeiras e particulares efetuavam transações com o barão sob a supervisão de Domingos Alves, que assinava e controlava recibos e pagamentos. Esse foi o caso da casa comissionária Soares & Mello, registrado em correspondência de 1851: "recebemos do Exmo sr. barão de Capivary para entregar a Domingos Alves da Silva Porto 600 arrobas de café e para dispor 112 arrobas e 31 libras do dito" (Iguaçu, 22 de maio de 1851).[19]

A década de 1850 foi bastante favorável aos cafeicultores, que viveram o ápice da produção fluminense entre os anos de 1855 e 1856, totalizando 9 milhões e 400 mil arrobas de café colhidas, o equivalente a 80% da produção nacional e 50% da mundial.[20] Aproveitando essa boa fase das exportações, o barão investiu, em seu nome e de seu filho, na compra de ações da Companhia Estrada de Ferro D. Pedro II e do Banco Comercial e Agrícola, e contribuiu para diversas obras religiosas (Igreja Nossa Senhora da Glória, Matriz de São José do Recife e Asilo de Santa Leopoldina) e leigas (construção do Teatro Lírico e do Teatro de Niterói).[21] Todos esses pagamentos eram ordenados pelo fazendeiro e executados por Domingos Alves, que os arrolava no montante de dívidas anuais e prestava contas por meio do envio de notas numeradas. Ainda fazia parte do trato entre o comissário e o barão o cálculo dos rendimentos das ações compradas em 1857 e seus lançamentos nas receitas dos livros de contas dos anos posteriores. Também foram computados no "transporte de crédito" outros ganhos, tais como empréstimos a juros, notas promissórias e rendimentos com a venda do café, todos sob responsabilidade de Domingos Alves. "Efetuei o desconto da letra dando também a do Chagas em garantia, com a condição de me reforçarem de quatro em quatro meses. Imediatamente dei os quatro contos de réis ao Moreira Pinto e paguei ao Pinto Guerra."[22]

Apesar de prestar serviços para importantes cafeicultores do vale e de ter custeado uma vida confortável na corte, usufruindo 18 escravos (avaliados em 13:046$362), sege, vasto mobiliário e uma chácara às margens da lagoa Rodrigues de Freitas, conhecida como fazenda dos Macacos, Domingos Alves da Silva Porto deixou um pequeno monte-mor. Sua única herdeira, Brazilia Augusta da Silva Marques, recebeu 3.939$852, já descontado o valor de 16:986$214 de dívidas a serem pagas à Fazenda Nacional.[23] Assim como outros homens de negócios da primeira metade do Oitocentos, o comissário seguiu uma lógica econômica de Antigo Regime em que boa parte dos lucros obtidos era investida em bens de prestígio e capital simbólico. Como conclusão, é possível afirmar que na administração dos negócios do barão de Capivary conviviam a valorização do prestígio, baseada na compra de títulos e de mercês, e as aplicações em ações de empresas promissoras e "modernas", como ferrovias e instituições bancárias. O que aos nossos olhos pode parecer contraditório, para aqueles agentes sociais não era. Os lucros obtidos com ações, hipotecas e empréstimos eram reinvestidos em mais terras, escravos e café, transformando o barão de Capivary em um dos fazendeiros e políticos de maior poder na época.

Para entender a trajetória de enriquecimento de Joaquim Ribeiro de Avellar é preciso considerar, ainda, sua condição de fazendeiro-capitalista, ou seja, de empresário que não vivia, exclusivamente, da produção agrícola. Faziam parte de suas estratégias de ampliação de fortuna os empréstimos a juros e a falência alheia, como, aliás, era comum entre seus pares até, pelo menos, meados de 1860. Os vestígios de sua atividade usurária são muitos e podem ser rastreados na série de cartas trocadas com os irmãos Teixeira Leite, nas correspondências de Domingos Alves e nos inúmeros recibos e notas promissórias que hoje se encontram no fundo da fazenda Pau Grande, doado ao Arquivo Nacional. A lógica econômica, compartilhada com muitos outros fazendeiros enriquecidos, era a seguinte: os lucros obtidos com empréstimos e hipotecas e juros eram reinvestidos em mais bens agrícolas, tais como terras e escravos. Dessa forma, o cafeicultor aumentava o seu cabedal de riqueza sem abandonar nem a posição de grande proprietário nem o prestígio a ela reverenciado.[24]

Em 13 de julho de 1850, Francisco Nicolau Michaeli, morador de Covanca, afirmava que havia dado para "sofrer penhora tudo quanto tinha a favor do sr. Joaquim Ribeiro de Avellar" em função de dívida contraída com o mesmo.[25] Em 1º de março do mesmo ano, Domingos Antônio Bittencourt assinava uma letra promissória de 112 mil réis ao barão e se comprometia a pagá-la em 12 meses, com juros de 1% ao mês.[26] Os valores emprestados podiam assumir grandes montas, como no caso de Manoel Joaquim das Chagas, que, em 1844, assinou o seguinte documento particular dando todos os seus bens como garantia de pagamento:

> Devo pagar ao Exmo sr. comendador Joaquim Ribeiro de Avellar a quantia de setecentos e cinqüenta mil réis (750$000) cuja quantia pagarei ao dito sr. ou a quem este me apresentar da forma seguinte, a saber, a quantia de 375 mil réis em fins do mês de novembro do corrente ano e outros 375 mil réis no mês de novembro de 1845, para cujo pagamento *obrigo os meus bens presentes e futuros* e para clareza passei a presente por mim somente assinada.
>
> Fazenda Pau Grande, 29 de setembro de 1844.
>
> Manoel Joaquim das Chagas.[27]

Para tentar traçar um panorama da atividade usurária de Joaquim Ribeiro de Avellar é preciso analisar, separadamente, os empréstimos feitos no interior do círculo familiar daqueles efetuados a pessoas conhecidas. Tendo em vista os documentos pesquisados, é possível afirmar que os primeiros empréstimos por ele concedidos foram a membros da parentela. Em setembro de 1838, Manoel Gomes Ribeiro de Avellar recebeu cinco contos de réis do tio para serem pagos em um ano. Seu irmão, José Gomes Ribeiro de Avellar, se endividou em 272 mil réis, em dezembro do mesmo ano.[28] Não foi possível rastrear o pagamento ou renegociação dessas dívidas ao longo do tempo. Contudo, é interessante apontar que esses personagens foram citados no inventário do barão como seus devedores, ao lado de outro sobrinho, Cláudio Gomes Ribeiro de Avellar, demonstrando que os laços de dependência financeira constituídos se mantiveram até o falecimento do patriarca:

> Declaro que nos meus livros está aberta uma conta desse meu sobrinho José Gomes Ribeiro de Avellar que não tenho clareza dela. O meu herdeiro entregará a ele para benefício dos filhos.
>
> Cláudio Gomes Ribeiro de Avellar deve dinheiro à falecida Emerenciana.
>
> Manoel Gomes Ribeiro de Avellar tem hipoteca de todos os seus bens a outros credores, que arrematei, ficando com a fazenda e 50 contos. Meu herdeiro fará alguma equidade conforme as circunstâncias em que se achar.[29]

Como se vê, alguns membros da parentela puderam contar com a benevolência do barão no que concernia a prazos e cobrança de juros. Ao sobrinho José garantiu o esquecimento de parte de suas dívidas em favor de seus filhos, entre os quais estava o afilhado José Gomes Ribeiro Jr. No caso do outro sobrinho, Manoel Gomes Ribeiro, dono da fazenda da Glória, Joaquim arrematou a hipoteca de todos os seus bens, passada a terceiros, todavia, não a executou. Até sua morte, Manoel Gomes continuou morando com a família nas terras da Glória. O barão, porém, advertiu o filho de que tratasse a situação com justiça e moderação, mas, por outro lado, incorporou a fazenda aos bens testados.

A solidariedade familiar e a ajuda mútua foram fatores vitais na manutenção do patrimônio da classe senhorial. Por meio de intrincada teia de relações pessoais buscava-se evitar que o patrimônio de membros da parentela se dispersasse e escapasse do controle familiar.[30] Tais atitudes, que permitiam um maior espaço para a negociação de dívidas, também eram encontradas entre alguns velhos amigos. Em carta de 22 de julho de 1849, endereçada a Francisco José Teixeira Leite, o barão de Capivary pedia que sua dívida fosse parcelada em letras menores e teve seu desejo atendido.[31] Em outra ocasião, o barão de Vassouras lhe escrevia:

Vassouras, 2 de fevereiro de 1863.

Meu amigo e Exmo

... Pelo sr. Laureano José Coelho recebi a carta de V.Exª de 17, falando-me para emprestar a ele, em troca da hipoteca de todos os bens. Eu não gosto de emprestar por hipoteca, mas estou persuadido que este sr. é capaz, basta ser seu recomendado. ... Minha fortuna está nas mãos dos cafeicultores e com a falta de café nada recebo, porém, se V.Exª quiser servir a ele eu posso dar o dinheiro e V.Exª me paga em crédito pelo tempo que lhe convier.

Francisco José Teixeira Leite.[32]

Numa sociedade de famílias como era a sociedade oitocentista, imperava a lógica personalista e hierárquica. Para obter crédito com o financista Francisco Teixeira Leite, Laureano José Coelho pediu uma carta de apresentação ao barão, que escreveu ao chegado amigo garantindo a idoneidade do cafeicultor. A rejeição de Teixeira Leite pode ter ocorrido porque não julgou a transação segura ou, realmente, pelo motivo descrito: não gostava de operar com hipotecas, pois, em caso do não-pagamento da dívida, teria que ficar com a fazenda de café, que levaria algum tempo para ser convertida em dinheiro.

Apesar da recusa, o financista enviava, em sua carta-resposta, uma solução para o impasse. Disponibilizaria o crédito ao barão caso ele quisesse efetuar pessoalmente o empréstimo e não tivesse capital móvel disponível, como, aliás, era bastante comum. A forma como anunciava a notícia demonstra ser esta prática perfeitamente cabível no universo das relações financeiras e pessoais de ambos os envolvidos. Afinal, para o amigo fazendeiro, a hipoteca era um negócio vantajoso porque abria a possibilidade de acumular terras e escravos de forma rápida.

Infelizmente, a resposta de Joaquim Ribeiro de Avellar à proposição de Teixeira Leite no que se referia aos negócios com o sr. Laureano José Coelho não sobreviveu ao tempo. No entanto, os recibos e notas promissórias assinados pelos devedores do barão ao longo de quase 20 anos demonstram que ele exerceu a atividade de fazendeiro-financista desde, pelo menos, o início da década de 1840 até seu falecimento, em 1863. Os prazos para cobrança variavam conforme a pessoa e o montante do empréstimo. Os juros mantiveram uma regularidade de 1% ao mês sobre o valor total até que a dívida fosse integralmente saldada. Paralelamente, Joaquim Ribeiro de Avellar também emprestava dinheiro por hipoteca ou mesmo arrematava hipotecas feitas a terceiros, aumentando assim, consideravelmente, sua riqueza.

Em 1828, o patrimônio de Joaquim Ribeiro de Avellar em terras era constituído pelos sítios da Posse Grande e Papagaio, além de dois quintos da fazenda Pau Grande, herdados de sua mãe Antônia e de sua irmã Emerenciana. Cerca de 25 anos depois, havia acrescido a seus bens as fazendas Cachoeira, São Joaquim e Glória, além de: "uma data de terras no lugar denominado Coqueiros (5:000$000), duas datas de terra no Sardual (4:060$000), uma data de terras no arraial de Paty (3:000$000), uma data de terras na Covanca (2:500$000), uma casa de sobrado no arraial de Paty (2:000$000)."[33] Outra grande parte de sua fortuna estava investida em 709 escravos (623:960$000), mais de 800 mil pés de café, animais de carga, animais de criação, ouro, móveis, louças e pratarias. O barão tinha como prioridade investir em bens agrícolas, explicando, assim, que a quase totalidade da riqueza inventariada estivesse em terras, escravos e cafezais. O que estava em jogo, em última instância, não eram os lucros em si, pois os empréstimos a juros rendiam muito mais em menos tempo. O foco principal era fortalecer a posição de senhor de terras e de homens buscando a reafirmação de um ideal aristocrático e a legitimação de uma hierarquia social excludente. Sua principal tarefa como patriarca era ampliar o patrimônio e fortalecer o nome familiar no interior da reduzida classe senhorial. Ao falecer em sua fazenda, em 2 de julho de 1863, pode-se dizer que tinha realizado esta missão com sucesso.

7

O fazendeiro cortesão

Os dias que sucediam a morte de um patriarca, com seus ritos fúnebres e a abertura do testamento, até o inventário e a partilha dos bens, colocavam em xeque a solidariedade familiar como valor supremo. Desse modo, justifica-se a recorrente preocupação demonstrada nos testamentos de manter estável a união da família. A repartição dos bens, a concessão da terça, a avaliação do patrimônio, o reconhecimento das dívidas passivas, a apresentação de cobranças, a concessão de alforria a escravos deixavam em suspenso os montantes a serem herdados. Por outro lado, ainda podia haver surpresas, como o reconhecimento de filhos ilegítimos e a inclusão dos mesmos na partilha, o que, certamente, provocava atrito entre os herdeiros.

Não é possível saber ao certo como foram esses momentos de consternação após a morte do barão de Capivary. Tendo falecido em casa, na companhia da família, aos 73 anos, seu corpo foi velado e enterrado na capela da fazenda. Ao testar, pediu a seu herdeiro e inventariante que providenciasse os ritos funerários, porém determinava: "não quero com pompa, só bastará que os meus amigos acompanhem à sepultura." Dentre os pedidos religiosos incluía: "mandará dizer as missas que julgar bastante por minha alma e mandará dizer mais 200 missas por alma de meus pais e manas."[1] O acontecido mereceu destaque na seção Titulares do *Almanaque Laemmert*: "barão de Capivary, Joaquim Ribeiro de Avellar, grande do Império, estrela quatro, e um dos mais ricos fazendeiros, faleceu em sua fazenda do Paty do Alferes, no mês de julho de 1863."[2] Na semana seguinte, d. Leonarda Maria Velho da Silva e seu filho, dr. José Maria, mandavam publicar no *Jornal do Commercio* o convite para "a missa de sétimo dia a ser celebrada no dia 10 do corrente, às oito e meia horas, na Igreja da Ordem Terceira do Carmo", no Rio de Janeiro.[3]

A abertura do testamento, realizada logo após a sua morte, ocorreu sem muitas surpresas. Todos os trâmites necessários foram providenciados em família. O inventário do barão foi aberto por José Maria da Silva Velho, advogado e irmão de Mariana Velho de Avellar, que, em carta à mãe, relatava: "grande satisfação nos deu a vinda dele e pelo serviço que aqui nos fez deixou-nos inteiramente tranqüilos sobre inventários."[4] Seguindo a vontade do falecido, expressa em testamento, a terça da herança coube aos netos Maria José, Luiza, Julia, Antônio Ribeiro, filhos de Joaquim Ribeiro de Avellar Jr. e Mariana Velho de Avellar. A decisão, de comum acordo com o filho e a nora, já tinha sido tomada há alguns anos. Em carta datada de 18 de fevereiro de 1858, o pai José Maria Velho da Silva respondia às dúvidas de Mariana sobre a possibilidade de transformar os netos em herdeiros diretos do sogro:

> Minha querida Marianinha.
>
> Fiz estudar mais profundamente a questão da doação e aí vai o resultado, o qual é definitivo. Não há meio mais seguro de firmar os interesses das meninas, segundo as generosas intenções de seu santo avô e livre de toda e qualquer contestação, senão por testamento e dentro da terça, ou no todo, ou em parte. Dessa maneira, pode estabelecer todas as cláusulas que a sua consciência lhe ditar em benefício das netas e netos.
>
> Muitas saudades do Joaquim, muitos beijos à boa Mariquinhas e à galantíssima Luiza.
>
> Recomenda-me ao sr. barão e a todos.
>
> Teu pai amado,
>
> Velho.[5]

A correspondência demonstra que o barão tinha uma saúde frágil que há muito o limitava em suas atividades cotidianas. Não são raros os desejos de reabilitação enviados pelo casal Velho da Silva, em suas cartas à filha, ou pelos irmãos Francisco e Joaquim José Teixeira Leite. Entretanto, mesmo antes de sua doença se tornar irreversível, já havia a preocupação de assegurar às futuras gerações parte do patrimônio, principalmente às netas, que, assim, teriam a garantia de bons casamentos. O total da terça deixada em herança foi calculado em 178:173$317, que, após os descontos de dívidas passivas, impostos e outras despesas, foram convertidos em 35 apólices da dívida pública para cada um dos beneficiados, a serem recebidos nas datas de seus respectivos casamentos ou maioridade, no caso de Antônio Ribeiro.[6]

Considerando as pessoas livres contempladas pelo testamento do barão de Capivary, além de seu filho Joaquim e dos netos menores constavam, ainda, o compadre José de Oliveira Barcellos, que recebeu 3 contos de réis em terras que já eram de seu usufruto, a agregada Anna Isabel do Parahyso Ribeiro, que manteve seus escravos e terras arrendados, além de receber 50 mil réis, e seus afilhados. No que se referia a esses últimos, testou 600 mil réis a cada uma das sete pessoas que batizou. A justificativa dada, pelo próprio barão, para o pagamento de quantia que considerou módica foi que, durante sua vida, havia concedido ajuda financeira a todos os afilhados, principalmente àqueles com quem possuía vínculos parentais. Citou em particular os casos de Maria Jacintha, Maria e Mariana, a cujos maridos havia ajudado com diversos favores.

No que se refere aos escravos, dentre o imenso plantel que possuía, o barão favoreceu com a alforria as pardas Ilíada, Prudentina e Florinda e a crioula Leonídia, conforme promessa feita à finada irmã d. Mariana. Contudo, havia uma escrava da fazenda Cachoeira a quem fez questão de alforriar e enfatizar proteção pessoal. América Luiza da Conceição teve destaque no testamento do barão de Capivary por ser a única escrava que, além do direito à liberdade, recebeu usufruto de porções de terra e 44 cativos da fazenda Cachoeira. O antigo dono fez questão de ser bem específico em relação aos bens que ela herdaria para evitar um possível descumprimento de sua vontade:

> Teodora (cabra), Isabel (crioula), Luiza (parda), as quais vieram da Cachoeira. Deixo mais à mesma Armínia, Augusta (crioula, filha de Niza), Maria (filha de Ventura), Generosa (filha de Luducena), Fausta (filha de Henriqueta, já falecida), Adão (crioulo), Julio Paulo, Guido, Fortuna e Pedro, os quais estão na Cachoeira. Deixo mais à mesma América, Francisca e Maria, com os dois filhos, Generosa (parda) e Adão (crioulo), comprados de minha afilhada Antonica. Deixo mais à mesma América, Margarida Bahiana e os filhos que estão na Cachoeira e assim mais dois partidos de café, um que está na Cachoeira, que lhe chamam "Café do Matheus", e o outro no caminho da Tetea.[7]

Ordenava ainda ao filho Joaquim que deixasse a forra morar em sua propriedade, provendo-a de casa e terras para cultivo. Dispunha dentre os bens a serem herdados crianças escravas que, se passassem da primeira infância, se tornariam uma mão-de-obra futura. Os escravos recebidos foram avaliados em 7:800$000 e, por determinação do doador, não poderiam ser vendidos. Conforme as condições colocadas no inventário, após a morte de América, eles retornariam a seu herdeiro majoritário Joaquim Ribeiro de Avellar Jr. Por isso, "não podia a mesma América vender os escravos deixados e só servir-se deles durante a vida". Para evitar que o filho contestasse sua vontade perante a Justiça, lembrava-o dos favores que lhe devia, sobretudo por tê-lo reconhecido como filho legítimo. Assim, dizia: "Recomendo a meu herdeiro que proteja sempre que puder a Joaquim de Oliveira Barcelos, assim como que não se descuide de proteger a América, pois tudo isto que faço é por um verdadeiro capricho e espero que o meu herdeiro se lembre de tudo quanto me deve, para não faltar a um pedido meu."[8]

Dentre os benefícios concedidos a América Luiza da Conceição estavam 10 contos de réis que deveriam ser entregues em dinheiro em cotas anuais de um conto.[9] O longo período compreendido entre a morte do barão, em 1863, e a quitação das parcelas pagas demonstra que a escrava ainda era jovem quando recebeu a alforria. A grande preocupação do barão com o sustento e bem-estar de América Luiza provavelmente se devia a um tipo de relação mais íntima mantida entre ele e a escrava. Pode-se conjecturar que se tratava de pai e filha ou mesmo de amantes. Acredito mais efetivamente na segunda hipótese, pois o barão pedia o repatriamento dos bens ao filho Joaquim após a morte da forra, não se preocupando com os futuros descendentes da liberta. Caso se tratasse de sua filha, provavelmente isso não ocorreria, já que os bens herdados seriam uma garantia de futuro para os netos ilegítimos.

Após o cumprimento de todas as disposições colocadas no testamento e a abertura do processo de inventário, Joaquim Ribeiro de Avellar Jr. passou a administrar sozinho uma fortuna de 611:979$952, sendo 407:986$634 de patrimônio pessoal e 178:173$317 relativos à terça de seus filhos.[10] Tais números o mantêm num patamar privilegiado dentro da classe senhorial vassourense. O político e antigo amigo da família Joaquim José Teixeira Leite, por exemplo, deixou, em 1868, uma fortuna avaliada em 767:937$876 e era considerado, na época, um dos homens mais ricos de Vassouras.[11] O perfil da riqueza herdada por Joaquim Ribeiro de Avellar, em meados da década de 1860, caracterizava-se, sobretudo, por manter um grande capital investido em escravos, terras e cafezais. Entretanto, essa tendência largamente utilizada por seu pai não perdurou até o fim da administração do futuro visconde de Ubá, como mostrarei a seguir.

Ao testar, em 1888, o visconde de Ubá declarava o seguinte:

> A minha fortuna na data deste testamento é a seguinte: 235 contos de réis no Banco do Brasil, 115 apólices de um conto cada, que, juntas a 502 apólices que dei a meus filhos para entrar de herança, devo professar a quantia de 800 contos de réis, tendo, além disso, mais o seguinte: casas e terrenos em Petrópolis e na cidade do Rio de Janeiro, fazenda sem elemento servil e uma dívida com hipoteca.[12]

A situação financeira do visconde de Ubá, no final da década de 1880, demonstra que houve uma conversão da maior parte da sua fortuna em apólices da dívida pública e dinheiro, depositado em conta corrente no Banco do Brasil, contabilizando mais de oitocentos contos de réis. Seriam, ainda, acrescidos a esse montante casas e terrenos em Petrópolis e na corte, fazenda sem elemento servil e dívidas de hipoteca. Analisando os bens que compuseram seu monte-mor, é possível perceber que rompera o ciclo de investimentos típico do fazendeiro-capitalista, do qual seu pai participara ativamente. Entretanto, o patrimônio continuava sendo entendido, a um só tempo, como necessidade econômica e afirmação simbólica.

Nos últimos anos de sua vida, os lucros obtidos na agricultura e na concessão de empréstimos e hipotecas foram depositados em conta corrente e investidos em apólices da dívida pública. Ou seja, em bens não agrícolas, não havendo, portanto, reinvestimentos em terras, escravos e cafezais, como era de costume. Todavia, o visconde de Ubá não estava sozinho. Outros importantes fazendeiros efetuaram essa conversão, tais como o comendador Manoel de Aguiar Vallim, o barão de Itapetinga e o barão de Nova Friburgo.[13] Quais teriam sido, então, as principais estratégias de manutenção do patrimônio e da riqueza familiar utilizadas pelo visconde de Ubá ao longo dos 25 anos em que esteve à frente dos negócios?

Com certeza, não se pode falar de uma única estratégia de conservação do patrimônio durante este longo período. Ao receber a responsabilidade sobre a gerência da fortuna familiar após a morte do pai, Joaquim Ribeiro de Avellar Jr. teve de lidar com uma série de transformações de caráter político e econômico que afetava em cheio os negócios numa sociedade pré-industrial. A Lei do Ventre Livre, a nova fundação do Banco do Brasil, o crescimento das instituições financeiras e das sociedades anônimas, a Guerra do Paraguai, a discussão sobre a utilização da mão-de-obra imigrante, a percepção do fim próximo da escravidão foram alguns aspectos que estiveram em pauta na segunda metade do Oitocentos e que tinham de ser levados em consideração na hora de escolher os investimentos mais adequados.

Em face de todas essas questões, certamente podem ser vislumbradas diferentes formas de aplicação do capital que variaram conforme a interpretação pessoal dos acontecimentos políticos e econômicos vividos. A grande engenharia estava, portanto, em entender as "mudanças dos ventos" e fazer os melhores investimentos a tempo. Seu parente, o visconde da Paraíba, por exemplo, apesar de ter sido um dos grandes cafeicultores da comarca de Paraíba do Sul, vizinha a Vassouras, dividia os bens testados em terras, dinheiro para ser investido em jóias e escravos. Entretanto, fazia questão de alertar: "Declaro que meu testamenteiro deve a minha neta, no dia em que casar, Rosa filha de minha filha Rosa, a quantia de 12 contos e 500 mil réis para ela comprar brilhantes. Declaro que não deixo mais legados porque amo muito a meus filhos e *vejo que seu futuro como lavradores é medonho*. Fazenda Boa Vista, 13 de junho de 1876."[14]

Como se vê, as percepções sobre o futuro da economia agrária podiam variar dentro da mesma parentela, família, ou ao longo da vida de um grande proprietário. As lacunas para explicar as formas de administração da riqueza familiar utilizadas por Joaquim Ribeiro de Avellar Jr. são grandes. No entanto, é possível inferir algumas constatações importantes. Certamente, a atividade agrícola foi a sua principal fonte de renda durante os 25 anos em que esteve à frente dos negócios. Afirmo isso baseada em sua contabilidade para os anos de 1870 a 1876, quando foram lançados os lucros com a venda do café ("café exportado") e com a atividade usurária ("devedores pagaram"), sendo a primeira muito maior em volume de rendimentos do que a segunda, conforme pode ser conferido no quadro a seguir.[15]

Ano	Café exportado	Devedores pagaram	Café + pg devedores	Total das despesas/ ano	Sobra	Outros	Total líquido
1870	162:587$000	28:344$000	191:931$000				
1871	147:901$406	45:146$341	193:047$747	84:845$061	108:202$686*		108:202$686*
1872	324:048$287			73:235$811			250:812$476*
1873	181:797$610	92:460$383	274:257$993*	94:948$080	179:309$913*	92:460$323*	86:849$590
1874	218:099$092			161:976$354. (70:000$000 -viagem à Europa)		12:000$000 (obras – casa de Petrópolis)	56:122$738*
1875	183:697$382			177:186$042	6:511$340*		6:511$340*
1876	215:716$736			166:426$565	39:837$171	30:000$000 (obras – casa de Petrópolis)	9:837$171
1879	199:448$266 (28.123@)						
1880	116:188$629 (20.405@)						

O (*) indica que os valores obtidos não constavam nos cadernos da fazenda.

É interessante reparar que, até pelo menos 1873, os empréstimos a juros tinham seus lucros considerados como parte do rendimento familiar anual e entravam nas despesas mensais juntamente com os ganhos gerados na produção do café. Essa assiduidade da atividade usurária até o início da década de 1870 também foi corroborada por outro documento do futuro visconde de Ubá, no qual ele apresenta a relação dos devedores da fazenda Pau Grande entre 1869 e 1870. Tratava-se de um "balanço por quantias principiando das maiores para as menores", o que incluía 43 pessoas, entre parentes, figuras de importantes famílias locais, além de dívidas de espólios que, juntas, totalizavam 762:042$000, quantia nada desprezível para a época. As dívidas variavam entre 167:259$000, que constavam no nome da viúva de José Gomes Ribeiro de Avellar, e 263$142 emprestados a Gustavo Pires do Couto.[16]

Além disso, são diversos os recibos de hipotecas e letras promissórias em seu benefício encontrados no fundo da fazenda Pau Grande.[17] A letra mais antiga é anterior a seu casamento com Mariana Velho da Silva: "Devo que pagarei ao Sr. Joaquim Ribeiro de Avellar Jr. a quantia de 150 mil réis que me emprestou em notas do banco cuja quantia pagarei a ele dito ou em sua ordem desta data a oito meses. Francisco Thomé Gonçalves."[18]

O caso de Joaquim Ribeiro de Avellar Jr. se apresenta um pouco distinto daqueles relatados por Fragoso no livro *Homens de grossa aventura...*, inclusive no interior da mesma família, como na do visconde da Paraíba. Segundo o autor, era comum que as primeiras gerações de fazendeiros-capitalistas da região do vale do Paraíba fizessem investimentos esporádicos no campo das atividades usurárias para aumentarem, em pequeno espaço de tempo, seu patrimônio, havendo uma tendência de que seus filhos abandonassem este campo. No exemplo aqui estudado, percebe-se a continuidade de tal atividade por duas gerações seguidas. Além disso, as entradas de seus lucros nos rendimentos mensais, somadas ao montante de recibos e hipotecas em diversas épocas, demonstram o exercício um tanto regular desta prática.*

A segunda parte dessa documentação contábil fornece, mês a mês, o faturamento de Joaquim Ribeiro de Avellar Jr. de 1871 a 1876. A partir dela, é possível inferir que, nos anos 1860-70, empregou grande parte de seu capital na compra de imóveis urbanos (Petrópolis e corte), realização de viagens com a família e aquisição de bens de consumo. Pode-se dizer, portanto, que tais escolhas apontam uma mudança no campo de investimento em relação às gerações anteriores. Joaquim Ribeiro administrou os bens agrícolas herdados – terras, escravos e cafezais –, principal fonte de riqueza familiar, contudo, aplicou grande parte de seus lucros em casas e terrenos urbanos nas principais cidades do Império, tal qual ficou registrado em seu inventário.**

Poucos meses depois do falecimento do barão de Capivary, Joaquim Ribeiro de Avellar Jr. adquiriu uma bela casa em Petrópolis de d. André Lamas, ministro do Uruguai. Anteriormente, para as longas estadas familiares em Petrópolis, era comum o aluguel de imóveis ou a reserva de hotéis, preferencialmente o Hotel Bragança, conforme demonstram as correspondências analisadas.[19] A nova residência de veraneio se localizava na rua dos Mineiros, atual Silva Jardim, e foi descrita pela sogra Leonarda Velho da Silva nos seguintes termos: "chegados a este teu palácio, encontramos tudo tão bom que parecia o céu. Bonita e limpa casa, na sala estavam dois vasos que continham as mais belas e odoríficas flores, os quartos muito bem arranjados, e tudo em grande asseio."[20] A moradia também abrigou as princesas imperiais durante suas núpcias, o que era, certamente, uma prova do alto padrão de conforto que oferecia. Em seu diário, a princesa Isabel relatava: "a casa é muito bonitinha e está muito bem arranjada."[21] O favor serviu para estreitar as relações há muito estabelecidas entre as duas famílias:

---

* Apesar da prática regular da atividade usurária, Joaquim Ribeiro de Avellar era considerado um fazendeiro e não um "capitalista" em sua região. Isso porque a maior parte de seus rendimentos vinha dos negócios rurais.

** Investir em prédios urbanos passou a ser uma tendência na década de 1870, fazendo com que as aplicações rentistas crescessem mais do que as exportações. Assim, a aquisição de imóveis nas cidades atuava como "vitrine social", mas também como investimento em termos financeiros. J.L. Fragoso e M.F. Martins, "Grandes negociantes e elite política nas últimas décadas da escravidão", in M.G. Florentino e C. Machado (orgs.), *Ensaios sobre escravidão*, p.145.

> A imperatriz, com quem estive ontem, te mandou muitas saudades e a Joaquim e Mariquinhas. Disse que estava muito ansiosa em ver a nossa Marianinha, de quem muito gostava. Deus permita que não seja só de parola. ... *A gratidão que estão a vocês*, sobre aquela coisa de que já falei. Eu teria muito, muito prazer pelos mesmos motivos, e quem não gosta que os seus sejam grandes.
>
> Por cá ele [Joaquim] também tem ganho muito boa reputação no mais que já tinha pelas *suas condescendências com a casa de Petrópolis*. Todos falam de como ele cavalheiramente se despiu de sua casa favorita. [22]

Na contabilidade de Joaquim Ribeiro de Avellar Jr., de 1870 a 1876, os custos com a manutenção da família em Petrópolis mereceram destaque. Para facilitar seus cálculos, criou o item "despesas com a família em Petrópolis" independentemente do que chamou de "despesas deste mês". Tal forma de organização demonstra que esses gastos giravam, no orçamento doméstico, em torno de 37% do total das despesas mensais e incluíam: visita a modistas e alfaiates, compra de calçados, roupas, tecidos e chapéus, além de obras na casa e pagamento de serviços de jardineiro e cocheiro. A decisão de reservar um item específico para o cálculo das despesas em Petrópolis exaltava a cidade como um espaço privilegiado para a aquisição de bens de consumo e a legitimação de um habitus refinado que a família Ribeiro de Avellar fazia questão de compartilhar.

Através da análise das correspondências e da contabilidade verifica-se que os Ribeiro de Avellar iam a Petrópolis com bastante freqüência, onde, muitas vezes, permaneciam por mais de um mês. As temporadas na localidade serrana figuravam como um momento de reunir a parentela – era um local intermediário entre a fazenda e a corte –, estabelecer contatos com diversos núcleos familiares da classe senhorial do Império e participar de uma vasta teia de sociabilidade necessária para a manutenção do prestígio. Era uma oportunidade de ampliar as relações sociais para além daquelas mantidas com a boa sociedade vassourense e atualizar-se no tocante à moda, comportamento, cultura e política. As mesmas intenções também explicam outro investimento realizado por Joaquim Ribeiro de Avellar Jr.: a compra de uma residência na corte, conforme informou o *Almanaque Laemmert*: "visconde de Ubá – Paty do Alferes, fazenda Pau Grande e rua do Catete, 152."

Esses eram os endereços de Joaquim Ribeiro de Avellar Jr. informados pelo *Almanaque* em 1888, ano de seu falecimento. O imóvel na cidade era um sobrado de dois andares, adquirido de d. Emília Pinheiro Potestade, em 9 de junho de 1870, sob o registro de rua do Catete, n.114. Com a reformulação do numerário da capital, ocorrida em 1874, passaram a constar no nome de Joaquim Ribeiro o sobrado n.152 e a casa térrea n.154 (antigo n.116).[23] O novo investimento havia sido pago em prestações até maio de 1876, conforme declarou em sua contabilidade pessoal: "oito contos de réis eram referentes ao último pagamento da casa da cidade." A escolha do futuro visconde de Ubá em investir na compra de imóveis urbanos mostrava o quanto estava antenado com o mercado que apontava altas consecutivas deste investimento.[24]

As obras na casa do Catete tiveram início algum tempo depois de sua aquisição. Tratava-se da construção de uma nova ala e remodelação de alguns cômodos. De agosto a novembro de 1875, o total de despesas de Joaquim Ribeiro de Avellar Jr. foi da ordem de 88.734$887, os quais 45% foram aplicados em reformas na casa e encomendas de Paris (40 contos de réis) e 11% para a "manutenção da família em Petrópolis" (9.750$000). No ano seguinte, as despesas declaradas se concentraram de abril a novembro. Compreendiam tanto aspectos estruturais da reforma, a exemplo da "colocação de gás na casa da cidade" (1:200$000), quanto decorativos, como a compra de móveis (30:142$000), papel de forrar parede (2:039$150), fazendas para móveis e forração da sala (2:255$633) e novas encomendas de Paris (11:725$000). Os investimentos em obras também foram feitos na residência de Petrópolis entre 1870 e 1874. Para tanto, foram despendidos 70 contos de réis, que incluíam as construções de uma nova ala (30 contos de réis), sala de espera e cocheira (20 contos de réis). No tocante à "casa da cidade", Joaquim Ribeiro contabilizou seus gastos da seguinte forma: "Trastes, reforma e uma ala na casa da cidade (68:000$000) + engenheiro e todas as demais despesas (120 contos de réis) + outra advertência (24 contos de réis)."[25]

Tais índices, mais do que somente números, confirmam minha afirmação de que, no ambiente urbano, as exigências sociais com bens de prestígio e artigos de refinamento afirmavam um habitus civilizado e uma lógica social hierárquica.[26] Tanto Petrópolis quanto a corte adquiriam, portanto, uma função de "vitrine social" para as famílias do vale. Com os Ribeiro de Avellar não era diferente. Comprar residências e mantê-las nessas localidades, mesmo que fosse financeiramente muito custoso, era entendido como um investimento em diferencial social, prestígio e cabedal familiar. Também fazia parte desse habitus, compartilhado pelas *melhores famílias* do Império, a prática de viajar. Certamente, este foi um dos investimentos privilegiados por Joaquim Ribeiro de Avellar Jr., que levava a família não só aos ambientes urbanos acima citados, mas também a Juiz de Fora, Caxambu e Europa.

As viagens foram outro locus de investimento de capital para o futuro visconde de Ubá. Em junho de 1873, declarava: "terminaram neste mês as minhas dívidas, tendo deixado no Banco do Brasil trinta contos de réis para pagamento de vales quando for pedido crédito."[27] Dois meses depois partia para Petrópolis com a esposa Mariana e os filhos Maria José (na época, já casada), Luiza, Júlia, Antônio Ribeiro, José Maria e Elisa. Contudo, dessa vez não se tratava de uma estada de veraneio na região serrana. De lá, rumaram para a capital, onde tomaram o vapor em direção à Europa. A estada durou quase um ano. Nos pertences de Joaquim Ribeiro de Avellar encontram-se recibos de hotéis e restaurantes em Genebra (abril, 1874); Zurique (agosto, 1874); Paris (setembro, 1874); Bruxelas (outubro, 1874); Flandres (outubro, 1874); Bonn; e Londres. A ocasião também era bastante propícia para freqüentar teatros, assistir a óperas, visitar museus, além de "ir às compras", afinal, estavam no centro da "civilização ocidental".[28]

Durante a estada dos Ribeiro de Avellar no Velho Continente, a contabilidade da fazenda não foi preenchida, sendo impossível obter informações numéricas sobre o andamento dos principais negócios na casa do Pau Grande, seja a venda de café ou os empréstimos a juros. Entretanto, ao final de suas anotações, Joaquim faz um retrospecto afirmando que, entre 1870 e 1878, a fazenda havia produzido uma média mensal de 23.983 arrobas de café. Segundo ele, o produto dos cafeeiros, nesses nove anos, rendera 1.653:656$000. Contudo, os gastos, no mesmo período, incluindo todas as benfeitorias e passeios, atingiram o valor de 1.197:563$000, contabilizando um saldo de 456:093$000.[29] O total das despesas com viagens e obras foi de 332:000$000, ou seja, 20% do total do faturamento da fazenda.

Dessa forma, as viagens para a Europa, assim como a aquisição de imóveis em cidades socialmente importantes, tais como Petrópolis e Rio de Janeiro, faziam parte de uma nova lógica de investimentos e aplicação do capital. Ao invés de terras, os lucros obtidos passavam a ser investidos em outros bens de prestígio vinculados à educação, instrução, etiqueta, viagens, freqüência em salões, saraus, espetáculos de teatro lírico etc. No fundo, havia uma pretensão de aproximar, se possível igualar, os códigos de comportamento das províncias enriquecidas àqueles das capitais, não só do Império, mas de todo o "mundo civilizado". Esses gastos, a médio e longo prazos, abriam caminho para a efetivação de bons acordos de casamento para os filhos, relacionamentos com famílias importantes e oportunidades de melhores colocações na burocracia pública ou na vida política. Contudo, há que se olhar também pela lógica dos costumes: um novo código de comportamento que valorizava o lazer, os momentos em família e os períodos de férias estava em ascensão na segunda metade do Oitocentos.[30]

A outra opção de aplicação que aparece em destaque no testamento do visconde de Ubá era a compra de apólices da dívida pública. Em 1868, converteu o valor da terça deixada pelo barão de Capivary aos netos em apólices nominais de um conto de réis cada. Na década de 1870, volta a fazer o mesmo investimento. Foi possível identificar a aquisição de 57:142$614 em papéis do Banco do Brasil, entre julho de 1873 e março do ano seguinte. Tanto o estudo de Fragoso e Maria Fernanda Martins quanto o de Bárbara Levy demonstram que a opção escolhida por Joaquim Ribeiro foi bastante lucrativa, pois, num "intervalo de 21 anos (1864 a 1885), as apólices públicas aumentaram mais de quatro vezes, enquanto o comércio de exportação cresceu menos de duas vezes".[31] Entretanto, ao finalizar a contabilidade de quase dez anos

(1870-1879), em meio a números e contas, Joaquim fez uma espécie de autoavaliação:

> Sendo sempre avulto das minhas despesas e não tendo bem em lembrar no que gastava o dinheiro, comecei em 1871 a tomar nota dos meus gastos e verbas. ... Assim, em 1879, acabei com todas as loucuras e espero em diante melhor aproveitar os meus *recursos de fazenda velha*. ... Em 1874, porém, fui à Europa e, em 1875, principiei, infelizmente, a fazer obras puramente de recreio, o que me fez gastar o que não esperava e do que estou bem arrependido.[32]

Protegido pela intimidade de seu caderno de assentamentos, o que talvez lhe permitisse uma sinceridade oportuna, Joaquim confessava, por escrito, que havia sido pouco cuidadoso com suas despesas. Classificou as obras das casas de Petrópolis e da corte como de "recreio" e mostrava-se arrependido de seus excessivos gastos. Esse espaço de reflexão, inserido em suas anotações financeiras, parece estar ali para lembrar-lhe que, na década seguinte, os lucros seriam reduzidos pela própria condição de suas terras, já desgastadas, que definiu como "fazenda velha". A nova situação merecia uma administração mais austera dos lucros e da própria fazenda.

Ao comparar os bens rurais herdados por Joaquim Ribeiro de Avellar, em 1863, com aqueles testados, em 1888, percebe-se que somente havia restado a fazenda Pau Grande, há muito sob o comando de sua família. Infelizmente, não é possível saber ao certo quando as fazendas – São Joaquim, Papagaio, Cachoeira e Posse – foram vendidas. Qual teria sido a razão para o visconde de Ubá ter vendido as terras herdadas do pai? Quando essas propriedades foram passadas a terceiros? A hipótese de necessidades financeiras não se mantém depois da análise dos gastos familiares realizados nas décadas de 1860-70. Ao que tudo indica, a venda das terras e a diminuição do número de escravos faziam parte de uma nova opção de investimento, diferente daquela utilizada pela geração de seu pai, que, ao contrário, se baseava na acumulação de terras e cativos.

Entretanto, no que concerne à propriedade da Glória, o panorama é outro. Vamos a ele. Em seu testamento, o barão de Capivary declarava, entre os bens deixados a seu herdeiro, a fazenda da Glória. Tais terras haviam sido adquiridas de seu sobrinho Manoel Gomes Ribeiro de Avellar através da execução de dívidas por hipoteca, em 20 de julho de 1859. A dívida no valor de 150 contos de réis havia se iniciado há 14 anos com a compra, pelo barão, de letras e hipotecas passadas a terceiros pelo sobrinho. Ao proceder dessa forma, Joaquim Ribeiro de Avellar protelava a ruína de um membro da parentela, procurava proteger o patrimônio familiar e ainda investia indiretamente em terras, no caso de as dívidas não serem sanadas. Contudo, mesmo com a execução de todos os bens de Manoel e sua esposa Carlota de Paula, a dívida não foi saldada totalmente. Em suas últimas palavras, o barão pedia que o filho tratasse do assunto com cuidado: "meu herdeiro fará alguma eqüidade conforme as circunstâncias em que se achar." Atendendo ao pai, Joaquim Ribeiro deixou a viúva de Manoel Gomes Ribeiro de Avellar ficar morando nas terras da Glória com os filhos. Todavia, o assunto ainda não tinha sido encerrado.

Após o falecimento de Francisco de Paula da Silva Jr., sogro de Manoel, Joaquim Ribeiro de Avellar Jr. passou a cobrar o restante da dívida, em juízo, sobre a herança a ser recebida. Findo o processo em maio de 1868, os filhos de Manoel Gomes Ribeiro de Avellar resolveram recomprar a fazenda da Glória com a parte que lhes coubera da herança do avô. Contudo, não obtiveram sucesso.[33] A propriedade foi retomada, devido ao não-pagamento das prestações, por Joaquim Ribeiro, até que, nos anos 1880, sua filha Luiza passou a administrar a fazenda após a morte do marido, Antonio Ubelhart Lemgruber.

A aquisição da propriedade por Luiza tinha sido feita com os recursos dela e dos irmãos, José Maria e Antônio Ribeiro, recebidos de herança do avô, além da partilha, em vida, dos bens do sogro que cabiam ao marido, já falecido. A compra da Glória foi a forma encontrada por Luiza para investir uma parte da fortuna do marido que lhe coubera e aos filhos. Contudo, a moça não utilizava a fazenda como moradia principal. Auxiliada pelos irmãos, o pai e o cunhado Tosta, passava lá alguns meses na companhia de parentes, mas também desfrutava largas temporadas com os filhos no Pau Grande e em Petrópolis. Em carta de julho de 1884, comemorava a boa produtividade numa década em que a crise do café já havia se alastrado pelo vale do Paraíba: "A fazenda da Glória vai bem, a colheita creio que era de dez mil arrobas e tem uma fortuna de mantimentos para vender, estou com muita vontade de ver se entrego este ano 30 contos de réis aos órfãos."[34] O tom entusiasmado com que redigiu ao irmão deixava transparecer que, apesar de desgastadas, as terras ainda estavam gerando bons lucros com a venda de café e de mantimentos, o que aponta para a produção de alimentos onde, anteriormente, priorizava-se a rubiácea.

Portanto, pode-se concluir que, no que concerne à propriedade da Glória, sua venda, inicialmente realizada aos primos e, posteriormente, à filha Luiza, se deveu mais a questões familiares do que financeiras. Em se tratando da fazenda Cachoeira, foi possível saber que, em 1872, ainda era administrada por Joaquim Ribeiro de Avellar, tendo sido lançada a compra de milho para a alimentação dos escravos desta propriedade na contabilidade do Pau Grande. Quanto às outras terras herdadas, não consegui obter informações sobre até quando permaneceram em posse do futuro visconde de Ubá ou de sua família.

Mesmo assim, esses escassos indícios, somados à análise da produção de café do Pau Grande e aos gastos de Joaquim Ribeiro de Avellar durante a década de 1870, me levam a criticar a cronologia e a análise sugeridas por Stanley Stein em seu estudo clássico sobre Vassouras. Segundo este autor, após 1864 o vale do Paraíba fluminense passaria a viver uma decadência econômica, agravada na década seguinte. Os motivos que desencadearam essa difícil situação seriam: alto custo de mantimentos para escravos, esgotamento do solo, fechamento da fronteira agrícola, baixa produtividade devida aos cafeeiros muito antigos e envelhecimento da mão-de-obra. Esses fatores teriam provocado uma queda crescente na produtividade, a falta de capital para reinvestir em terras e mão-de-obra e um conseqüente endividamento dos fazendeiros.

Nos negócios familiares da casa Pau Grande, entretanto, a década de 1870 aparece, sobretudo, como um período de prosperidade econômica e de buscas de alternativas para a produção. Foram colhidas de 1870 a 1878, somente no Pau Grande, 215.854 arrobas de café, arrecadando-se 1.653:656$000, índices nada desprezíveis na época. Tais resultados favoráveis vieram acompanhados de uma alta do preço do café entre 1872 e 1873.[35] Nesse período, a fazenda Pau Grande operava com larga quantidade de mão-de-obra escrava, contudo, também contratava trabalhadores livres. Os valores pagos pelo trabalho de jornaleiros tenderam a crescer numericamente durante toda a década. Isso se deveu, em parte, aos índices inflacionários de então, mas também aponta para um aumento da contratação desse tipo de serviço.[36] Em fevereiro de 1875, Joaquim Ribeiro destinou 25$000 para o pagamento de italianos, conforme registrou em seu caderno de assentamento. Infelizmente, mais informações não foram anotadas para que se pudesse saber o futuro desta experiência. Mesmo assim, há indicações fortes de que ela ocorreu regularmente durante toda a década.

A gestão de Joaquim Ribeiro de Avellar também aparece como uma época de investimentos na compra de máquinas de beneficiamento de café. Entre seus papéis pessoais constavam vários recibos de importação: aparelho agrícola movido a vapor da França (1874), sementes e máquinas enviadas pelo navio *Union de Chargeurs* (1874), além de 28 volumes de máquinas vindas da Europa na galera *Lusitânia* (1876).[37] Alguns desses maquinários, verdadeiros símbolos da tecnologia empregada para o desenvolvimento agrícola, foram fotografados numa tentativa de construir uma memória do ambiente rural em conformidade com a civilização européia. Os produtos importados eram conseguidos com várias empresas especializadas, pois, diferentemente de seu pai, Joaquim Ribeiro operava com diversas casas comissionárias, tais como Furquim Lahmeyer & Cia, Teixeira Leite e Sobrinhos e Alves e Avellar. Tantas novidades o fizeram receber o convite de José Ildefonso de Souza Ramos para expor nos campos da agricultura, indústria e belas-artes da Exposição Nacional, o que também indicava uma excelência entre os produtores de rubiácea.

Os fortes indícios de que houve, nos anos 1870, investimentos em tecnologia na fazenda Pau Grande com a compra de sementes especiais e maquinário também contribuem para refutar a versão de que o vale do Paraíba fluminense entrou em decadência devido à mentalidade atrasada de seus fazendeiros no que concernia à utilização de recursos tecnológicos e à substituição da mão-de-obra. Robert Slenes demonstrou que a questão tecnológica era pensada de formas diversas pela classe senhorial do vale. Para os fazendeiros com menor número de cativos, a adoção de tecnologia poderia significar uma maior necessidade de mão-de-obra devido ao aumento de produtividade e, portanto, gastos excedentes em uma época de alta do preço do cativo. Por outro lado, os donos de grandes plantéis de escravos, como era o caso de Joaquim Ribeiro de Avellar Jr., buscavam adotar novos métodos e maquinários de beneficiamento de café porque proporcionavam um melhor aproveitamento da mão-de-obra. Não se tratava de "mentalidade atrasada" e sim de otimização do uso das terras e mão-de-obra disponíveis.

Acredito que os problemas de esgotamento dos solos, além do envelhecimento dos cafezais e da mão-de-obra, apontados por Stein, existiram concretamente. Contudo, seus efeitos foram sentidos, mais seriamente, na fronteira dos anos 1880. A declaração de Joaquim Ribeiro em seu livro de assentamentos demonstra bem esta nova sensação. Os altos gastos característicos do início da década contrastam com suas palavras de arrependimento e com a promessa de melhor utilização dos recursos, em uma nova fase que denominou de "fazenda velha". Joaquim Ribeiro percebia as limitações do plantio do café como atividade econômica de longo prazo no vale fluminense. Seus investimentos em apólices do Banco do Brasil comprovam isso.

Em fins dos anos 1880, o visconde já estava em idade avançada. Nessa época, tanto as terras das fazendas quanto a permanência da escravidão como instituição já apresentavam sinais claros de desgaste. Além disso, a família havia passado por momentos trágicos. Em 1885, faleceram dois filhos do casal Joaquim e Mariana Velho Ribeiro de Avellar com intervalo de um dia somente. José Maria, recém-formado em direito pela faculdade do Recife, morreu de tuberculose aos 22 anos, e Elisa, casada com o médico Souza Fontes, "faleceu de moléstia", deixando seu primeiro filho, Luis Ribeiro Souza Fontes, com menos de um ano de idade. Tal baque talvez tenha contribuído para que o visconde tomasse a decisão de se desfazer da maioria de suas terras, incentivado pelo fato de que somente um de seus herdeiros maiores, Antônio Ribeiro, demonstrava algum gosto pelos negócios da agricultura.

Em que pese a questão do elemento servil, ao final de sua vida, abatido por desgostos pessoais, percebendo a radicalização do movimento abolicionista e o crescimento das revoltas de escravos, o visconde procurou traçar uma outra estratégia conciliatória de utilização de mão-de-obra em seus cafezais. Deixou documentado em seu testamento que, no dia 8 de março de

1888, havia lavrado escritura pública na qual libertaria todos os seus escravos em data marcada para 31 de dezembro de 1889. Aproveitava a ocasião para afirmar que

> também é minha vontade que seja extinto o prazo da mesma se antes de vencido ele verificar-se o meu falecimento, e por conseqüência que fiquem desde logo completamente livres os referidos escravos e dispensados os ingênuos de todos os serviços. Esta declaração que faço é de pleno acordo com minha mulher, que, nesta data, faz também igual declaração de sua parte.[38]

No final da década de 1880, a abolição já era um tema discutido pela classe senhorial, que a considerava inevitável. A polêmica estava na maneira como o Império iria promovê-la. Em 20 de março de 1888, numa assembléia realizada por fazendeiros da região de Vassouras, a corrente que defendia indenização para os proprietários de cativos era, sem dúvida, majoritária. Joaquim Ribeiro, apesar de ainda possuir um bom número de escravos, adotou uma postura não "indenizacionista".[39] Em concordância com a esposa, sua meeira nos bens, marcava uma data próxima para a abolição de seus escravos que poderia ser antecipada, no caso do seu falecimento. Contudo, a Lei Áurea o surpreendeu.

As atitudes do visconde de Ubá no final de sua vida demonstram que possuía certa visão do momento político e econômico pelo qual passava o Brasil. Enquanto o barão de Capivary cumpriu a importante função de multiplicador da riqueza e da fortuna familiares, seu filho soube como mantê-las. Converteu a maioria de seus investimentos em espécie e títulos da dívida pública e buscou aproveitar, ao máximo, os negócios do café e o trabalho cativo enquanto os caminhos definitivos da abolição ainda não haviam sido traçados. Seus investimentos em tecnologia e trabalho por jornada, na década de 1870, corroboram esta afirmativa. A decisão de alforriar escravos, ao final de 1889, também deve ser entendida nesse sentido, acrescida da esperança de que, se alforriados, eles se mantivessem fiéis aos ex-senhores. As palavras de sua filha Luiza ao irmão José Maria, que estudava em Pernambuco, demonstram receio quanto ao crescimento do movimento abolicionista nos últimos anos, no entanto, não denotam preocupação com grandes perdas financeiras.

> Petrópolis, 22 de maio de 1884.
>
> ... Nós aqui vamos com saúde, somente o Quincas da Júlia tem estado doentinho, porém não é caso desesperado. ... Vejo o que você me diz sobre as muitas sociedades abolicionistas, penso que término está para breve e cada vez estamos mais sobre um vulcão. Seja o que Deus quiser. Como seu pai não deve nada, nos acomodamos melhor e nos resignamos à sorte do país e de todos.
>
> Lulu.[40]

O título de visconde, com grandeza, conquistado em 1887, veio coroar o prestígio da família Ribeiro de Avellar e da casa do Pau Grande. Sua primogênita Maria José, baronesa de Muritiba, era dama de companhia e amiga pessoal da princesa Isabel, tendo partido junto com a família imperial para o exílio, em 1889. A proximidade do círculo dos imperiais foi adquirida através das influências dos sogros, mas também cuidadosamente cultivada pelo casal Mariana e Joaquim. Além de manter moradias na corte e em Petrópolis, Joaquim Ribeiro integrou a comissão para angariar fundos e cuidar das obras de construção da Igreja Matriz e foi sócio fundador do Asilo Santa Isabel, ambos em Petrópolis.[41] Seu filho Antônio Ribeiro Velho de Avellar, bacharel em direito, sucederia o pai na administração da fazenda, tendo consolidado importante cabedal político ocupando os cargos de promotor e juiz de direito na comarca do município de Paraíba do Sul, além de ser presidente da Câmara de Vassouras, deputado estadual e vice-presidente do Estado do Rio de Janeiro. Com exceção do filho caçula Joaquim, que se casou com a prima Mariana de Albuquerque, e de Antônio Ribeiro, que morreu solteiro, todas as filhas do visconde e da viscondessa de Ubá consolidaram matrimônios entre famílias abastadas do Império.

Ao testar, preocupou-se em deixar sua fortuna organizada de modo a não criar disputa entre os herdeiros e manter a família unida. No entanto, certamente houve uma queda no patrimônio, se comparado àquele que lhe foi transmitido. Contudo, o estudo do núcleo familiar Ribeiro de Avellar vem demonstrar que a decadência financeira descrita, pela historiografia clássica, como característica de toda a classe senhorial do vale do Paraíba fluminense nos anos 1870, não deve ser generalizada. Esta pesquisa revela que alternativas pessoais de investimento foram capazes de escrever outras histórias. Apesar de ainda ser considerado um homem rico – seus beneficiados eram seis: três filhas, dois filhos e um neto, o que determinava uma grande divisão do monte-mor, descontado o benefício da terça que coube à esposa, Mariana Velho Ribeiro de Avellar –, a maior herança que sua fortuna possibilitou aos filhos foi, sem dúvida, prestígio social, educação, instrução, bons relacionamentos e bons casamentos. Uma herança imaterial que lhes garantiu acesso a profissões liberais, atividades políticas e a continuidade no reduzido grupo das *melhores famílias*.[42]

PARTE III

Múltiplas Temporalidades em Família

Álbuns familiares.

8

Fotografia e memória na coleção Ribeiro de Avellar

> Nenhum grupo social tem a sua perenidade assegurada, há que se trabalhar neste sentido...[1]

A julgar pela quantidade de correspondências, fotografias e livros de anotações que sobreviveram ao tempo, não seria mera aventura dizer que a tarefa de tornar as memórias das casas Ribeiro de Avellar e Velho da Silva perenes foi realizada com sucesso. Se, por um lado, o casamento de Mariana e Joaquim foi pensado como uma forma de dar novo fôlego ao ciclo de vida familiar, unindo riqueza e prestígio em uma só parentela, por outro, a sra. Velho de Avellar soube desempenhar com maestria o papel de guardiã de uma dada memória familiar para as gerações futuras, produzindo, selecionando, organizando e investindo de afeto cartas, retratos e cadernos de anotações. *Documentos* que se tornam *monumentos*[2] à medida que revelam valores e comportamentos que possibilitam recuperar não só um habitus de grupo, mas também as formas de representação social que atuaram como elemento de coesão interna – no âmbito da família e da parentela – e externa – no seio da classe senhorial ao qual este grupo pertencia.[3]

Mariana Velho de Avellar, futura viscondessa de Ubá, trazia no sobrenome, passado a seus filhos, a aliança entre duas casas de renome. A documentação selecionada por ela para ser guardada demonstra uma preocupação de que os laços afetivos e de solidariedade fossem estendidos no interior da nova parentela, ampliada com sua aliança matrimonial. Tal afirmação pode ser comprovada não só pela prática da troca e circulação de retratos entre os novos e velhos parentes, mas também pela forma com que os agentes se relacionavam nas cartas, sempre pontuadas de gentilezas, recomendações e sentimentalidades enviadas por diferentes membros e não apenas pelos remetentes. No entanto, seu esforço não se resumiu a isso.

Uma análise da composição de seus guardados revela que comportavam cartas particulares do sogro (recebidas de Domingos Alves, amigos e parentes), correspondências de cunho pessoal recebidas de seus pais, parentes e filhos, além das que enviara aos progenitores e ao filho José Maria, todas recuperadas após o falecimento dos mesmos. Tal aspecto demonstra uma preocupação de resgatar pertences pessoais de familiares com o intuito de impedir que a própria memória do grupo fosse perdida. Portanto, a forma com que, pessoalmente, Mariana arquitetou e construiu sua coleção revela uma intenção de manter reunidos diferentes registros que se entrelaçam pelo fio do tempo familiar.

Nesta última parte do livro, pretendo discutir transversalmente o papel da documentação íntima na construção de uma dada memória familiar, mas também na composição de um habitus de família compartilhado pela classe senhorial oitocentista. Dessa forma, cabe pensar como o registro visual e o escrito estabeleciam um diálogo de valores e intenções. Que novos indícios o registro fotográfico, quando analisado enquanto produto cultural, fruto de trabalho social de produção sígnica, pode fornecer para a análise histórica?* De que maneira a fotografia pode servir como suporte para avaliar os códigos de representação das esferas pública e privada? Ou seja, em última instância, cabe compreender como os diferentes discursos nos revelam as formas de ser e agir da sociedade oitocentista e explicar em que medida essa experiência social configura o quadro de uma cultura que se orienta segundo um certo habitus aristocrático.

A fotografia foi, sem dúvida, uma forma privilegiada de representação da sociedade oitocentista. Suas principais expressões eram o retrato e as vistas, que delinearam um amplo circuito social dessa arte na corte do Rio de Janeiro durante a segunda metade do século XIX. As imagens de vistas, pautadas numa lógica cultural ocidental, oscilaram entre o ideal de cultura que tinha como cânone maior a civilização européia, especialmente a França, e a noção de natureza pródiga, exuberante.[4] O Rio de Janeiro, capital do Império, foi registrado a partir dessas duas visões distintas, ora complementares, ora controversas, mas que delimitaram um certo olhar sobre o espaço público carioca.

Muito embora a fotografia se diferencie da pintura na própria essência, é inegável que estava, neste momento, bastante atrelada à estética romântica e aos cânones do paisagismo europeu.[5] Contudo, não deixou de registrar, mesmo que de forma acidental, elementos próprios da sede da monarquia nos trópicos, como o trabalho escravo, a sujeira das ruas, o comércio ambulante,

* Na análise do registro fotográfico é preciso que se considere que "toda a produção da mensagem fotográfica está associada aos meios técnicos de produção cultural. Dentro desta perspectiva, a fotografia pode, por um lado, contribuir para a veiculação de novos comportamentos e representações da classe que possui o controle de tais meios e, por outro, atuar como eficiente meio de controle social, através da educação do olhar". A.M. Mauad, "Através da imagem...", in *Revista Tempo*, p.73-98.

carroças e outros objetos rústicos que dividiram o espaço fotográfico com bondes modernos, prédios neoclássicos, praças e passeios públicos, marcas de uma influência européia entendida como símbolo de progresso. As imagens de vistas e panoramas foram amplamente divulgadas nas exposições universais e contribuíram para uma educação do olhar, nacional e estrangeiro, em relação ao Império. A grande circulação do registro fotográfico nesses eventos internacionais justifica sua inclusão como um espaço privilegiado do circuito social da fotografia oitocentista.

A outra forma de expressão da fotografia no século XIX – o retrato – será utilizada, ao longo desta terceira parte, como fonte para a análise dos papéis sociais desempenhados tanto no interior do núcleo Ribeiro de Avellar quanto no tocante à restrita classe senhorial da qual fazia parte. Assim, me proponho a perseguir o fio histórico tecido entre os componentes desta família, em particular, através de diversificado material de cunho pessoal. Contudo, no caso dos retratos fotográficos, a denominação "pessoal" não é sinônima de "privado", pois, assim como as imagens de vistas, essas fotografias conquistaram uma ampla circulação social. Além de preencherem os álbuns de família, cada vez mais em moda a partir dos anos 1850, as fotos também eram trocadas entre parentes e amigos ou enviadas por carta para destinatários distantes: "receberás quase ao mesmo tempo uma cartinha do meu querido Luis mandando-te o retrato dele."[6]

O primeiro fundamento do retrato fotográfico oitocentista é, sem dúvida nenhuma, a pose. As limitações técnicas que exigiam a imobilidade do fotografado diante da lente de um profissional, potencializadas pelas exigências de cunho social e cultural, faziam com que, como afirmou Maria Inês Turazzi, o *tempo de exposição* se tornasse também um *tempo social* "necessário para que o indivíduo representasse o seu papel num determinado cenário, onde a composição desse espaço e a captação desse momento eram atributos especiais do fotógrafo".[7] Portanto, ao contratar os serviços de um estúdio fotográfico, o cliente se dirigia para o salão da pose, onde ocorreria um verdadeiro ritual simbólico. Objetos, roupas, adereços, apoiadores, cenários, posição, intenção, ângulo, tudo era minuciosamente calculado objetivando captar determinados estilo de vida e padrão de sociabilidade condizentes com os novos valores de classe que se pretendia instituir e perpetuar.[8]

No entanto, a relevância que a fotografia adquiriu entre a boa sociedade imperial não se restringiu ao âmbito de sua produção pura e simples. Não bastava a mise-en-scène no momento da foto. O consumo, a circulação e os atributos para a leitura visual dessas imagens também eram de fundamental importância. A invenção das *cartes de visite*, no início da década de 1850, desencadeou um barateamento do preço das fotografias, através da produção de quatro ou oito imagens de uma só vez.[9] A partir de então, houve um aumento da demanda social por fotos e o hábito da troca de retratos entre os parentes e amigos mais chegados passou a ser recorrente para o fortalecimento das reciprocidades e laços de amizade e compadrio. A grande incidência de *cartes de visite* iguais, encontradas tanto em álbuns quanto avulsas nos guardados da viscondessa, demonstra a larga produção de imagens dessa família, a ponto de, muitas vezes, nem chegarem a ser distribuídas.

Rapidamente os versos das imagens também se apresentaram como veículos de hierarquização. As assinaturas de profissionais condecorados por d. Pedro II com o título de Photographo da Casa Imperial, bem como daqueles premiados nas exposições nacionais e internacionais, passaram a contar como mais um recurso de diferenciação e prestígio social. A prática do troca-troca de retratos acabou por lançar a moda do colecionismo,* constituindo-se, portanto, em um importante meio de socialização e de manutenção de reciprocidades numa sociedade de maioria iletrada. Os álbuns de família possuíam diferentes tamanhos, cores, tipos de revestimento e vinham com ranhuras em tamanhos específicos para facilitar o encaixe das fotos. Os mais elaborados eram adornados com bordas douradas, desenhos policromados e até tocavam música ao serem abertos. Expostos nas mesas das salas de estar das casas das melhores famílias, eram folheados e vistos pelos familiares, amigos e outros curiosos que tivessem acesso à casa. Dentre os pertencentes ao casal Ribeiro de Avellar foram encontrados dois grandes álbuns com forração de couro e monograma em prata e outros dois em madeira repletos de detalhes, além de 69 fotografias avulsas, totalizando 231 imagens. No século XIX, a sociedade européia e a brasileira, esta de forma periférica, vivenciaram cada uma a seu tempo e maneira um conjunto de transformações ligadas ao modelo capitalista de produção. Nessa nova configuração, a concepção individualista do mundo foi fundada de forma definitiva.** O sujeito moderno se viu cada vez mais desvinculado

---

* Em última instância, ao se trocarem fotografias, instituía-se um ato que contribuía para construir e reafirmar um senso de identidade, um habitus social de grupo, através do discurso visual. Nesse sentido, a fotografia é uma representação do real composta por signos convencionados e compartilhados culturalmente. Sua interpretação "demanda de outros textos que a precedem, ou que com ela concorrem, para a produção da textualidade de uma época", no sentido de levantar a cultura histórica institucionalizadora dos códigos de representação que conformaram as imagens fotográficas. A.M. Mauad (org.), "Ver e conhecer: o uso da fotografia", in *Anais do Museu Histórico Nacional*, p.12.

** O ingresso na modernidade despertou uma gramática de novos sentimentos. Tal experiência foi amplamente narrada pela literatura oitocentista. Vários escritores descreveram a multidão nas grandes metrópoles do século XIX. Baudelaire em Paris; Edgard Allan Poe, Dickens e Engels em Londres. Todos recorrentemente se dispuseram a relatar a vivência do *flâneur*, onde, já transformado em indivíduo, o homem se mistura na imensa massa de passantes, experimentando, assim, ao mesmo tempo, inúmeras sensações (liberdade, prazer, pavor, diluição) de pertencimento e não-pertencimento a um coletivo. M. Berman, *Tudo que é sólido desmancha no ar...*

de coletivos que, anteriormente, o identificavam, tais como clã e família. No capitalismo, são os homens enquanto indivíduos que produzem os bens, se relacionam entre si e constituem sociedades. O indivíduo se torna o ponto de partida e a sociedade passa a ser vista como seu conjunto. Nesse contexto, a invenção da fotografia, em fins da década de 1830, pode ser entendida como resposta à necessidade do homem de dar expressão a sua individualidade num mundo em transformação.

Desde o princípio, portanto, a imagem fotográfica se funda como uma "imagem de consumo", envolvida num circuito comercial ditado pela lógica do mercado. Seu principal consumidor foi o "homem moderno", na sua incessante busca por identidades. Nesse sentido, a fotografia se torna também uma forma de "escrita de si" que, assim como a correspondência, permitia a elaboração de memórias e identidades, individuais e coletivas.[10] Apesar do seu caráter não-verbal, o retrato fotográfico oitocentista possuía um referencial autobiográfico, definindo-se, assim, como lugar de memória. O ato fotográfico era um momento de negociação entre o biografado (retratado) e o biógrafo (retratista), que detinha os conhecimentos técnicos e artísticos para transformar em realidade revelada sobre o papel emulsionado o tipo de representação social desejado por seu cliente. A escolha da pose a ser perenizada no tempo era, portanto, realizada pelos dois sujeitos históricos envolvidos na cena fotográfica: retratado e retratista.

Se na Europa a invenção e disseminação da imagem fotográfica estiveram ligadas à ascensão da sociedade burguesa, ao nascimento do indivíduo moderno e à consolidação de um modo de produção capitalista, no Brasil essa realidade não se verificou. No âmbito privado, na intimidade das casas da classe senhorial, os valores da civilização européia passavam por um processo de ressignificação que buscava conciliar modernidade e ideal aristocrático, liberalismo e escravidão, indivíduo e família patriarcal. Reproduzia-se, assim, uma estratégia pública, utilizada pelo próprio Estado imperial, que procurou manter uma negociação constante, cotidiana das fronteiras no tocante à escravidão, cidadania e estado de direito.[11] A família oitocentista sobreviveu enquanto cânone fundador que conjugava patrimônio, riqueza, parentela e valores patriarcais. Contudo, se viu exposta às novas influências do individualismo, do romantismo e do discurso médico-científico. Da mistura entre esses novos e velhos sentidos surge o que é próprio do Brasil oitocentista.

O modo como essas disputas são negociadas no interior do núcleo Ribeiro de Avellar é o que me proponho a analisar nos capítulos que se seguem, através da recuperação de um *tempo privado da intimidade doméstica* e de um *tempo social* próprios a esta família. Essas temporalidades serão pensadas à luz do cruzamento entre as imagens fotográficas, as cartas íntimas e outros documentos familiares com o intuito de tecer uma trama intertextual de informações que possibilite analisar o conjunto de relações familiares e sociais vivenciadas pelo núcleo familiar em questão e compartilhadas por outros membros da classe senhorial na qual estavam inseridos.* Dessa forma, é possível entrever as relações entre o visível e o invisível nas imagens, o dizível e o indizível na escrita epistolar e oficial.

* A fotografia possui um duplo aspecto, pois, ao mesmo tempo em que informa sobre o mundo, conforma uma dada visão do mundo. Para que se possa analisar a mensagem visual em seu duplo aspecto é preciso conhecer a sociedade que a produziu, considerando outras fontes, visuais e não-visuais, que compõem a *textualidade* de uma época, além do próprio circuito social em que a imagem fotográfica estava inserida. A.M. Mauad (org.), "Ver e conhecer: o uso da fotografia", op.cit., p.12. Sobre intertextualidade, ver também: T.B. de M. Ulpiano, "Fontes visuais, cultura visual, história visual...", in *Revista Brasileira de História*, p.24.

9

O governo da casa

Minha querida filha,

Já estávamos muito cuidadosos e ansiosos pela falta das tuas notícias, e já estávamos fazendo tenção de lá mandar uma pessoa em busca de notícias até que finalmente chegou o teu portador. ... *Mandei limpar e arranjar a casa para receber o teu primo José Gomes e o Virgilio foi hoje para lá esperá-lo porque me disse que eram essas as tuas ordens.*

Como fiquei quando me apartei de ti. Só Deus e os meus companheiros de casa souberam porque foram testemunhas. Porém, não falo em saudades jamais em cartas minhas para ti. Lembrada deves estar que em uma carta daí de abril me pediste que eu não falasse em saudades, privação esta que muito corta no coração de uma mãe. Porém, o que não fará uma mãe extremosa por uma filha que preza? A imperatriz com quem ontem estive te manda muitas saudades, a Maria Cândida e todas as outras senhoras.

Muito estimo que passem todas por lá muito bem e adeus.

Sua mãe muito extremosa,

Leonarda.[1]

Assim que contraíram matrimônio, em 17 de novembro de 1849, Joaquim Ribeiro de Avellar Jr. e sua esposa, Mariana Velho de Avellar, ficaram morando no bairro de Botafogo. Ao que tudo indica, permaneceram residindo ali durante os primeiros anos de vida em comum. Seus quatro primeiros filhos, Joaquim, Maria José, Mariana e o segundo Joaquim – nascidos em 1º de setembro de 1850, 7 de agosto de 1851, 8 de outubro de 1852 e 14 de setembro de 1854, respectivamente –, eram naturais na corte.* Elisa, a quinta filha do casal, nasceu na cidade de Petrópolis, em 10 de setembro de 1855. A partir de

* Das quatro crianças citadas, somente Maria José Velho de Avellar, futura baronesa de Muritiba, sobreviveu à primeira infância e chegou à idade adulta. O primogênito Joaquim faleceu, em 23 de novembro de 1850, de moléstia no fígado; Mariana morreu antes de completar dois meses, em 30 de junho de 1854; e o segundo Joaquim foi acometido de crise convulsiva em 6 de março de 1856, com um ano e meio, segundo carta deixada pela própria sra. Avellar com o histórico de nascimento e morte de todos os seus 12 filhos.

então, todos os outros herdeiros – Luiza, Júlia, Antônio Ribeiro, José Maria e Joaquim – vieram ao mundo nas terras do Pau Grande, com exceção de Josephina e da segunda Elisa, que também eram da capital.*

Os lugares de nascimento e batismo dos filhos são uma pista interessante para a análise dos locais de moradia e da trajetória matrimonial de Mariana e Joaquim Ribeiro de Avellar Jr. Na verdade, o que desejo perscrutar através destes e de outros dados é quando Mariana Velho da Silva assumiu a responsabilidade pelo governo da casa, não somente no sentido de sua gestão, mas também em relação ao controle do tempo privado e da administração doméstica familiar.

Durante os primeiros anos de casados, enquanto José Maria Velho da Silva ainda prestava serviço no Paço como mordomo-mor da Casa Imperial, o casal Ribeiro de Avellar passava longas temporadas em sua residência no Rio de Janeiro. Financiados pelos negócios paternos ligados ao café em expansão, eles puderam se manter confortavelmente na capital, usufruindo uma vida ligada à etiqueta da corte e freqüentando eventos sociais nos quais a família Velho da Silva tinha boa circulação. Ainda bastante atrelados às teias da família extensa, em pouco tempo os recém-casados foram apresentados à boa sociedade e conseguiram consolidar importantes relações, como fica explicitado em passagens freqüentes das epístolas: "O visconde e a viscondessa lhe perguntam sempre por notícias tuas, de teu marido e meninas"[2]; "... A imperatriz, d. Josefina e Maria Cândida te mandaram muitas saudades. ... Fui ver a Bambina, a qual achei muito boa, muito animada, um pouco mais gorda, e me perguntou por ti com muito interesse, e me pediu de dar-te muitas saudades."[3]

Os primeiros filhos nasceram próximos à família materna, num ambiente já conhecido por Mariana e servido por uma escravaria doméstica, certamente orientada por d. Leonarda. A preferência pela cidade do Rio de Janeiro talvez também possa ser explicada pela disponibilidade de médicos de confiança da família Velho da Silva, num período em que o discurso médico-científico e a institucionalização da profissão estavam em ascensão no Império. Não há dados objetivos que confirmem essa suposição para as ocasiões dos partos. Entretanto, no tocante a outras situações, há cartas e recibos de pagamento que demonstram que era hábito de ambas as famílias recorrer a um médico profissional, sendo alguns deles amigos bastante chegados, como o dr. Meirelhes e o dr. Souza Fontes, cujo filho acabou desposando Elisa, filha caçula de Mariana e Joaquim.

---

* As datas de nascimento dos outros sete filhos são: Luiza (9 de janeiro de 1857); Júlia (14 de março de 1858); Antônio Ribeiro (10 de maio de 1859); Josephina (24 de outubro de 1860); José Maria (10 de agosto de 1863); Elisa (13 de novembro de 1867); e Joaquim (29 de fevereiro de 1872).

As cerimônias de batismo dos quatro mais velhos foram realizadas na capela da residência dos avós, localizada na imperial Quinta da Boa Vista, onde Mariana e Joaquim haviam contraído núpcias. Entretanto, mesmo nos primeiros anos de casamento, foi necessário se dividir entre a demanda social da capital e os negócios da fazenda Pau Grande, localizada na província, comarca de Paty do Alferes. O estudo dos espaços territoriais habitados pelos agentes históricos aqui estudados demonstra que, entre 1853 e 1860, Mariana e Joaquim Ribeiro de Avellar Jr. tenderam a passar os primeiros meses do ano, até abril e maio, na fazenda, o que coincidia com os períodos da segunda carpa do terreno e da colheita do café. Tal indício aponta para o fato de que Joaquim já possuía responsabilidades na administração da fazenda paterna, contudo não o comando dos negócios. Ao contrário, os meses de outubro a novembro – geralmente destinados à preparação do solo e plantio – foram de longas estadas do casal na corte. Esses ritmos familiares se interligam aos tempos da produção nas fazendas e apontam a constante movimentação como uma marca da família Ribeiro de Avellar.*

A quinta filha do casal, a menina Elisa, foi a primeira a nascer fora da corte. Menos de um mês após o parto, ocorrido em Petrópolis, Mariana Velho de Avellar se retirou com a família para a fazenda Pau Grande. Em correspondência datada de 4 de outubro de 1855, d. Leonarda comenta que a epidemia de varíola grassava no Rio de Janeiro, tendo sido este, certamente, um dos motivos para o afastamento da capital: "Graças a Deus que estás livre de baldeações e de viagens. Entre gente cristã e sossegada, vós estareis acomodada e livre dos sustos porque felizmente está visto que a *bixa* se intervém pelas planícies."[4] A partir de então, todos os filhos nascidos e batizados foram dados à luz na casa-grande da fazenda e consagrados em sua capela. Tal aspecto aponta para uma maior permanência do casal na província, pelo menos a partir de 1855. Entretanto, para que uma afirmação mais precisa seja feita, outros aspectos devem ser considerados.

Na correspondência que abre este capítulo, datada de 1853, d. Leonarda apresentou algumas pistas importantes para que se possa desvendar essa questão da moradia. Primeiramente, avisou a Mariana que sua casa já estava preparada para receber o primo José Gomes Ribeiro de Avellar e que o

* Hebe Mattos afirma que o recurso à mobilidade social era comum entre os homens livres ricos e pobres da sociedade imperial, pois se fundava no pleno exercício do direito à liberdade. A hierarquização entre eles era feita, principalmente, através da propriedade de terras e de homens que possibilitava a poucos o "não-trabalho". H.M. Mattos, *Das cores do silêncio*... No caso dos Ribeiro de Avellar, a constante migração sofre uma desaceleração quando o casal entrega a casa do Rio de Janeiro, em 1858. No entanto, o processo se reinicia com o aluguel de uma outra casa, em Petrópolis (1860), e as compras das residências de Petrópolis (1863) e da corte (1870).

escravo Virgílio havia se dirigido para lá a fim de acomodá-lo e obedecer às ordens dadas. Em carta subseqüente, o conselheiro José Maria dá notícias de seu hóspede: "Estou aqui hoje passando revista nos seus papéis para achar alguns meus que estavam em seu poder. ... José Gomes pouco tem parado na sua casa e nem todas as noites lá fica."[5] Nesta passagem, fica claro que os pais de Mariana possuíam a chave da residência alugada, para qualquer eventualidade, e que a mesma ficava fechada por longos períodos – pelo menos a partir de 1853 –, sendo aberta para receber amigos e parentes em passagem pela corte ou quando a família descia a serra para temporadas.

A análise serial das epístolas também aponta que os primeiros escritos são datados de 1853. Se, por um lado, tal constatação pode ser mera coincidência, tendo em vista que muitas cartas não resistiram ao tempo, por outro talvez seja uma evidência da maior permanência de Mariana e Joaquim na fazenda. Sobretudo porque a troca regular de correspondências só se faz necessária pela distância entre as partes envolvidas, como fica claro no conteúdo das mesmas.

Ao juntar essas evidências com uma análise do conteúdo das cartas colocadas em seqüência temporal, percebe-se que o tom saudosista e melancólico de d. Leonarda é bem forte nos primeiros anos (como no exemplo que abre o capítulo) e vai se apaziguando posteriormente, retornando com grande força em ocasiões específicas, como a morte do conselheiro José Maria Velho da Silva, barão de Capivary, ou dos filhos que Mariana e Joaquim perderam nos primeiros anos de vida. As constantes lamentações da mãe pela falta da filha eram tão freqüentes que Mariana chegou a escrever-lhe pedindo que não o fizesse. Tal forma de expressar os sentimentos demarca longas ausências da primogênita que só foram experimentadas por d. Leonarda a partir do momento em que Mariana começou a residir na fazenda por temporadas maiores. No entanto, a residência na corte ainda seria mantida durante mais algum tempo.

Na contabilidade de Domingos Alves da Silva Porto para os anos 1857-58, foram lançados e descontados da receita do barão de Capivary valores referentes aos aluguéis de uma casa para Joaquim Ribeiro de Avellar Jr. na corte. A análise das epístolas confirma a prática de visitar a capital, pelo menos uma ou duas vezes ao ano: "nas tuas cartas ... me vai falando na vinda e peço a Deus que não sobrevenha a nenhum transtorno. Mais ainda me alegra a notícia que me dás de vires aqui logo que desembarques, porque aqui está na sua própria casa."[6] Com essas doces linhas, o casal Velho da Silva aguardava com ansiedade a filha, o genro e os netos. Enquanto os ilustres visitantes aproveitavam para realimentar os laços de parentesco e amizade, buscavam freqüentar o que de mais moderno havia na corte: lojas, cafés, espetáculos teatrais, óperas, estúdios fotográficos, gelaterias, saraus, livrarias, entre outras vitrines da civilização.

Outros aspectos, no entanto, contribuíram para que, por algum tempo, as idas da família à capital se tornassem mais raras, o que justificaria a futura rescisão do contrato de aluguel, em 1858. Em 1853, o barão de Capivary foi acometido de grave doença e ficou acamado: "muito sinto o estado em que me dizes que está teu sogro, magro e abatido, e desejo muito sucesso amanhã, que melhore de saúde e de forças para viver muitos anos."[7] Sua melhora só foi sentida em abril do ano seguinte. O estado de saúde dos parentes figurava como um dos assuntos mais freqüentes das séries epistolares aqui analisadas. No entanto, não era somente o barão que inspirava cuidados. Todos os sócios da fazenda já se encontravam em idade avançada, nas décadas de 1840-50. Tia Ana Angélica, por exemplo, já havia falecido em 25 de fevereiro de 1848, aos 64 anos, deixando seus bens ao irmão barão. A outra irmã, Mariana Luiza da Glória, doente, testou sua quinta parte da fazenda Pau Grande ao sobrinho Joaquim Ribeiro de Avellar Jr., que, após a morte daquela, passou a constar como sócio, juntamente com outra tia, Maria Angélica.*

Tanto a análise das localidades de nascimento e batismo dos filhos quanto as avaliações serial e individual das cartas apontam os primeiros anos da década de 1950 como um divisor de águas para Joaquim Ribeiro de Avellar Jr. e sua família. Provavelmente, a maior permanência na fazenda se deu a partir de 1853, quando as cartas de d. Leonarda tomaram um tom mais saudosista e o barão de Capivary foi acometido por doença grave, necessitando do filho para comandar de perto os negócios. Nessa chave interpretativa, o nascimento do filho Joaquim no Rio de Janeiro, em 1854, se explicaria por uma vontade de ficar próxima de d. Leonarda, dos recursos médicos e da estrutura doméstica mais intimista que a casa materna podia lhe proporcionar. Todavia, o aumento gradual da prole, a herança recebida da tia, que colocava o marido como um dos sócios do Pau Grande, e as novas responsabilidades com a fazenda, devido ao estado de saúde frágil do patriarca, demarcaram a maior fixação do casal no espaço rural. A segunda metade da década de 1850 foi marcada pela menor assiduidade das viagens. Tal costume familiar seria

* Aqui estou supondo que d. Mariana Luiza da Glória tenha falecido entre os anos de 1848 e 1854, pois o seu inventário não foi localizado. É possível saber que, em março de 1848, ainda estava viva e já possuía testamento, porque assinou um documento particular no qual vendia três escravas ao irmão. No entanto, é interessante destacar que Mariana Luiza é a única parenta que não foi citada em nenhuma das cartas analisadas, a não ser uma única vez, em fevereiro de 1854, aliás, de modo bastante indefinido. De qualquer forma, no inventário do barão de Capivary, datado de 20.2.1863, este afirma que sua irmã Mariana havia deixado sua parte na fazenda ao filho. E, na contabilidade de Domingos Alves da Silva para os anos de 1857 e 1858, anexada a seu inventário, Joaquim Ribeiro de Avellar Jr. já aparecia como fazendeiro independente do pai, possuindo conta e rendimentos próprios. Tal constatação me faz supor que, antes de 1857, Joaquim Ribeiro de Avellar Jr. já havia herdado as terras da tia Mariana Luiza.

retomado a partir de dezembro de 1860, quando os Ribeiro de Avellar alugaram e depois compraram uma casa em Petrópolis. Alguns anos mais tarde, seria a vez da corte.

O retorno de Joaquim Ribeiro de Avellar Jr. à província acabou por significar a conquista de uma certa autonomia em relação aos negócios paternos, já que passou a vigorar como um dos sócios da fazenda, possuindo, inclusive, contabilidades de débito e crédito próprias com o comissário Domingos Alves da Silva Porto. A presença mais definitiva na região também foi sinalizada por sua ascensão a comandante do 23º Batalhão da Guarda Nacional em Vassouras. A nova posição, alcançada em 1855, trazia-lhe maior ascendência política e militar na região. Nessa nova etapa, o casal mostrava-se, de certa forma, mais independente da família extensa, ainda que a tutela paterna se estendesse até a década de 1860. No entanto, a figura central no agenciamento da fortuna, riqueza e cabedal político familiar, responsabilidades ligadas ao universo masculino por excelência, continuaria sendo o barão de Capivary, até a sua morte.[8]

Com Mariana Velho de Avellar não foi diferente. Mesmo já tendo experimentado o casamento e a maternidade, etapas bastante significativas na vida da mulher oitocentista, o estabelecimento na fazenda Pau Grande de forma mais definitiva assinalou uma nova fase marcada por uma convivência direta com a família extensa à qual havia se filiado e, ao mesmo tempo, mais afastada da influência cotidiana da mãe. Entretanto, assim como o marido, nos primeiros anos atuou de forma coadjuvante na administração doméstica até o falecimento da sócia d. Maria Angélica, no mesmo ano do barão, em 1863. A partir de então, exerceu o "governo da casa" como figura feminina principal, controlando o tempo privado da intimidade familiar e conduzindo a administração doméstica.

Desde sua mudança para a província, Mariana Velho de Avellar, educada na corte com as maiores minúcias de etiqueta e comportamento, fez questão de introduzir na fazenda todo o requinte e conforto experimentados pelas melhores famílias do Paço, das quais fazia parte. Sob sua direção foram encomendados móveis, tapetes, roupas de cama, mesa e banho, louças, pratarias, objetos de asseio, conjuntos de chá da Companhia das Índias e um aquecedor francês com chaminé articulada para as noites frias. Sua vasta coleção de fotografias demonstra como mantinha boas relações na corte, tendo inclusive retratos da princesa Isabel e do conde D'Eu dedicados a ela e ao marido, além de outros membros da nobreza, como o marquês de Itanhaém e esposa, a baronesa de Ourém, a baronesa de Fonseca Costa e familiares do visconde de Pirassununga. Como forma de se manter atualizada com os códigos de comportamento e o habitus da corte, se aconselhava com a mãe ao se preparar para algum evento, consumia revistas femininas e, pelo menos uma vez por ano, viajava para o Rio de Janeiro e Petrópolis, onde freqüentava renomados estúdios de fotografia, lojas, teatros e cafés, mantendo a triangulação entre estas cidades, consideradas pólos da civilização, e a província, onde passou a habitar a maior parte do tempo.

A senhora do universo doméstico

Assim se seguiu mais uma geração na casa do Pau Grande... Como esta nova fase de vida particular e familiar foi vivenciada por Mariana Velho de Avellar? Para responder a esta pergunta, primeiramente é preciso apontar que, devido à própria mise-en-scène que fundava o ato fotográfico no século XIX, inexistem fotografias que orientem uma descrição do cotidiano oitocentista na sua esfera íntima. Em virtude das limitações técnicas, as fotografias de interiores eram muito raras, ficando circunscritas às residências dos imperiais ou de famílias muito abastadas, onde era comum o enfoque do luxo e do requinte do mobiliário.

O vai-e-vem de mucamas, o trato com os escravos, os serviços domésticos, o abastecimento da casa-grande, o cotidiano infantil, as relações humanas entre livres e escravos, o dia-a-dia da família, estas são imagens que não foram eternizadas pelas lentes dos fotógrafos. Por conseguinte, nosso imaginário sobre essa face da temporalidade doméstica oitocentista é pautado por pinturas e gravuras de artistas que auxiliam na sintonia com uma dada sensibilidade coletiva compartilhada socialmente. Contudo, diferentemente da pintura aristocrática, onde o artista tinha um contato direto e uma relação pessoal com o mecenas e/ou comprador de sua obra, a fotografia, desde o seu nascimento, aparece envolvida numa produção e comercialização ditadas pela lógica do mercado.

Após assumir a responsabilidade pelo governo da casa, Mariana Velho de Avellar se apresentava senhora desse universo doméstico da fazenda. As cartas revelam um cotidiano repleto de estratégias de sociabilidade e convivência, num ambiente permeado pela diferença social enraizada na instituição da escravidão. Nesse aspecto, alguns pontos, diretamente ligados ao bom funcionamento da casa, ao ordenamento do tempo familiar e à administração do cotidiano doméstico, devem ser considerados. Seu lugar no interior da família e da sociedade estava diretamente relacionado à destreza com que desempenhasse as funções ligadas ao governo da casa.

No trato com a escravaria doméstica, por exemplo, a sra. Ribeiro de Avellar manteve a missão de apurar os serviços:[9] os "escravos de dentro" mais antigos e portadores de alguma especialidade de trabalho eram os mais freqüentemente emprestados pela casa dos Velho da Silva aos Ribeiro de Avellar, em Petrópolis ou na fazenda: "Deus e Nossa Senhora lhe darão alívios e tudo quanto deseja, minha boa mãe, pelo bem e alívio que me deu emprestando-me a sua grande escrava que, quando se comporta bem, não há dinheiro que pague."[10] Os pedidos de empréstimo apontavam a valorização do "bom escravo" aos olhos do senhor e sua importância como peça fundamental para o perfeito funcionamento do cotidiano doméstico. Infelizmente, os agentes que desfiam a narrativa aqui disponibilizada estavam pouco ou nada interessados em relatar as formas de reação dos escravos, não somente em relação às trocas provisórias, mas também aos empréstimos mais duradouros ou outras situações que atingissem em cheio suas vidas. Nenhum relato de desobediência da escravaria doméstica foi encontrado nas cartas.

O fluxo contrário também ocorria e os acertos eram tratados por Mariana, principalmente no que se referia aos cativos para serviços pesados e amas-de-leite. No primeiro caso não havia necessidade de grandes especificidades e sim de força física. No segundo, as exigências eram bem maiores e podiam ser preenchidas, sobretudo devido à grande escravaria da fazenda, que aumentava a probabilidade de haver uma escrava nas condições de gravidez requeridas: "Mamãe me fará muito favor dizer ao Juca que ... lhe ofereço Felisberta, que já me criou duas filhas, é o contrário de Bernarda quanto à boa casa, mas é muito cuidadosa e limpa, só é mais senil, o que julgo é que está mais atrasada do que Carolina."[11]

Sem dúvida, o treinamento e o trato com os "escravos de dentro" estavam entre as tarefas que mais tomavam tempo no cotidiano doméstico, tanto de Mariana quanto de sua mãe. Entretanto, por se tratarem de compromissos diários, só aparecem narrados nas cartas em ocasiões que fugiam à regularidade esperada, tais como os pedidos de empréstimos, doenças ou algum contratempo. Em uma de suas longas estadas em Petrópolis, d. Leonarda cancelou sua visita a Pau Grande para voltar ao Rio de Janeiro e instruir a nova mucama. Desculpando-se com a filha pelo imprevisto, comentava: "a criada que tenho é uma rapariga de 24 anos que nada sabe e nos dias que cá ficou tanto ela como os pretos fizeram boas asneiras, é preciso ir ver aquela gente para não perder estes poucos escravos que tenho."[12] Na gerência do lar, era preciso driblar os imprevistos e manter o pesado e volumoso serviço funcionando: "Veja, mamãe, que no meio de toda esta confusão adoeceu-me uma lavadeira e fui obrigada a mandar Felipa lavar e pôr Bernarda a engomar."[13]

Em caso de doença de algum escravo importante em sua função, todas as providências eram tomadas. Em 26 de junho, o conselheiro José Maria Velho da Silva enviava à filha uma carta com as orientações do médico, dr. Peixoto, para o tratamento e recuperação do escravo Sebastião, oficial de pedreiro: não apanhar chuva, sereno ou sol, fazer passeios, não comer muita gordura, não consumir bebida alcoólica e, se possível, tomar leite. O ar do campo era considerado, pela medicina da época, mais saudável e salutar do que o da cidade, em geral dado a epidemias. Dessa forma, Sebastião permaneceu na fazenda por um mês com a recomendação de que, apesar de bem cuidado, é bom que "não haja mimos com ele, senão fica perdido. Dei-lhe algum trabalho para não se desacostumar, pois que o seu primeiro defeito é preguiça".[14]

A narrativa uniforme e harmônica com a qual os agentes aqui considerados relatavam seus problemas com a gerência da escravaria minimizava os conflitos cotidianos, reproduzindo o discurso dominante na sociedade escravista. Entretanto, a escolha das tarefas a serem executadas, os locais de habitação, a quantidade de horas trabalhadas, a permissão para cultos religiosos, a possibilidade de viver em família, tudo isso se transformava em espaços de negociação diários entre senhores e cativos. Era preciso conhecer as regras do jogo dessa construção social específica para poder tirar melhor proveito dela. Sendo assim, muitas vezes as fugas ou pequenos atos de rebeldia escrava não tinham como principal finalidade romper com o sistema, e sim valorizar-se perante o mesmo.[15] Da mesma forma, da parte do senhor, era importante manter um equilíbrio instável entre os privilégios concedidos. Tal atitude tornava o escravo inseguro quanto aos benefícios alcançados e lembrava-lhe que se tratava de algo que poderia ser retirado.

Pela própria natureza da escrita epistolar travada durante mais de 15 anos entre mãe e filha, não coube entre as correspondentes uma narrativa detalhada sobre as atividades diárias. Ambas eram mulheres, mães e donas-de-casa. Portanto, sabiam muito bem do que seu cotidiano era composto, mesmo tratando-se de espaços físicos diversos, como a cidade e a província de Paty do Alferes. Pareciam querer aproveitar o momento mais reservado, de escrita íntima, para se desligarem de tais obrigações. Os principais assuntos tratados estavam relacionados à vida em família: saúde e desenvolvimento dos filhos, bem-estar do marido e parentes, diversões e passeios, viagens, serviços à Igreja e pedidos de encomendas que, aliás, eram constantes. Esses temas, se por um lado valorizavam o papel da mulher enquanto mãe e esposa, também fortaleciam sua importância social no que se referia à sociabilidade e à religião, definindo, assim, uma auto-representação condizente com o novo habitus oitocentista.

Além da administração e trato com os escravos domésticos, dentre os serviços referentes ao governo da casa sob sua supervisão estavam a contabilidade e a confecção de roupas para os cativos da fazenda. No ano de 1869, a sra. Ribeiro de Avellar, na ocasião já dona de todo o patrimônio de Pau Grande, juntamente com o marido, registrou a distribuição de três lotes de mudas de roupas para escravos: o primeiro com 200, o segundo com 60 e o terceiro com 100.[16] Nessa tarefa, d. Mariana Velho de Avellar não estava sozinha. A prima de seu marido, d. Maria Isabel de Lacerda Werneck, viscondessa do Arcozelo, casada com Joaquim Teixeira e Castro, médico português radicado no Brasil, e dona das fazendas Monte Alegre, Piedade e Freguesia, também delimitou, em seu diário escrito em 1887, esta tarefa como uma de suas atividades: "todas as pretas e crianças das três fazendas tomaram roupa"

(20 de fevereiro), no inverno, "todos os pretos de M. Alegre tomaram japonas, e as pretas, paletós de baeta" (24 de julho).[17] Todavia, o pagamento dos tecidos coube a Joaquim Ribeiro de Avellar Jr., que o lançou na contabilidade da casa do Pau Grande: "fazenda para os pretos – 1:956$385."

O troca-troca de favores no que se refere à escravaria doméstica se alastrava à família extensa. Essas prestações de serviços também buscavam fortalecer os laços entre as casas familiares unidas através do casamento de Mariana e Joaquim. Em carta datada de 8 de agosto de 1864, d. Leonarda contava que havia conseguido comprar uma excelente escrava por 1:550$000, o que incluía o pagamento da siza* e demais impostos, para d. Antônia Mascarenhas Salter: "ela cozinha, tem me feito há dois dias o meu jantar e eu não tenho ficado com fome, estimo que o meu paladar igualmente se combine com o de nossa amiga. Engoma sofrivelmente roupa de homem, lava, e mesmo na cozinha faz suas massas." Dentre as qualidades da mucama enumerava, ainda, sua robustez, alegria e gratidão por tê-la adquirido. Conforme contou, foi pessoalmente fazer a compra na "casa de comissão", onde a escrava havia sido mandada depois que seu antigo dono, o português Manoel Peixoto, decidiu regressar a Portugal.** Por fim, pedia à filha que mandasse notícias: "desejo muito saber a impressão que ela causa a sua nova senhora, e te rogo que o primeiro dia em que a preta cozinhar que vás assistir ao jantar para me dizeres o que observas."[18] Tal situação, em especial, demonstra que as mulheres também eram passíveis de adquirir pessoalmente escravos, principalmente no tocante aos domésticos, dos quais estavam mais aptas a avaliar os serviços.

Tamanha convivência com a escravaria doméstica não passava incólume. Os inúmeros registros fotográficos oitocentistas nos quais crianças posam, acompanhadas de suas amas-de-leite, demonstram não só como a presença negra era aceita e valorizada na criação infantil, mas também sua importância na vida privada e doméstica na classe senhorial. A viscondessa não fugiu à regra e entregou a nutrição de seus filhos a amas-de-leite minuciosamente escolhidas dentre a escravaria da fazenda. Durante a gravidez da cunhada Carolina, oferecia-lhe o mesmo serviço: "se achar dificuldade em ama, eu lhe

---

* O imposto da meia siza foi criado pelo alvará régio de 3 de junho de 1809, assinado por d. João VI. Tratava-se de uma taxa de 5% paga ao Tesouro que incidia sobre a compra, venda, adjudicação e arrecadação de escravos ladinos.

** O mercado de escravos ladinos do Rio de Janeiro funcionava, principalmente, por meio das casas de comissão ou consignação, casas de leilão, lojas de varejos e anúncios em jornais. As casas de comissão tinham licença para comprar e vender diversos produtos, cobrando uma comissão, e podiam ser de dois tipos. Aquelas que vendiam qualquer artigo, inclusive escravos, geralmente envolvidas no comércio interprovincial com os fazendeiros de café, e as que se dedicavam somente a artigos de luxo, como ouro, terras, imóveis e escravos. M. Karasch, *A vida dos escravos no Rio de Janeiro...*

ofereço Felisberta, que já me criou duas filhas."[19] Contudo, essa mesma presença negra, tão comum ao cotidiano doméstico dos Ribeiro de Avellar, não foi escolhida para ser registrada pela lente de nenhum fotógrafo, nem mesmo de Manoel de Paula Ramos, profissional itinerante que por diversas vezes esteve na fazenda. No registro fotográfico, preferiu-se o silêncio.

Nos escritos que remetia aos pais, Mariana enviava constantes recomendações às escravas mais antigas, que, provavelmente, ajudaram a criá-la: "muitas e muitas saudades Babá, Nana, Rita, Deolinda, a Sabina e Bartholomeu, que de todos sinto saudades e muitas" (Petrópolis, 2 de dezembro de 1860); "... Recomendo-me muitas saudades a Babá e a Nana, não esquecendo a velha Rita e a Deolinda" (Petrópolis, 22 de janeiro de 1861); "Joaquim se recomenda à mamãe e eu faço a Babá e a Nana, a Ritinha e a Deolinda" (Petrópolis, 10 de maio, s/a).

Sobre Deolinda, Mariana ainda escreveu à mãe dizendo-se bastante feliz pela recuperação da vista da escrava, que havia estado doente. Comemorava o acertado tratamento médico que seus pais lhe pagaram, podendo, então, retomar seus afazeres habituais, inclusive de costura, que requer uma visão bastante apurada.[20] Outra passagem que mostra as sentimentalidades em relação aos "escravos de dentro" foi escrita, em 3 de dezembro, por d. Leonarda, ao receber a notícia de falecimento do escravo Simão: "Ficamos bem tristes por esse muito bom escravo, por quem Mariquinhas, quando pequenina, gostara dele e, finalmente, por ter sido meu *valet de chambre* nos dias que passei em Botafogo. O Joaquim havia de sentir e ainda mais, por estar acostumado com ele."[21]

Paralelamente à própria violência, a escravidão como instituição tecia espaços, tanto de barganha quanto de conflito, num cotidiano delimitado pela hierarquização social. O âmbito privado, certamente, facilitava o aparecimento de sutis filigranas de emoções, intimidades, gratidões e trocas de favores que, se bem cultivados pelos escravos, poderiam proporcionar importantes brechas no sistema, seguidas da melhora de suas condições de vida, desde que o cativo fosse reconhecido pelo senhor como um bom executor de seu papel social.[22] Novamente os exemplos que tenho para citar são de amas-de-leite, o que demonstra ser esta uma função que envolvia sentimentos bastante ambíguos de ambas as partes, tais como medo e confiança, ódio e amor, autoritarismo e gratidão.

A sobrinha mais velha de Mariana, filha de seu irmão José Maria da Silva Velho (Juca) com Carolina Monteiro Velho, primogênita do conde da Estrela, chamava-se Maria Izabel e havia sido criada por Felisberta, escrava da fazenda Pau Grande fornecida pela tia. O nascimento da segunda herdeira do casal, também chamada Mariana, ocorreu em 1866 e, mais uma vez, recorreu-se aos seus favores, que, atendendo prontamente às solicitações, enviou-lhes a escrava Bernarda. Para dar notícias, em 4 de agosto de 1866 Juca escrevia:

> ... Marianinha vai passando admiravelmente e a Bernarda vai preenchendo muito bem o seu mister e nos agradando muito. Ela é muito respeitosa e com gratidão te agradece às constantes e favoráveis notícias que, por meu intermédio, lhe envio de seu filho. Ela te agradece muito e muito os cuidados que te merece o seu Feliciano. Continue Bernarda assim, como espero, que fico descansado.
>
> Manda-nos notícias de Felisberta, de quem somos tão amigos, pois não cansamos de nos recordar da sua sisudez, brio e das provas de interesse e de amizade que ela nos deu enquanto esteve tomando conta de Maria Izabel: que bela criatura! Dá-lhe muitas lembranças nossas a ela, e diz-lhe que sempre nos lembramos dela com prazer.[23]

Os elogios de Juca à escrava misturavam duas qualidades significativas: competência nas tarefas de criação e gratidão pela patroa, o que, em última instância, indicava subserviência e nenhuma resistência às ordens dadas. A hierarquia senhor-escravo havia sido mantida. Em troca, Mariana Velho de Avellar prometia que Feliciano, filho de Bernarda, deixado na fazenda ainda bebê, receberia todos os cuidados necessários ao seu desenvolvimento. Portanto, tais negociações nada têm a ver com a vigência de relações harmoniosas, pelo contrário. A forma encontrada por Bernarda para tentar garantir a sobrevivência de seu rebento era exercer prontamente suas tarefas de ama-de-leite. A negação das mesmas deflagraria um espaço de conflito. Entretanto, tais relações também envolviam sentimentos que, após grande tempo de convivência, construíam uma sensação de bem-querer, como as expressadas por Juca ao pedir notícias de Felisberta, ama-de-leite de sua outra filha, Maria Izabel. Ou, ainda, em passagem de 20 de março de 1867, quando a menina enviava um corte de vestido de presente para "sua mãe Beta".[24] Tais atos demonstram a complexidade da construção histórica dos afetos na vida privada da sociedade escravista.

Outra tarefa que fazia parte do governo da casa era o controle das despesas domésticas. Em seu livro de assento, a sra. Ribeiro de Avellar deixou registrado que, nos meses de julho e agosto de 1869, foram consumidos em sua casa oito vacas, oito e meio capados, 31 frangos, um leitão, 15 galinhas, seis carneiros, dois patos, três lombos e dois perus. Para o restante do segundo semestre, contabilizou: "nove vacas, 15 capados, 35 frangos, dois leitões, cinco galinhas, sete carneiros, uma vitela, quatro patos, quatro capões, quatro lombos e um peru."[25] Os meses de julho e agosto foram separadamente anotados, correspondendo aos maiores consumos mensais, sendo as datas a seguir as de mesa mais farta: "31 de julho: um carneiro, dois frangos e um lombo; 1º de agosto: um capado, um lombo, uma galinha; 2 de agosto: uma vaca; 4 de agosto: um peru; 7 de agosto: uma vaca, um peru e seis frangos."

Os cuidados com a contabilidade doméstica respaldam algumas considerações interessantes quanto à dieta alimentar da família, por exemplo que o frango e o boi eram as carnes mais comuns no consumo diário. Como contraponto, o peixe não foi apontado como um dos pratos servidos, nem fresco nem salgado. Provavelmente, o alto preço no mercado interno acabava por determinar uma falta do hábito familiar, associado a sua pouca disponibilidade em localidades serranas, como Paty do Alferes ou Petrópolis. Entretanto, quando Mariana chegava na corte, oferecer-lhe peixe na refeição era um mimo: "os esperamos e farei toda a diligência de dar-lhe um bom peixe fresco."[26] Já os dias em que foram servidas iguarias mais nobres, como peru e carneiro, provavelmente são indícios da presença de alguma visita, quando se fazia questão de receber com fartura. Na última data citada, 7 de agosto de 1869, foram comemorados os 18 anos da primogênita Maria José Velho de Avellar, Mariquinhas, motivo pelo qual foi servida lauta refeição com três "cobertas" diferentes.

Ao contrário da viscondessa do Arcozelo, o livro de assento de Mariana Velho de Avellar possui esparsas anotações e não há, em nenhuma delas, uma preocupação com os preços individuais das mercadorias que pudesse indicar uma contabilidade própria dos gastos domésticos ou sua negociação direta com comerciantes locais, dando a impressão de que esta não era uma de suas funções principais. Da mesma forma, no livro de contas da fazenda Pau Grande, deixado por Joaquim Ribeiro de Avellar para os anos de 1871 a 1876, não foram lançados, em separado, os dados de consumo doméstico. As compras de tais gêneros apareceriam misturadas aos gastos referentes ao abastecimento de toda a fazenda, como as aquisições de milho, arroz, toucinho, sal, sabão, banha, carne e açúcar, citadas quase mensalmente, mas, certamente, também destinadas à casa-grande. Talvez por se tratarem de produtos consumidos em maior quantidade na propriedade, as compras fossem administradas pelo marido, que assim conseguia melhores preços.

Todavia, nas cartas que escrevia aos pais, Mariana Velho de Avellar demonstrava ter uma certa autonomia em relação à administração de dada quantia em dinheiro. Em uma das encomendas de vestuário que fez para a família, escreveu: "peço-lhe, minha mãe, que não se incomode com a conta da modista porque para isso economizo em tudo e só gasto quando é necessário."[27] Da mesma forma, emitia opiniões sobre os valores pagos pelos produtos: "fiquei admiradíssima do preço [dos botões], porque por 25$000 eu já achava barato, por serem bonitos."[28] Por vezes, por meio de cartas, também fazia encomendas e negociava diretamente com a Ramalho Rocha & Cia., estabelecimento de venda localizado na corte do qual as famílias Velho da Silva e Ribeiro de Avellar eram freguesas.

Em relação ao tema do abastecimento doméstico de gêneros alimentícios, uma correspondência de seu pai, datada de 24 de março de 1857, deixava uma boa pista. Nela, fazia elogios ao armazém de comestíveis de dois moços da corte dizendo que d. Leonarda "tomou a freguesia e está satisfeita". Em seguida, concluía: "pedem eles que sejam preferidos para fornecer a tua casa quando estiver na cidade. Se eles continuarem a servir bem e tu quiseres, fica-te perto para teu fornecimento de despensa."[29] É possível perceber em ambas as referências que Mariana exercia um papel de importância no manejo e gerenciamento do mundo doméstico do qual fazia parte. Assumindo plenamente a condição de mulher oitocentista, administrava uma dada quantia em dinheiro para encomendas e comprava artigos necessários ao cotidiano familiar. Contudo, o agenciamento do mundo da riqueza e a responsabilidade pela preservação do patrimônio cabiam ao marido, a quem suas decisões estavam subordinadas.

Ao registrar seu cotidiano nas recorrentes cartas que escrevia a familiares, construía uma auto-representação de dona-de-casa zelosa e procurava conciliar a tarefa do gerenciamento doméstico com as exigências sociais. Assim, deixava transparecer um dia-a-dia cheio de atividades que, por vezes, pareciam cansá-la: "Tenho tido hoje muito trabalho com a arrumação de fato, isto é, com a roupa que devo ficar e com a que devo levar para a fazenda" (Petrópolis, 2 de dezembro, s/a); "Adeus, minha boa mãe, não sou mais extensa porque ainda tenho que escrever ao Juca e, ao mesmo tempo, despachar um portador da fazenda, e sobretudo ter de receber visitas que vêm tomar chá" (Petrópolis, 2 de fevereiro de 1862); "A minha última carta, com data de 4, foi escrita apressadamente, porque naquele dia tinha tido a tarefa de mandar lavar as casas e, por conseguinte, estava cansadíssima. Nem sabia o que escrevia" (Petrópolis, 7 de março de 1863).

Além do treinamento e do trato com os escravos domésticos, a sra. Ribeiro de Avellar tinha de lidar com uma série de empregados livres que lhe prestavam serviços freqüentes e compartilhavam sua vida em família. Na fazenda, todos os filhos em idade escolar estudaram com governantas, que lhes ministravam as primeiras letras, matemática e línguas estrangeiras. Mantinha-se uma tradição da instrução – conforme havia ocorrido nas últimas duas gerações de mulheres, tanto do núcleo Velho da Silva, quanto Ribeiro de Avellar – bastante incomum no restante da população feminina do Império. O ensino também era aperfeiçoado por Mariana no que dizia respeito à leitura e à escrita e ainda recebia um verniz mais apurado quando a família ia para Petrópolis. Nessa cidade, a existência de professores qualificados em diversas disciplinas era bem maior do que na província. Importantes somas de dinheiro foram investidas no ensino de piano, teoria musical, aritmética, geometria e registradas em recibos referentes às aulas dadas.

Outros professores – Cordeiro, Arnaud, Bevilaqua e Mme. Toussaint – foram citados nas cartas como tendo ocupado alguma função de ensino especializada:

> Quis Deus que Joaquim precisasse ir de momento à fazenda, de onde voltou esta manhã, e de sorte que me desmanchou a viagem. Ainda agora ele me dissuadia

> dizendo-me que o Bevilaqua principiava a dar lições a Mariquinhas e ontem a Mme. Toussaint, de maneira que era necessário que eu estivesse presente. Disse-me que eu fosse (que devo dizer sempre a verdade, ele, nesse ponto, não me tolhe), mas que me demorasse somente quatro dias. Ora, diga-me mamãe, o que ia eu lá fazer em tão poucos dias! Assim, decidi não ir.[30]

A passagem acima permite analisar os papéis familiares representados no interior do núcleo Ribeiro de Avellar, assim como seu funcionamento. Em primeiro lugar, colocam o acompanhamento da instrução dos filhos, bem como sua educação moral e física, como tarefa eminentemente materna. No entanto, a situação descrita se trata de uma exceção no cotidiano. Nela, a sra. Ribeiro de Avellar havia planejado uma viagem sozinha à corte para visitar a mãe e a avó doente. Deixou todas as ordens dadas para a execução das tarefas domésticas, mas a ida repentina de Joaquim para Pau Grande, por motivo de trabalho, mudou seus planos. A casa, entendida tanto como domicílio doméstico como célula familiar que privilegiava os filhos, não podia ficar, ao mesmo tempo, sem seus dois expoentes principais. Em outra ocasião em que também estava de viagem marcada, Mariana demonstrou a mesma preocupação: "Eu persisto sempre na idéia de estar ali segunda ou terça-feira. Logo que Joaquim aqui chegar, eu parto."[31]

Ambas as citações apresentam situações cotidianas que demonstram um revezamento temporário de funções com o intuito de manter o bom funcionamento da ordem doméstica e familiar. No entanto, a aparente objetividade do relato não deve ofuscar a capacidade da narradora de construir representações sobre práticas cotidianas que, apesar de se diferenciarem de um patriarcalismo clássico, acabam ressignificando-o seguindo os padrões de comportamento em voga na classe senhorial durante a segunda metade do Oitocentos. O discurso de Mariana, a princípio, se volta para dizer que não havia nenhuma proibição por parte do marido a sua viagem. A este respeito, inclusive, confessa à mãe: "ele, nesse ponto, não me tolhe." Contudo, se contradiz, quando reproduz as palavras de Joaquim dizendo que "era necessário que eu estivesse presente", durante as aulas dos filhos.

Ao fim e ao cabo, a vontade masculina se impunha à feminina sem contestação, o que prova a manutenção de um padrão de autoridade patriarcal, mas que já se apresentava com outras feições. A urbanização, a europeização de valores, o romantismo, a institucionalização do saber médico e da higiene e a ascensão do indivíduo são processos que, juntos, cada um em sua medida, deram novos contornos à família. E auxiliaram na retirada da mulher do confinamento doméstico, liberando-a para o convívio social, a instrução e o consumo de bens. Contudo, seu principal papel social continuou circunscrito ao âmbito privado: a maternidade. A esta mãe, higiênica, amante dos filhos, aliada da medicina e do ensino, se opõem as figuras sociais da prostituta e da mulher mundana. A violência e o autoritarismo, antes necessários à manutenção das hierarquias no interior do núcleo familiar patriarcal, haviam se apaziguado. O controle dos impulsos foi internalizado. Mariana desistiu da viagem para dedicar-se às suas obrigações maternas, sem, no entanto, perceber ser esta uma imposição masculina.*

A autoridade do marido também era invocada, pela própria Mariana, em situações conflituosas que envolvessem o trato com homens livres, prestadores de serviço doméstico. Foi o caso do cozinheiro francês Giraud, que, durante o ano de 1862, trabalhou na residência alugada de Petrópolis. Sua demissão foi relatada da seguinte forma:

> Agora vou contar-lhe a despedida ontem de Giraud, que foi hoje, depois do jantar. Apresentou um jantar composto de tão má carne que ninguém pôde comer. Joaquim, que com ele anda enfastiado há muito tempo, e que o conservava para não lutar com maiores dificuldades e por falta de ânimo, porém ficou tão escandalizado que o chamou incontinenti e despediu-o.[32]

O poder masculino compunha a cena doméstica, familiar e social no século XIX. Sua supremacia perante a mulher e a esposa era reafirmada tanto em situações privadas, como a descrita acima, quanto nas poses das fotografias. Nas fotos individuais, sobressaíam as ovais e os bustos, dando-se preferência à figuração em primeiro plano, o que valorizava o sujeito retratado. Na coleção estudada, as fotos masculinas compunham 34% do total. Nas imagens de casal, o marido também comandava a cena, auxiliado pela pose e posição dos atores nos planos. A postura feminina era, geralmente, secundária e reproduzia os lugares sociais ocupados.

Além de professores particulares e cozinheiros especializados, a rotina doméstica envolvia a presença de governantas. As "madames", como eram chamadas, acompanhavam a educação diária dos filhos em idade escolar tanto na fazenda quanto na cidade. No entanto, os problemas que envolvessem essas mulheres eram resolvidos diretamente por Mariana, sem a necessidade de interferência do marido. Em duas cartas que escreveu à mãe, narrou situações conflituosas no trato com instrutoras. Na primeira delas, a governanta, cujo sobrenome não fornece, estava grávida e não havia lhe dado a notícia. Então, perguntou-lhe: "Que me diz, madame, sobre o seu novo estado de aumento de família?" A reação da moça foi de choro e desespero, o que, muito certamente, significava ser ela solteira. A solução proposta pela própria foi a de que

* O processo civilizador, para Norbert Elias, se constitui na interiorização das pulsões dos indivíduos que deixam de ser controlados por alguma força externa, violenta, e passam a internalizar as proibições, transformando-as em uma segunda natureza, um habitus. N. Elias, *Processo civilizador*, vols. 1 e 2.

"quando fosse ocasião de parto, ela iria para casa, aí teria a criança, e que a poria em casa de alguma ama e então voltaria para as suas obrigações".

Conforme sua narrativa, Mariana consolou-a e prometeu fazer-lhe um enxoval. Entretanto, disse-lhe que "havia inconveniência muito grande, estando ela grávida, continuar a acompanhar a educação de minhas filhas",[33] e deu-lhe um mês para se retirar. No cerne de sua preocupação, confrontavam-se dois ideais de mulher: a mãe de família que pretendia proteger suas filhas de más influências externas e aquela que, depois de um "mau passo", engravidara e se tornara um mau exemplo para a convivência na intimidade doméstica familiar. Afinal, uma das máximas da educação moral oitocentista, anunciada em todos os manuais e artigos de jornais femininos, era o papel do exemplo na formação do caráter. Os efeitos maléficos do mau exemplo eram cantados por ditados populares com grande circulação: "ainda que de muitos um somente seja ruim, este basta para causar corrupção nos demais, como o fermento em toda a massa."[34] Ao fim da carta, referindo-se tanto à madame quanto a Giraud, demitidos no mesmo dia, confessou aliviada: "estou livre de duas cargas muito pesadas."[35]

Sem dúvida, a governanta que mais tempo conviveu com a família Ribeiro de Avellar foi Mme. Doyen, uma senhora francesa, casada, que também acompanhou a família em viagem à Europa, em 1874, tendo voltado ao Brasil e residido na fazenda Pau Grande até a sua morte. Depois de muitos anos de convivência, Mariana Velho de Avellar a considerava, ao lado de Maria Joana Lopes, sua melhor amiga. A vinda de Mme. Caroline Doyen Mercier para a fazenda teve a indicação de um casal amigo, sr. Luiz Carlos e sra. Maria Antônia, com quem morava na corte. O irmão de Mariana, José Maria, foi pessoalmente conhecê-la e registrou suas primeiras impressões: "simpática, bonitos modos e conversando muito sisudamente despida de macaquices francesas, singela e natural."[36]

No dia 18 de março de 1867, José Maria acompanhou Mme. Doyen até a estação e a embarcou para o Pau Grande de trem, na companhia de Sabino, escravo de grande confiança da família Velho da Silva. Após pernoitarem em hotel de Petrópolis, com as despesas pagas por d. Leonarda, seguiram até Pedro do Rio, de onde a comitiva partiria de coche para a fazenda. Durante a parada, Mme. Doyen encontrou d. Leonarda, que, estando em Petrópolis, foi a seu encontro. No dia seguinte ao seu retorno, escreveu uma carta de caráter reservado à filha: "O que tenho para falar-te da minha viagem até Pedro do Rio, senão que gostei da madame e desejo que ela te pareça tão bem como assim me pareceu. Muito atenciosa, tem respeito com dignidade."[37] As impressões da mãe confirmavam as do irmão. No que concerne às de Mariana e Joaquim, é possível supor pelos mais de 20 anos que ela compartilhou da convivência familiar. Depois de haver ensinado todos os filhos da viscondessa, com exceção de Mariquinhas, Mme. Doyen foi incorporada pela família como amiga e agregada.

Muito querida por todos, recebia fotografias com dedicatórias de filhos e netos da viscondessa e viajava para tratamento médico nas águas de Caxambu com o visconde e sua prima, d. Antônia Ludovina Mascarenhas.

A rotina familiar da sra. Avellar, portanto, não se diferenciava muito de outras mães de família de sua classe. Dividia seu tempo entre os ensinamentos dos escravos domésticos; as responsabilidades com os filhos no que dizia respeito aos cuidados com saúde, formação de caráter, instrução e vestuário; o gerenciamento e abastecimento do lar; e o trato com empregados livres ligados à esfera doméstica. Todavia, havia um momento, quase diário, em que Mariana ficava só com seus pensamentos e redigia suas cartas, numa espécie de imersão pessoal. Momento em que dava voz a uma dimensão individual, permitindo-se algumas intimidades e confissões: "Ontem deixei-a com o coração espedaçado de saudades" (Petrópolis, 2 de dezembro de 1860); "Eu vou passando já muito pesada e de agora em diante cada vez mais. Desta vez principio mais cedo e já estou cansada. Que remédio, senão sofrer com resignação estes males que, aliás, não são pequenos" (Pau Grande, 21 de janeiro de 1859).

Mesmo em suas reflexões mais íntimas, a vida familiar sobressaía às impressões pessoais. Aquela mulher não conseguia fugir da dimensão familiar. Seus escritos contemplavam o cotidiano do marido, a educação dos filhos, as ocupações com o governo da casa e a família extensa. Nas correspondências, os papéis sociais no interior da parentela se mostravam bastantes definidos e deixavam pouco ou nenhum espaço para questionamentos, muito embora, na prática cotidiana, alguns valores estivessem em constante transformação. O grande desafio da família oitocentista era, portanto, conciliar ideal aristocrático e modernidade, patriarcalismo e individualismo, escravidão e liberalismo. Desta lógica de ressignificações surge o que lhe é singular.

Escrita epistolar: vidas que se cruzam

A escrita epistolar é um momento original de criação pessoal e construção de memória individual e familiar. Para Mariana Velho de Avellar, a troca de correspondências e seus atos de escrita e leitura eram práticas que ritmavam suas manhãs, tardes e noites. Durante o ano de 1869, escreveu 347 cartas, quase uma por dia, das quais um número significativo foi para a mãe e o irmão.*

* Há uma vasta historiografia que chama a atenção para a importância das práticas de leitura e da materialidade do suporte para a compreensão das formas de representações culturais. Partindo-se do pressuposto de que a leitura é sempre uma apropriação, o texto, em última instância, nunca tem o sentido que lhe atribuiu seu autor no ato solitário da escrita. A princípio, todo leitor está livre para dotá-lo de sentido, entretanto, trata-se de

O calendário organizado por ela mesma ficou assim: janeiro, 29; fevereiro, 36; março, 36; abril, 17; maio, 24; junho, 26; julho, 25; agosto, 22; setembro, 19; outubro, 41; novembro, 26; dezembro, 63.[38]

No século XIX, a materialidade da escrita escolhida tinha muito a dizer em termos de representação social e estava associada ao tipo de escrita íntima. No conjunto de cartas estudado, o suporte é variado. Encontram-se cartas contendo marcas d'água com as iniciais M.V.A. ou monogramas, depois que foi agraciada com o título de viscondessa de Ubá (1887), existindo também aquelas para períodos de luto, tarjadas de pretos. Por outro lado, há outras mais simples em papel quadriculado ou mesmo lisas, sendo a maioria de dimensão 25x20cm, dividida ao meio. Houve ocasiões em que parecia encabular-se por não dispor do que julgava adequado e dizia: "minha boa mãe, em primeiro lugar desculpe o papel."[39]

Porém, nem sempre as cartas eram escritas com a calma desejada. A precariedade do correio na época, principalmente na fazenda, fazia com que freqüentemente se tivesse que contar com amigos e conhecidos que viajavam ou mesmo escravos de confiança para servirem de portadores. Tais situações, muitas vezes, apressavam o ato da escrita. Recebia-se a carta, lia-se e imediatamente respondia-se para que o mesmo portador pudesse remetê-la de volta a tempo: "mamãe, adeus, não sou mais extensa porque o portador só espera a minha carta para partir e eu não desejo demorá-lo."[40]

As cartas trocadas entre Mariana e seus familiares no Rio de Janeiro eram dirigidas aos correspondentes em questão, no entanto, estava subentendido que poderiam ser lidas para todos da casa. Não são raras as descrições de que, ansiosas por notícias, assim que a carta chegava, as pessoas se acomodavam ao redor do receptor para que a lesse em voz alta ou repassasse as novidades importantes. Abrir um envelope era sempre um ato que gerava uma certa ansiedade temperada de novidade e preocupação. A comunidade de convívio doméstico era freqüentemente reverenciada nas cartas através de extensas listas de pessoas, nominalmente lembradas durante as despedidas e recomendações: "te peço que me recomende muito ao sr. barão, ... e também à vovó

---

uma liberdade supervisionada pelas convenções e hábitos que caracterizam as práticas de leitura, na medida em que as experiências individuais (a da leitura, inclusive) estão sempre inscritas no interior da cultura de cada grupo social. A leitura é sempre produção de sentido orientada por um horizonte de expectativa que é cultural. Logo, "toda leitura é uma confirmação cultural dos sinais compartilhados". J. Hébrard, "O autodidatismo exemplar. Como Valentin Jamerey-Duval aprendeu a ler?", in R. Chartier, *Práticas de leitura*, p.38. Ver também: R. Chartier, *A aventura do livro: do leitor ao navegador*; J.M. Goulemot, "Da leitura como produção de sentidos"; e R. Chartier & P. Bourdie, "A leitura: uma prática cultural", in R. Chartier, *Práticas de leitura*.

Tonha, tia Annica, tia Maria moça e tia velha, a José Mascarenhas, Joaquim e ao Boaventura. Às nossas caras meninas, muitos abraços e beijos."[41] Da casa familiar dos Velho da Silva a expectativa também provinha dos agregados: "a Adelaide, quando vê que estou escrevendo para ti, vem logo pedir-me para mandar muitos recados à sinhá."[42]

O costume de recomendar-se também auxiliava no fortalecimento dos laços de amizade e compadrio no interior da família extensa. No entanto, havia correspondências que eram de caráter confidencial. Nesses casos, no alto da página, no canto esquerdo, havia o aviso "reservada" ou, ainda, recomendava-se que fosse destruída após a leitura em particular: "imediatamente que recebi a sua última carta rasguei-a conforme a sua ordem."[43] Estes foram alguns dos códigos que puderam ser desvendados através da análise das correspondências, mas, certamente, muitos outros me escaparam. A preservação ou não de uma dada epístola sugere o que deveria permanecer em segredo e somente ser, rapidamente, compartilhado pelos correspondentes. Remete àquilo que seria propositalmente descartado de uma dada memória familiar em constante construção.

As atividades de leitura de Mariana Velho de Avellar se diversificavam por outros campos. Pelas residências de Petrópolis e da província, circularam várias revistas e jornais voltados para o público masculino e feminino, cujos recibos comprovam as assinaturas: *Diário do Rio de Janeiro* (1861-1864); *Jornal Mercantil de Petrópolis* (1866-1867); *A Actualidade* (1864); *A Semana* (1864); *O Futuro* (1863); e *Semana Illustrada* (1864). Os três últimos periódicos citados podem ser caracterizados como jornais de instrução e recreio com grande circulação no Império a partir da segunda metade do século XIX. Tendo as mulheres da classe senhorial como público-alvo, estes hebdomadários eram verdadeiros difusores do novo habitus, que tinha como espelho o modelo de comportamento da burguesia européia em ascensão.

Suas páginas apresentavam seções diversas: coluna social, moda e moldes de roupas, jogos e máximas infantis, cuidados com a higiene e a saúde da família, receitas culinárias e dicas caseiras, poemas, textos literários e crônicas. As principais temáticas consideradas tanto pelas iconografias quanto pelos artigos incentivavam um novo ideal de família que buscava legitimar a valorização da educação e da instrução infantil, uma rígida etiqueta social, o novo papel da mulher, vinculada à maternidade, o amor familiar e os cuidados com a preservação do lar e da intimidade doméstica. Dedicada a essas leituras, Mariana passava algumas de suas horas de descanso e, assim, parecia buscar inspiração e elementos que realimentassem seu papel social de guardiã do lar e da família.

É fato que a leitura é sempre um ato de apropriação, invenção e produção de significados. Em seus diferentes instantes, o leitor tem a liberdade de interpretação e para cada uma das vezes desenvolve um ato singular. Entretanto, as experiências individuais são sempre inscritas no interior de modelos e de normas compartilhados através da cultura. Portanto, esta própria singularidade é atravessada por práticas comuns a cada comunidade.[44] Não se pode afirmar ao certo, mas é provável que os livros, assim como as cartas, possuíssem diferentes práticas de leitura. Alguns textos deviam ser lidos particularmente, silenciosamente, na intimidade dos quartos ou em momentos de recolhimento nas varandas da casa-grande. Outros eram lidos em grupo, em voz alta, um costume bastante comum no século XIX. Nesses casos, tinham um caráter pedagógico, como aqueles em que os filhos da viscondessa praticavam com suas governantas e professores particulares, e de divertimento, à luz de velas, à noite, com toda a família para passar o tempo ou, socialmente, em saraus e reuniões de amigos.

Na segunda metade do século XIX, o Império era uma sociedade de iletrados. Sua capital, o Rio de Janeiro, atingiu a melhor marca do país em relação ao número de pessoas livres alfabetizadas (29,8%), seguida pelo Paraná (27,4%), Rio Grande do Sul (26%) e Pará (24,4%), conforme registrado pelo censo de 1872.[45] Logo, a família estudada merece destaque não só por fazer parte da elite socioeconômica do Império, como também por envolver pessoas letradas em sua maioria. Nas duas famílias, as mulheres recebiam instrução há pelo menos três gerações. No caso dos Velho da Silva, este conhecimento se estendia também ao domínio do francês, língua em que várias cartas foram escritas. A educação infantil e o hábito de redigir epístolas eram incentivados desde cedo: "Te agradeço a remessa das cartas das meninas porque gosto de ver as letras delas narrando seus sinceros sentimentos e recebi no momento em que cuidava das delas, fiquei bem satisfeita."[46]

Na fazenda, as alcovas, localizadas no segundo andar, serviam como biblioteca e possuíam mais de 2 mil volumes de livros, armazenados em estantes de ferro que continham títulos clássicos, na sua maioria de autores franceses, tais como La Fontaine, Molière, Victor Hugo, George Sand.[47] No interior da classe senhorial a instrução iria se tornar uma condição para o bom desempenho das funções sociais da mulher. Através das disciplinas ligadas à matemática, as senhoras estariam aptas a comprar e negociar produtos necessários ao uso doméstico e familiar, fazendo bom emprego da riqueza que, em última instância, era administrada e controlada pelo marido. O conhecimento de línguas, literatura, música lhes abriria uma importante janela para o convívio e a sociabilidade, assim como a execução de alguma arte, como pintura, desenho ou a destreza em um instrumento, sendo o piano o mais admirado. Tal bagagem cultural lhes daria melhor respaldo para acompanhar a educação e a instrução dos filhos, escolher-lhes os livros adequados para as idades e sexos, fazer-lhes a programação das atividades diárias e dar-lhes orientação moral. Entretanto, a instrução feminina era limitada. Não devia avançar sobre certos limites socialmente definidos a ponto de fazer a mulher cogitar o abandono da esfera doméstica.

A mesma educação que libertava a mulher também a atrelava às tarefas ligadas ao governo da casa. Estas comportavam desde as responsabilidades pela administração do lar até aquelas relacionadas à maternidade e educação dos filhos. Nesse sentido, o conceito de casa se amplia e pode ser interpretado tanto como lugar de habitação, domicílio doméstico, quanto família entendida como indivíduos que a compõem. Através de diferentes sonoridades de tempos individuais, a sra. Ribeiro de Avellar compunha e regia, cotidianamente, o acorde do tempo privado familiar.

10

O tempo da intimidade

Espaços de morada e formas de viver em família

Dentre as muitas braçadas de terra que compunham a fazenda Pau Grande, a casa-grande impunha uma arquitetura grandiosa. Construída num terreno em declive levemente recostado numa colina, o sobrado possuía dois andares e era entrecortado por uma magnífica capela que o dividia simetricamente. No andar térreo ficavam o altar, local da igreja reservado aos escravos, algumas alcovas, quartos de guardar e duas escadas que levavam ao patamar principal.

No segundo piso, eram dispostas, geminadamente, sete janelas de frente que iluminavam o primeiro quarto, a sala de visitas e a saleta. Dando para esta última, havia quatro alcovas, onde eram guardados, dentre outras coisas, os livros da família. Pela frente, as duas casas se comunicavam através do balcão da igreja, onde, de cima, a família assistia à missa em lugar de destaque. Tal disposição pretendia sacramentar uma hierarquia negociada cotidianamente e reafirmava mais um espaço de micropoder. Nas laterais, havia mais quatro quartos principais, uma sala de jantar, um quarto de banho, um banheiro de serviço, um quarto de serviço e uma cozinha de cada lado. As cozinhas se localizavam no fundo dos longos corredores. Suas janelas davam para o lado de trás do sobrado, no alto da colina, onde passava um córrego que fazia o abastecimento interno. Os cômodos laterais, assim como as salas de jantar, recebiam ventilação de um lindo jardim, nos fundos da casa.

Tratar da vida doméstica em família implica penetrar no âmbito do domicílio, espaço privilegiado da convivência e da intimidade oitocentista. A casa é o domínio privado por excelência, mas também célula moral e política da sociedade.[1] Naquela morada ocorreram nascimentos, mortes, casamentos, batizados, enterros, festas e outros eventos que demarcaram diferentes temporalidades familiares permeadas por várias gerações. Contudo, a vida em família esgarçava-se para além de um mesmo espaço e do estudo de sua composição

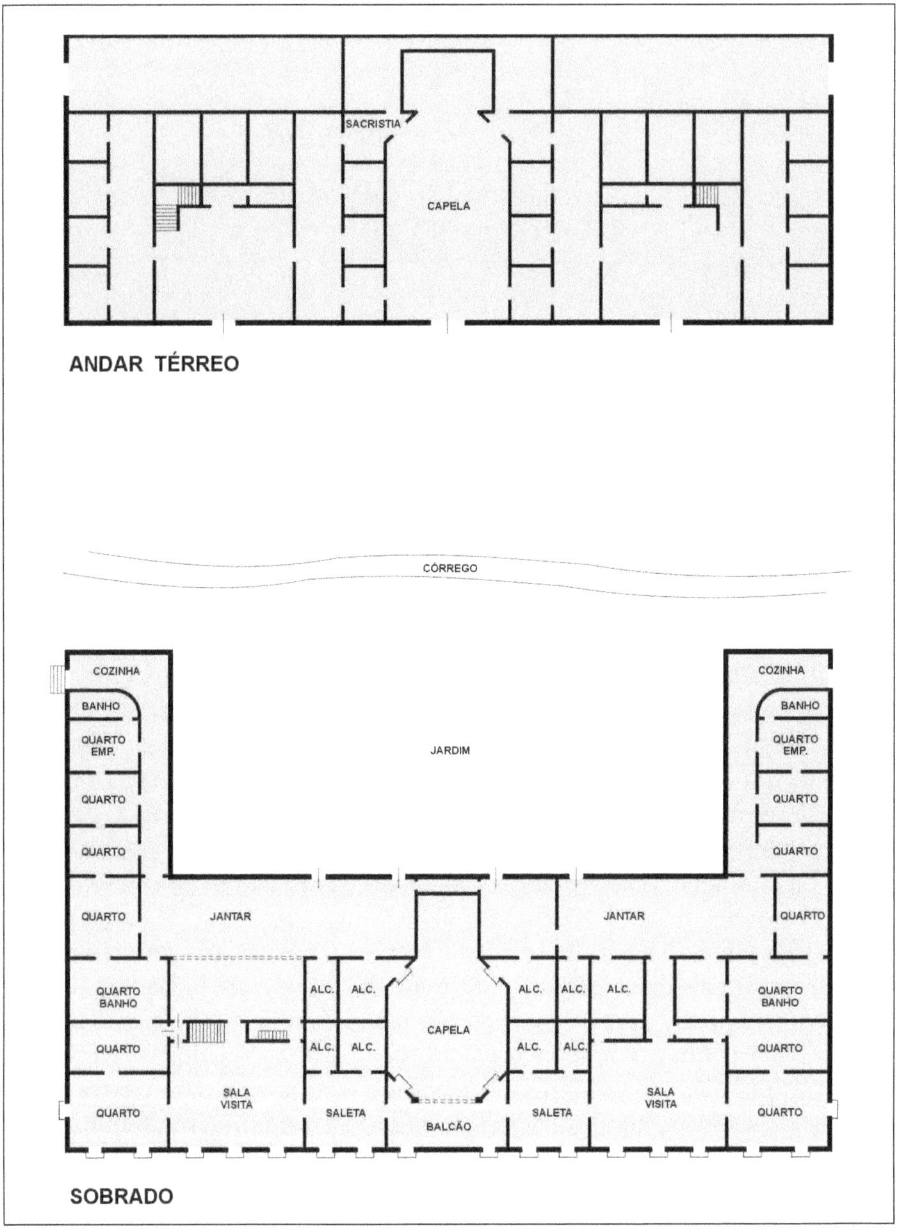

Planta da fazenda Pau Grande.

em termos numéricos.[2] Cabe perguntar: como o "viver em família" era experimentado cotidianamente? Quais os diferentes papéis familiares vivenciados na intimidade? Estas são algumas questões que pretendo abordar neste capítulo.

Desde a fundação da nova casa da fazenda, em 1808, pode-se dizer, pela própria disposição arquitetônica dos espaços de morada, que houve uma preocupação em instalar os núcleos familiares em locais próximos, no entanto, diversos. Nota-se um desejo de preservação da intimidade. Os recintos foram definidos por função (sala de estar, sala de jantar, quarto de banho, capela), e a presença de corredores evitava a comunicação entre os aposentos. No caso da cozinha francesa que abastecia as duas salas de jantar, é provável que tenha sido feita na segunda metade do século, a partir de uma reordenação dos espaços internos regida pelos novos padrões de sociabilidade e civilidade importados da Europa.

Só para lembrar o leitor, num primeiro momento, quando a família Ribeiro de Avellar migrou para a fazenda Pau Grande, d. Antônia Maria da Conceição passou a habitar o lado esquerdo da casa, acompanhada dos filhos solteiros, da filha Rosa Joaquina e do marido desta, José Maria Salter de Mascarenhas. Seu genro, Luis Gomes Ribeiro, outro sócio da propriedade, casado com Joaquina Mathilde, morava no lado oposto. Após a briga familiar, Luis Gomes Ribeiro se mudou para a fazenda do Guaribu e sua antiga residência passou para Rosa, José Maria e seus filhos. Daí por diante, essa distribuição espacial dos núcleos familiares atravessou gerações.

Quando o barão de Capivary gerenciou a fazenda, continuou residindo no lado esquerdo, assim como sua mãe, acompanhado do filho e das três sócias irmãs: d. Anna Angélica, d. Maria Angélica e d. Mariana Luiza. A outra metade ficou sendo habitada pelos sobrinhos Joaquim, José, Anna Balbina, Maria Serafina e Antônia Ludovina de Mascarenhas Salter, todos solteiros. A arquitetura, portanto, propiciava uma convivência familiar reduzida em núcleos menores, sem, no entanto, descartar uma disposição que preservasse a proximidade entre os diferentes grupos da parentela. Afinal, havia passagens constantemente abertas entre os dois lados da casa-grande nas áreas destinadas à sociabilidade: a igreja e a sala de jantar.

A arquitetura aqui descrita reflete alterações espaciais importantes que apontam mudanças nos padrões de intimidade e privacidade experimentados ao longo do século XIX. Mantém-se a família extensa no mesmo ambiente geográfico, facilitando, assim, a permanência de laços afetivos, dependências pessoais e troca de favores já estabelecidos no interior da parentela. Contudo, organiza-se o ambiente doméstico tendo como base o núcleo familiar mais reduzido. Dessa forma, é possível afirmar que a família oitocentista, enquanto instituição social, experimentou uma certa ambivalência de valores em que a arquitetura seria apenas mais uma de suas expressões. Estava em jogo uma constante negociação entre o sujeito e a comunidade familiar que ora tendia a ressaltar os códigos de representação individual, circunscritos ao modelo nuclear de família, ora tendia àqueles que favoreciam a parentela como cânone social essencial.

Memória e narrativa visual nos álbuns da viscondessa

A fotografia se configur uma janela privilegiada para se compreenderem os códigos de representação familiar na esfera privada. Juntamente com outros tipos de texto de caráter verbal e não-verbal, compõe a textualidade de uma determinada época. Sua importância nesta pesquisa se explica não só por compor uma parte significativa dos guardados familiares da viscondessa de Ubá (231 retratos distribuídos em três álbuns e 69 imagens avulsas), como também por refletir a própria dicotomia entre indivíduo e família, apontada anteriormente. Historicamente, desde a sua invenção, a fotografia esteve ligada a uma dimensão individual, já que o homem moderno necessitava reforçar uma identidade singular numa sociedade em constante transformação.[3] Não parece à toa ter sido o retrato individualizado a sua versão mais difundida no século XIX, principalmente depois do surgimento da *carte de visite*.

O ato de posar diante da objetiva de um fotógrafo estabelecia uma negociação entre o retratista e o retratado. Ao primeiro cabia o conhecimento técnico: a busca do melhor ângulo, iluminação, enquadramento, foco, nitidez e harmonização dos planos, segundo padrões estéticos ainda ligados às artes plásticas. Ao adentrar o "salão da pose", era preciso deixar de lado todas as preocupações cotidianas e se concentrar naquele momento único. Os objetos do cenário e os fundos fornecidos pelo estúdio compunham a atmosfera desejada pelo cliente. A indumentária, em geral, pertencia àquele que contratava os serviços, contudo havia ateliês que possuíam vestimentas genéricas, abertas atrás para que se amoldassem aos mais diferentes manequins femininos, masculinos e infantis. Tudo pronto, era chegada a hora da pose! O gesto, a expressão facial, a direção do olhar, assim como objetos pessoais, vestimenta e penteado eram calculados para produzir uma imagem condizente com os símbolos da classe com a qual a pessoa gostaria de ser identificada.*

Posar diante da câmera era um ato de "invenção de si". O indivíduo era colocado em destaque apresentando-se como principal personagem do espaço da figuração da foto. Isso explica por que 78% dos retratos que pertenceram à coleção da família Ribeiro de Avellar fossem imagens individuais e somente

* A pose é o símbolo maior do retrato oitocentista. Inicialmente, devido às limitações técnicas que sujeitavam o fotografado a um demorado tempo de exposição, o imobilismo e a postura estudada eram necessários para possibilitar a fixação da imagem. No entanto, mesmo com os avanços técnicos, o jogo social fundado pela pose se manteve. M.I. Turazzi, *Poses e trejeitos...*, p.4.

22% fossem compostas por duas ou mais pessoas. Dentre os sujeitos retratados, 34% eram adultos homens; 31%, adultos mulheres; e 13%, crianças. No caso das fotografias masculinas, a preferência era pelo enquadramento de busto (71%), que valorizava ainda mais o sujeito através da aproximação da objetiva. Para as mulheres e crianças, a fotografia de corpo inteiro superou de longe todos os outros recortes. Em ambos os casos, há o predomínio da representação individualizada no espaço da figuração do retrato oitocentista.

A invenção do daguerreótipo, primeiro processo fotográfico, foi anunciada no *Jornal do Commercio* em janeiro de 1839. Todavia, o aumento do consumo e da circulação de imagens fotográficas se deu a partir da *carte de visite*, criada pelo francês Eugène Disdéri (1819-89). O novo formato se constituía de fotos montadas sobre um cartão rígido de cerca de 10x6,5cm e tornou-se popular em todo o mundo durante a década de 1860, quando milhões foram produzidos. Este invento configurou uma mudança na orientação do olhar e do consumo, pois, além de baratear o produto, facilitava a disposição de retratos suplementares para presentear.

Muito embora a popularização da *carte de visite* tenha proporcionado uma queda no preço da produção de imagem, a fotografia se manteve no Brasil oitocentista endereçada aos chefes de família que detinham capital para investir em consumo de bens simbólicos. Logo, a clientela freqüentadora dos estúdios fotográficos era formada tanto por proprietários de terras quanto por famílias abastadas e de classe média que habitavam os centros urbanos. Segundo Ana Maria Mauad, entre 1840 e 1900 a cidade do Rio de Janeiro concentrou 120 fotógrafos profissionais, alguns acumulando as funções de pintor e retratista. E, a partir de 1855, já havia lojas de material fotográfico na corte que anunciavam seus artigos no *Almanaque Laemmert*. Tais dados apontam para uma grande demanda do produto e demonstram que havia um mercado em crescimento de bens de representação simbólica.[4]

A moda do colecionismo fotográfico também será uma das responsáveis pelo aumento do consumo, em sua maioria no formato *carte de visite*. Por aqui, inclusive, esse hábito se consolidou como um importante meio de fortalecimento das reciprocidades familiares e laços de amizade no interior da classe senhorial. Depois de trocados, os retratos eram encaixados nos álbuns de família de diferentes formatos e cores, com revestimentos nobres, como couro, e cantoneiras em ouro ou prata. Dentre os pertences dos Ribeiro de Avellar foram encontrados dois grandes álbuns com forração de couro e monograma em prata aplicado e outro em madeira ornamentado com metal dourado nas bordas e as iniciais no centro.

Renomados fotógrafos nacionais e internacionais deixaram suas assinaturas nos versos dessas fotografias: Insley & Pacheco, Carneiro & Gaspar, Albert Henschel, J.F. Guimarães, Mangeon & Van Nyvel, Klumb, estabelecidos na corte; Elliot and Fry e Maujean, Leopold Dubois, Numa Blanc Fils, residentes em Londres e Paris, respectivamente. O verso da fotografia oitocentista, assim como a própria imagem revelada, buscava hierarquizar. Os estúdios mais caros, os fotógrafos condecorados ou premiados nas exposições nacionais e internacionais constituíam um status a mais na disputa pelo capital simbólico. Nesse aspecto, a contribuição de d. Pedro II foi marcante. Os melhores artistas do ramo que fotografavam a monarquia brasileira eram agraciados com o título de Photographo da Casa Imperial, que valorizava bastante seu ofício e o preço do produto oferecido.

A importância do indivíduo no retrato fotográfico deve ser ressaltada tanto no espaço da figuração da foto, quanto como seu principal produtor e consumidor. Contudo, a análise serial das imagens e a disposição com a qual foram organizadas nas páginas de seus imponentes álbuns de retratos demonstram uma narrativa visual conduzida através do fio da família extensa. A escolha, colocação e organização dos álbuns constituíam um ato de construção de memória por meio do qual uma determinada pessoa ou grupo, no caso descrito, a viscondessa de Ubá, determinava o que seria ou não preservado da ação do esquecimento. Sua opção, entre as muitas possíveis, foi por um ordenamento que inserisse os indivíduos no seu grupo familiar, disponibilizando lado a lado, nas mesmas páginas ornamentadas, maridos e mulheres, pais e filhos, primos, afilhados, irmãos. Assim, construía uma determinada representação da família para ser propagada no tempo e reiterada pelo ato de recordar.

As manutenções do nome e da tradição familiares integravam o conjunto de patrimônios e riquezas definidores do habitus da classe senhorial oitocentista. Por isso, a elaboração de uma dada memória coletiva familiar era condição fundamental não só para a coesão interna do grupo, como também para que este se diferenciasse dos demais na escala social hierárquica em que a sociedade imperial se fundava. O retrato fotográfico foi largamente utilizado como um material de memória coletiva e desempenhou o papel simbólico de legitimação da família. Nesse sentido, sua análise possibilita ir muito além da simples descrição, decodificando valores e idéias e recuperando as formas de agir e pensar no interior do grupo familiar num dado tempo e espaço. Para tanto, proponho que os retratos sejam analisados levando-se em consideração uma série de elementos: o circuito social da fotografia; suas lógicas técnicas e estéticas; as estratégias de produção de sentido nas quais se inserem a negociação da pose; a hierarquização dos personagens no espaço da figuração da foto e a ambientação ilusória montada; e, finalmente, a narrativa composta nos álbuns pela disposição e ordenamento das imagens.

O primeiro álbum pertencente à viscondessa possuía dois tipos de disposição: um *cabinet-size*, ou quatro *cartes de visite*, por página. Sua composição foi realizada ao longo de mais de 30 anos com fotografias de 1860 até 1890. Certamente, o ato de preencher um álbum, que não pretendia obedecer a uma cronologia, requeria sua reelaboração constante à medida que as novas imagens chegavam de presente ou eram tiradas pela família.

Na primeira página, por exemplo, foi disposto um *cabinet-size* do imperador no exílio, tirado em Cannes, em 31 de março de 1890. A letra e a assinatura do monarca indicam aos leitores visuais da coleção a proximidade dos Ribeiro de Avellar com a família imperial. As imagens seguintes, no mesmo formato, eram da imperatriz Tereza Christina (1874) e de d. Pedro, utilizando farda militar, logo após a Guerra do Paraguai (1870). Em seguida, vinham as *cartes de visite* da família imperial contendo novas fotos dos imperiais, das princesas Isabel e Leopoldina, do conde D'Eu, do príncipe do Grão-Pará, do primogênito da princesa Isabel, de Blanche D'Orleans e da princesa Januária (irmã de d. Pedro II), muitas delas dedicadas e assinadas. Dadas as devidas

D. Pedro II, 31 de março de 1890.

A família extensa em álbum de retratos.

apresentações, com as quais se demonstrava estar no topo na escala social do Império, as páginas seguintes eram preenchidas por imagens de membros da família extensa.

Deparava-se, então, com as imagens do conselheiro José Maria e de d. Leonarda, que ficavam no alto, seguidas abaixo por uma foto do casal Mariana e Joaquim e de outra da viscondessa sozinha, no estúdio de Joaquim Insley Pacheco, tirada no mesmo dia da mãe. Na folha ao lado, havia duas do barão de Capivary, uma de sua irmã e outra de Joaquim Mascarenhas Salter, todas feitas por Manoel de Paula Ramos em uma das ocasiões em que estivera na fazenda. Ao pousar o álbum sobre a mesa ou o colo, quem o visualizava podia ver qualificadas as principais personagens das duas casas familiares: à esquerda, os Velho da Silva, e, à direita, os Ribeiro de Avellar.

Adiante, eram apresentados novos *cabinet-size* ocupando uma página para cada fotografia. A narrativa visual retornava à família imperial, enfocando, mais especificamente, o casal D'Eu em três imagens dotadas de uma certa atmosfera intimista nas quais posaram na companhia do filho, príncipe Pedro, nos estúdios do fotógrafo F. Chardonnet, em Lyon, e de Henschel & Benque, na corte. Havia ainda um *cabinet-size* da princesa com Mariquinhas em uma belíssima fotografia de Numa Blanc Fils em que a posição das mãos e o efeito *flou* desenham um coração que envolvia as retratadas, reafirmando uma amizade que vinha desde a infância. E, finalizando, um busto do conde D'Eu com a seguinte dedicatória: "Ao coronel Joaquim Ribeiro de Avellar em

A princesa Isabel e Maria José Ribeiro de Avellar, a Mariquinhas.

Conde D'Eu, 1877.

sinal da cordial estima e particular amizade. Com as mais afetuosas lembranças, oferece Gaston D'Orleans, 1877."

Ao continuar a folhear tal objeto da memória familiar, o leitor era levado a uma profusão de imagens: dos filhos, netos, parentes, amigos e compadres, além de outras pessoas da nobreza imperial, como o marquês e a marquesa de Itanhaém, a baronesa de Fonseca Costa, a baronesa de Ourém e a condessa de Aljezur. Ao fim e ao cabo, estava apresentada a rede de sociabilidade e amizade com a qual queriam se ver identificados. Entretanto, os significados fornecidos à imagem são de competência de quem a observa e decodifica. A compreensão desejada depende das regras culturais compartilhadas pelos indivíduos envolvidos na sua produção, consumo, troca, organização e recepção.

A leitura das imagens e sua organização permitem afirmar que a representação familiar havia mudado de registro, apresentando-se agora, singularmente, através de indivíduos antenados com um novo habitus aristocrático e um padrão de civilização essencialmente urbano. O valor da família era expresso por meio das qualidades dos sujeitos demonstradas em sociedade: educação, refinamento, bom casamento, moral, etiqueta, entre outros. Valores que, em última instância, eram fornecidos, cultivados e agenciados no interior da família. A família oitocentista, enquanto cânone, sofria mudanças e ressignificações, contudo se mantinha como principal registro através do qual os indivíduos entendiam seu lugar e papel de atuação no mundo.

Outras práticas sociais também são capazes de atestar a importância da parentela na classe senhorial oitocentista. Apesar de ser um ato individualizado, recomendar-se sinceramente aos novos parentes, nas cartas enviadas, era uma forma de confirmar os laços de fidelidade, consagrados através da união matrimonial que agregara dois diferentes grupos consangüíneos. Com a conseqüente consolidação das relações, buscava-se o fortalecimento da família como um todo: "igualmente te peço que me recomende muito ao sr. barão, agradecendolhe por mim tantos obséquios que me fez e também à vovó Tonha, tia Annica, tia Maria moça e tia velha, a José Mascarenhas e Joaquim e ao Boaventura."[5]

Através da aquisição gradual de intimidade e sentimentalidade entre membros de parentelas anteriormente distintas, se desejava o fortalecimento interno da casa familiar como um todo. Na análise serial das correspondências de d. Leonarda para a viscondessa, por exemplo, percebe-se que o tom distante e cerimonioso, dispensado aos parentes da filha nos primeiros anos, vai sendo substituído por palavras mais calorosas à medida que a convivência se estabelecia: "minhas saudades a d. Antônia e Maria, a Joaquim e José Mascarenhas."[6] A troca de *cartes de visite* e seu envio a parentes também serviram para estreitar e atualizar os laços familiares no âmbito privado.* As dedica-

* O principal atrativo da *carte de visite* era o de oferecer mais por menos. Sua invenção, além de ocasionar uma queda no preço da fotografia, criou a facilidade em dispor dos

Carolina Monteiro Velho, 1864.

Baronesa de Muritiba, 1890.

tórias, que podiam vir na frente ou no verso dos pequenos cartões, eram um mimo delicado dispensado aos entes mais queridos.

Remeter uma *carte de visite* tinha a dimensão de "dar um pouquinho de si", compartilhar o registro de uma imagem presente que o tempo se encarregaria de tornar mais rara por remeter a um passado inalcançável. Dedicá-la significava tentar traduzir em palavras um dado tipo de afeto.[7] Assim procedeu Carolina Monteiro Velho, cunhada de Mariana Velho de Avellar, ao oferecer sua foto com a filha Maria Isabel para d. Antônia Ludovina, prima de Joaquim Ribeiro, a quem afetuosamente chamou de "excelentíssima irmã". Sua imagem ressaltava seu papel como mãe e esposa, principais encargos da mulher oitocentista. Já a baronesa de Muritiba, filha primogênita da viscondessa de Ubá, enviou sua imagem fotográfica tirada pelo conceituado Numa Blanc, de Paris, alguns meses depois de partir para o exílio com a família imperial.

As *cartes de visite*, dedicadas ou não, demonstram que as teias familiares traçadas se estendiam não só aos membros da família nuclear com descendência direta, mas também a parentes mais distantes. A importância da fotografia na construção das relações familiares se confirma até mesmo numericamente. Dentre as 231 ima-

retratos suplementares para presentear, pouco importando ao público se o mais numérico representaria menos qualidade artística e técnica. P.K. Vasquez, *O Brasil na fotografia oitocentista*, p.39.

gens que compõem a série documental dos Ribeiro de Avellar, 92, ou seja, 40% de seu total, são de pessoas da família, extensa ou nuclear. Aliás, tal proporção tende a ser ainda mais elevada porque há retratados não identificados que podem ser de parentes.

Portanto, a troca de *cartes de visite*, assim como suas dedicatórias, as recomendações epistolares, as visitas e contravisitas, o envio de presentes, a troca de favores faziam parte de um conjunto de práticas cotidianas que atuavam no sentido de fortalecer as relações afetivas entre os membros da parentela no seu âmbito privado. Contudo, a manutenção da ordem familiar oitocentista se encontrava na fronteira entre o público e o privado. Por um lado, ela não era mais mantida, somente, através da autoridade do páter-famílias e do monopólio da violência sobre todos os membros do núcleo familiar. Havia uma necessidade de criar outras estratégias cotidianas que passassem pela afetividade e pela intimidade entre os componentes do grupo, o que demonstrava uma alteração significativa no funcionamento familiar. No entanto, essas mudanças nas estruturas sentimentais e formas de comportamento privadas tinham como finalidade principal legitimar a importância da família no âmbito público, sendo uma condição essencial para a manutenção de seu prestígio, riqueza e influência político-social.

Os integrantes das *melhores famílias* do Império compartilhavam valores que ressaltavam a importância da perpetuação do grupo familiar, dando ênfase a critérios como número de componentes, riqueza, antigüidade entre os pares e prestígio. Dessa forma, a proteção da parentela e o reforço da solidariedade eram encarados como instrumentos de manutenção da valorização social e, portanto, da própria sobrevivência de determinada casa familiar no interior da classe senhorial.

> Rio, 28 de fevereiro de 1859.
>
> ... Minha filha, tu tens uma reputação feita, de moça de muito juízo e bem fundada, estimada, e muito pela interessante família de Pau Grande e por todos os mais parentes de teu marido. Que posso eu mais desejar neste mundo, vendo meus dois filhos seguirem tão digna vereda? Tu feliz a todos os respeitos e teu irmão seguindo-te os passos agora. O que lhes peço é que se unam mais do que nunca, que os dois irmãos sejam uma só entidade na sua estima e ligação.
>
> Tua mãe do coração,
>
> Leonarda.

Nessa passagem, d. Leonarda aponta a intrínseca relação entre as reputações do indivíduo e da família – tanto a de nascimento, quanto aquela a que foram vinculados por matrimônio. Daí a extrema importância da escolha dos casamentos para os filhos. Na realidade, essa decisão afetava a família na sua versão mais ampla. Isso talvez explique o porquê de a prática social de arranjar casamentos ter sobrevivido durante todo o século XIX, apesar do ideal romântico e do discurso médico-higienizador. Entretanto, tanto as palavras do político José Tomás Nabuco de Araújo na epígrafe deste livro como as de d. Leonarda têm a preocupação de resistir ao individualismo como novo ícone da modernidade oitocentista.

A escrita epistolar e o retrato fotográfico travaram um diálogo entre a dimensão individual e familiar. Quando Mariana Velho de Avellar escrevia à mãe, ou vice-versa, estabelecia-se uma troca de informações entre as partes que valorizava o grupo familiar, relatava o crescimento e os estudos dos filhos, atualizava informações sobre saúde de membros da parentela, agradecia por serviços prestados, encomendas e outras reciprocidades. Contudo, dentre as muitas referências ao universo coletivo, sobressaía o sujeito histórico que conduzia a escrita na primeira pessoa do singular revelando uma dimensão individual carregada de alegrias, desilusões, queixas e gostos pessoais. O ritmo de sua troca também remetia ao tempo de vida e à vontade individual de cada uma das correspondentes, mesmo que este fosse cotidianamente pontuado por uma dinâmica familiar.

As idades da vida

Os álbuns fotográficos estudados foram organizados de maneira a valorizar as teias de relações da família extensa, ressaltando, entretanto, os papéis individuais dos sujeitos retratados. Pontuando parágrafos importantes dessa narrativa visual, as imagens informam e conformam uma dada representação social sobre relevantes aspectos do habitus da classe senhorial oitocentista. Entendida dessa forma, como apresentou Ana Maria Mauad, a fotografia possui um duplo aspecto. Por um lado, é marca de uma materialidade passada, na qual objetos, pessoas e lugares nos informam sobre determinados aspectos desse passado: formas de vida, moda, infra-estrutura, condições de trabalho etc. Por outro, torna-se um símbolo daquilo que, numa dada sociedade, foi estabelecido como a única imagem a ser perenizada para as gerações futuras. Tendo em vista essas considerações, as imagens guardadas e organizadas pela viscondessa também nos permitem vislumbrar traços importantes sobre as idades da vida e as representações dos papéis sociais no interior do grupo familiar na sociedade oitocentista. A seguir, vou tentar recuperá-las por meio de sua análise intertextual.

Na sociedade oitocentista, o termo "infância", que em latim significa "carência da palavra", era entendido como sendo composto de duas etapas principais. A chamada primeira infância, que se iniciava com o nascimento e se estendia até os três anos, se identificava com a "fase em que se cria", a "idade em que se exprimem as idéias de necessidade, de debilidade e do cuidado de que o homem necessita debaixo do teto paterno".[8] Dessa maneira, era descrita como biologicamente dependente de amamentação e carente de cuidados específicos, que deveriam ser supridos no ambiente doméstico com a supervisão dos pais. Das cartas analisadas, destaco: "Luiza vai bem, já em espera de desmamar só à espera que lhe saia o último queixal [molares] que está a sair. Julia passa bem e tem mais dois dentes, os quais têm lhe vindo com difluso e muita tope, mas de tudo está melhor" (Mariana, Pau Grande, 21 de janeiro 1859).

As referências à primeira infância estavam sempre relacionadas ao período da amamentação, desmame e nascimento dos dentes, coincidindo, portanto, com as descrições dos dicionários. Nessa época, a criança inspirava cuidados, principalmente com sua educação física, pois o número de óbitos era muito alto em todas as classes sociais. A própria viscondessa perdeu cinco de seus 12 filhos – Joaquim, Mariana, Joaquim, Elisa e Josefina – em menos de dois anos. As causas citadas pela mãe foram, respectivamente, moléstia de fígado, coqueluche, convulsão, convulsão e moléstia na espinha. Contudo, a escrita epistolar vem demonstrar que, ao contrário da prática social descrita por Gilberto Freyre para a colônia, segundo a qual não havia grande sentimentalidade no interior do grupo familiar em caso de óbito infantil, entre os personagens históricos em questão a perda de um filho, mesmo em tenra idade, era motivo de muita tristeza para todos:

> Catete, 10 de março de 1856.
>
> Minha Marianinha,
>
> Triste é o destino da humanidade na terra. Ora risos, ora pungentes dores, mas, enfim, aos corações elevados é considerável curvar-se aos mandos da Divindade!
>
> Grande foi o nosso assombro ao termos a infausta notícia que daí nos mandaste, e bem sensível, pois constantes votos fazíamos para a sua existência, porque esperávamos que fosse muito teu amigo e viesse a ser um dia um homem habilitado e capaz. Muito sofreu esse anjinho e por isso que tantas esperanças fundávamos nele e nos foi arrancado! Paciência! Resignação!
>
> Chora-o minha irmã, dá expansão a tua dor, mas chegado ao termo que a própria natureza indica, cobre-se de ânimo e sangue-frio e lembra-te que tens ainda deveres sagrados a cumprir. Tens duas filhas que muito e muito de ti precisam. ...
>
> Minha Marianinha, aceitas os meus sentimentos e o Avellar igualmente. Deus se compadeça de vocês. Nossa mãe no estado de abatimento e prostração em que ficou com este acontecimento não te pode escrever: ela pede-te que sejas mais forte que ela. ... Deus nos valha!!
>
> Teu mano e amigo sincero,
>
> Juca.

A morte do terceiro filho, segundo varão, abalou a todos. Em sua homenagem, foi mandado pintar um quadro seu segurando um carneirinho. A situação certamente foi aguçada quando, em 20 de dezembro do mesmo ano, Mariana e Joaquim perderam mais uma filha (Mariana). Na ocasião, a sra. Avellar estava grávida de nove meses de Luiza, sua sexta gestação. Como consolo, o irmão

Não identificada, 1866-70.

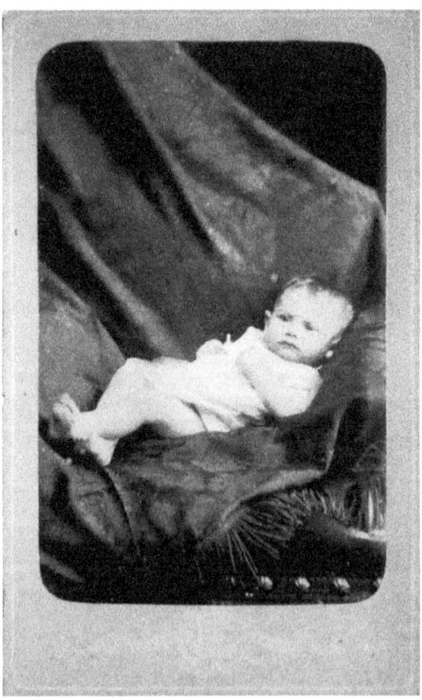

Jerônimo F. de Mello, 1886.

pedia para que se apegasse à função materna, à responsabilidade na criação das outras filhas e, principalmente, a Deus, reafirmando, assim, o papel feminino no interior do grupo familiar e da sociedade. A análise das imagens fotográficas de crianças na primeira infância também permite complementar tal reflexão. Foram encontradas 22 fotografias contendo crianças de zero a três anos (individuais ou em dupla), o que contabiliza 9,5% de toda a coleção, sendo a metade delas de filhos e netos do visconde e da viscondessa de Ubá.

É interessante notar que, até quase os dois anos, as vestimentas não apresentavam grandes diferenciações entre os sexos. E que somente as crianças pertencentes ao grupo familiar ou filhos de amigos muitíssimo próximos, como Domingos Farani, importante ourives na corte, foram colecionadas pela viscondessa. Uma análise cronológica dos retratos da primeira infância aponta que, com o passar do tempo, as crianças foram sendo retratadas cada vez mais novas. Até que, nas décadas de 1880 e 1890, tornou-se bastante comum aparecerem individualmente, ainda bebês, com cerca de quatro meses. Tal representação infantil individualizada era impensada nos anos 1860, época em que a idade mínima encontrada foi superior a um ano. Abaixo dessa faixa etária, os bebês eram registrados no colo de suas mães e avós. Nesses casos, seus posicionamentos no espaço da figuração estavam muito mais ligados à representação da maternidade do que à expressão individualizada.

Após os três anos, alcançava-se a segunda infância, que se estenderia até sete anos, e continuava a ser caracterizada socialmente por sua dependência. Nessa época iniciavam-se os estudos com algum parente ou governanta ou, como começou a se popularizar na década de 1870, em colégios com sistema de internato ou semi-internato. Na coleção, a segunda infância foi representada em 6,5% das fotografias (15 imagens), estando aí incluídas as individualizadas (cinco), as acompanhadas por adultos (duas) e por irmãos em idades diferentes (oito). Ao contrário da fase que a precedia, na segunda infância a representação escolhida para meninos e meninas já se colocava de forma diferenciada, principalmente na indumentária, no penteado e nos adereços.

De todos os retratos analisados, houve somente um, tirado pelo fotógrafo itinerante Manoel de Paula Ramos, em que a criança foi registrada segurando um brinquedo; no caso, uma boneca. Talvez a atmosfera mais intimista, montada na própria fazenda onde morava, tenha permitido tal ato de relaxamento. Ou, quem sabe, tenha sido o objeto dado para convencer a protagonista a posar para a foto. Esse silêncio visual em relação ao brinquedo contrasta com o cotidiano descrito nas cartas, no qual era apontado como um importante companheiro infantil. Mesmo assim, a pose dirigiu a cena fotográfica em ambos os casos. Os cenários, mobiliários e fundos escolhidos eram padrão para qualquer idade. Os dois irmãos retratados eram Joaquim e Maria, sobrinhos de Mariana Velho de Avellar. Ao lado dessa imagem, no álbum da família, estavam fotos de seus filhos demonstrando o grau de

Não identificada, 1870.

Joaquim e Maria Izabel Monteiro Velho, 1866.

intimidade reafirmado pela sagração do batismo, pois Joaquim era também afilhado da viscondessa.

O número de vezes em que a infância foi fotografada indica que havia um processo de valorização desta no interior do grupo familiar e na sociedade como um todo. Tal afirmativa dialogava com os textos íntimos que também revelavam uma maior sentimentalidade e convivência das crianças até os sete anos com os pais e parentes. Depois de concluída essa etapa, chegava a puerícia, conceituada como a "idade entre a infância e a adolescência", que se prolongava dos sete aos 14 anos.[9] Em seus estudos sobre a sociedade colonial, Gilberto Freyre e Maria Beatriz Nizza da Silva identificaram a puerícia como a fase dos castigos físicos e do pouco contato das crianças com os pais.[10] Contudo, no Segundo Reinado, com o novo habitus compartilhado pela classe senhorial, essa prática cotidiana foi publicamente condenada pelos jornais e manuais de educação, o que não quer dizer que tenha inexistido nas intimidades dos lares.

No caso dos Ribeiro de Avellar, as cartas silenciam atos de violência que permeavam o cotidiano educacional e familiar. Ao contrário, colocam uma convivência próxima e demonstram que as crianças constantemente acompanhavam o visconde e a viscondessa em viagens a Petrópolis e à corte e em passeios. A forma carinhosa com a qual os avós sempre se referiam aos netos também mostra que já se prezava uma maior convivência e intimidade no interior da parentela: "Seus netos perguntaram-me constantemente se vovó vem amanhã e isto de dia em dia. Logo em seguida perguntaram-me se vovó, quando voltar, trará biscoitos, ao que respondo que sim, se não fizerem tolices. Mamãe, nós nos juntamos todas para lhe pedirmos que volte breve."[11]

Essas relações afetivas mais estreitas incluíam tanto as crianças quanto os pequenos na etapa da puerícia. No conjunto fotográfico analisado, a puerícia foi retratada em 8,2% de seu total, ou seja, com 19 fotos: nove individuais, oito com os irmãos e duas com os avós. Nem bem a puerícia tinha chegado ao fim e os indivíduos já passavam a ser representados como adultos, havendo uma alteração considerável em termos de pose, vestimenta, penteado e objetos escolhidos para compor a cena fotográfica. As meninas abandonavam os vestidos abaixo dos joelhos compostos com ceroulas rendadas e passavam aos trajes de senhoras, como suas mães. Os meninos trocavam as calças e casaquinhos curtos pelo conjunto de calça, paletó, colete e gravata. As poses escolhidas terminavam por dar um tom de seriedade. A indumentária e as escolhas para a representação individual na fotografia pareciam querer antecipar a vida adulta.

As imagens de José Maria e Antônio Ribeiro, tiradas por Manoel de Paula Ramos, numa das vezes em que esteve na fazenda, em 1870, demarcam bem as mudanças sofridas no tipo de representação ao se passar da puerícia à adolescência.

Na puberdade se iniciava uma nova época de vida, a adolescência, citada nos dicionários como sinônimo de juventude e mocidade. Portanto, a entrada na chamada juventude era algo que variava dependendo das transformações corporais de cada indivíduo. Eduardo Faria, por exemplo, descreve o termo adolescente como "pertencente à mocidade, mancebo que está na idade da adolescência, ou que ainda vai crescendo, que está no começo, que ainda não alcançou todo o seu vigor". É possível perceber que, tanto no século XIX como hoje, a adolescência já se encontrava relacionada ao pleno desenvolvimento físico do ser humano e à puberdade. Frei Domingos Vieira a restringe dos 14 aos 25 anos, "período em que o corpo atinge sua perfeição física".

José Maria, aos 6 anos, 1870.

Nessa fase, era comum iniciarem-se os contatos familiares para os acordos de casamento feitos entre as famílias. Entretanto, podiam levar algum tempo desde os primeiros encontros até a cerimônia efetivamente, como mencionei na primeira parte deste trabalho ao analisar o casamento de Joaquim e Mariana. O novo habitus civilizado compartilhado pela classe senhorial tendeu a aumentar e aproximar a idade dos futuros cônjuges. Para tal, contou tanto com a influência do Romantismo, quanto do discurso médico-científico. No caso das quatro filhas do visconde e da viscondessa de Ubá, todas contraíram matrimônio entre 17 e 20 anos. Os noivos garimpados entre as famílias de prestígio e fortuna do Império eram todos bacharéis, moravam na cidade e possuíam, no máximo, 15 anos a mais que as futuras esposas.

Antônio Ribeiro, aos 11, 1870.

Em termos de representação visual, entre a juventude e a idade adulta, as antigas marcas de distinção por fai-

Não identificada, 1870.

Mme. Doyen, 1870.

xa etária quase se apagavam. A pose, indumentária, objetos e cenários escolhidos tenderam a se apresentar de forma semelhante no espaço da figuração tanto para jovens quanto para adultos. As grandes diferenças eram dadas pelas marcas do tempo nos indivíduos: barbas e bigodes fartos, cabelos grisalhos, rugas etc. Sem dúvida nenhuma, essas duas etapas da vida eram as mais registradas, englobando 50% de todas as fotos individuais analisadas na coleção e mantendo um equilíbrio entre os gêneros masculino e feminino.

A vida adulta ou varonil, como era comumente chamada, se iniciava em torno dos 25 anos. No entanto, o limite de idade variava de dicionário para dicionário, apesar das definições se manterem: "adulto – que chegou ao período de vida entre a adolescência e a velhice." Nessa fase estavam Joaquim e Mariana de Avellar, quando produzidas as cartas e a maioria das fotografias. Sua sucessora era a fase da velhice ou ancianidade marcada, em sua outra extremidade, pela morte e conceituada como "estado do que é velho, último quartel da vida, ... idade da madureza".[12] Nos dicionários do século XIX, as palavras velho, velhote, velhusco, ancião, senil e idoso aparecem como sinônimos e são descritas assim: "que tem muita idade", "carregado de anos", "de provecta idade", "antigo", "que está adiantado em anos".

Maria Beatriz Nizza da Silva, no livro *Vida privada e cotidiano no Brasil*, apresentou um estudo baseado nos mapas de população do final do Setecentos e concluiu que essas idades parecem não ter mudado substancialmente até o final do século XIX. Isso porque, apesar da institucionalização da medicina como ciência nesse período, os avanços reais das práticas médicas e da arte de curar ainda iriam demorar a se fazer notar quanto a trazer um prolongamento efetivo da vida que influenciasse os conceitos de "idoso" e "velhice". A morte encerrava a ancianidade, entretanto, ela era um medo permanente que rondava homens e mulheres durante toda a vida oitocentista. O nascimento, em todas as camadas sociais, era encarado como um momento de muito risco e expectativa, devido aos altos índices de mortalidade de crianças e de mães que tinham, inclusive, o costume de confessar-se antes do parto. "Louvo muito e acho muito acertada a resolução de não vires para a cidade nesta ocasião, apesar dos cuidados que nos dá o teu parto. Nossa Senhora há de permitir que ele seja feliz e aí não faltam nem socorros nem o maior interesse por ti e por tudo o que te diz respeito. Deus nos há de proteger" (conselheiro José Maria, Rio, 18 de fevereiro de 1858).

Não só o parto e as primeiras horas de vida eram momentos complicados, mas toda a infância. Segundo o Boletim Mensal da Inspetoria Geral de Higiene, em 1872, durante apenas um mês foram registrados, na cidade do Rio de Janeiro: 41 casos de óbitos de crianças entre zero e três meses; 45, entre um e três anos, sendo 25 na faixa de um a dois anos; 35, entre três e cinco anos; e 53, de cinco a 15 anos.[13] A mortalidade infantil atingia toda a população. Entretanto, as doenças epidêmicas, como febre amarela, varíola, cólera, tuberculose, eram as mais letais e tanto podiam atingir crianças quanto velhos e adultos. O assunto fazia parte do cotidiano das famílias e o Rio de Janeiro, devido a sua maior concentração urbana e falta de infra-estrutura, era constantemente associado a epidemias: "O lado da cidade mais atacado é o de São Cristóvão, Caju e Engenho Velho. Na Quinta Imperial, tem morrido até ontem 22 pessoas, a maior parte escravos. Procede isto de terem os pretos grande repugnância ao hospital e nenhuma fé no cirurgião Rocha. A casa em que estivemos na Babilônia transformou-se em hospital (conselheiro José Maria, Glória, 4 de outubro)."[14]

Por tudo o que foi dito, chegar à velhice depois de uma longa vida e poder organizar cuidadosamente a própria morte era um privilégio de poucos e merecia uma estratégia de salvação, geralmente utilizada pelas camadas sociais da elite. Era importante não ser tomado de surpresa pelo último ato entre os vivos e preparar-se conforme os ritos católicos por meio do "rosário à noite, testamento e missa diária". Portanto, a morte acidental, prematura, era encarada como grande desventura que fazia sofrer não só a alma de quem partia como a consciência dos parentes e amigos que ficavam. A morte deveria ser de alguma forma anunciada por meio de doença ou diretamente pelas forças do além. Nesse contexto, as enfermidades eram interpretadas como um desejo de Deus de facilitar a salvação do fiel.[15]

Impossível saber com detalhes, mas a família Ribeiro de Avellar, em 1885, passou por momentos muito difíceis. Num espaço de apenas quatro dias, faleceram, na fazenda Pau Grande, Elisa e José Maria Velho de Avellar, aos 18 e 22 anos, respectivamente. Ela, recém-casada e com um filho de cinco meses. Ele, recém-formado em direito, contraiu tuberculose. Ambos foram enterrados na capela da fazenda. Em suas homenagens, mandaram pintar dois quadros a óleo, copiados de fotografias, que ficavam expostos na sala juntamente com o do barão de Capivary e suas irmãs.

A velhice era considerada a fase de avaliação dos atos cometidos em vida. Para tanto, o testamento era um documento de extraordinária importância, pois dava a chance de reparação moral após a morte, como o reconhecimento de filhos ilegítimos e a inclusão dos mesmos na partilha de bens. Os testamentos possuíam ainda uma preocupação de cunho religioso, como o cuidado com as almas, através da encomenda de missas e de doações à Igreja e às irmandades, não só em memória do testador, mas para os entes queridos que também já haviam partido. Dos testamentos advinha o desejo de proteger e recompensar os membros da família e aqueles que prestaram solidariedade e apoio durante a vida, a enfermidade e a velhice: "mandará dizer as missas que julgar bastante por minha alma, mandará dizer mais 200 missas por alma de meus pais e manas (barão de Capivary, 1863)."[16]

De início, vale a pena lembrar que a identificação de fotografia de idosos em meio às coleções fotográficas trabalhadas é uma tarefa, por vezes, bastante abstrata. Primeiramente, a maioria das fotografias não traz, em seu verso, o ano em que foi tirada, a identificação do retratado ou mesmo sua idade. A indumentária, não muito diversa entre a fase adulta e a terceira idade, dificulta o reconhecimento dos considerados idosos. As maiores pistas ficavam a critério dos efeitos do tempo sobre o corpo dos indivíduos.

As imagens de idosos encontradas na coleção não se diferenciavam da estética instituída para os outros retratos de adultos. Todas as fotografias de idosos são de membros do grupo familiar, com exceção dos retratos dos imperiais, o que significava que possuíam um grau de intimidade, comprovado nas cartas pesquisadas. Portanto, parece ser uma prática a troca de retratos em todas as fases da vida, incluindo a velhice. Entretanto, o que a sobrevivência dessas fotos sugere é que o registro da ancianidade, sua imagem revelada no papel, tinha uma distribuição mais restrita, sendo voltada somente aos mais íntimos, pois não foram encontradas fotografias de pessoas de fora do núcleo familiar ou do circuito de compadres e parentes, como ocorreu em registros fotográficos de outras fases da vida.

A fotografia do barão de Capivary representa bem o conjunto das imagens masculinas, onde a altivez dos olhares dos sujeitos retratados preenche a imagem. Mais uma vez, o enquadramento, a pose (concentrada na parte mediana e inferior, que valorizavam a indumentária), os objetos (luvas, comendas, medalhas e condecorações) foram apresentados para demarcar o status social. No caso da viscondessa, fotografada já viúva, a imagem de busto procurava valorizar seu semblante e exposição individual. Nem por isso se descuidou do vestuário, do penteado e das jóias, sempre condizentes com sua intenção de ostentar poder e refinamento. Ao pousarem para a foto, as mazelas da idade, por diversas vezes descritas nas correspondências íntimas, eram esquecidas em prol da construção de uma velhice sóbria e austera. Numa elite que valorizava o poder do patriarca, em torno do qual se organizavam a honra da família, sua fortuna e patrimônio, a velhice era respeitada e trazia a expectativa da manutenção da união familiar após a morte.[17]

Como pretendi mostrar, as idades da vida não são conceitos preestabelecidos. Variam de acordo com o modo que cada sociedade ou grupo social distinto, a sua maneira, as experimenta e vivencia. No entanto, estão diretamente ligadas às formas sociais de organização familiar e à maneira com que os agentes históricos se percebem e se relacionam no interior do seu próprio grupo familiar.

Barão de Capivary, 1863.

Viscondessa de Ubá, 1870.

Os diversos papéis familiares

A segunda metade do século XIX foi palco de uma grande mudança interna no que concerne aos papéis familiares. Alguns valores associados ao modelo patriarcal de família caíram por terra, contudo, outros foram ressignificados à luz de um novo habitus. A mulher foi elevada ao papel social de mãe. A ela caberiam as funções de zelar pela vida doméstica, o governo da casa e a criação dos filhos. Sua educação e instrução se tornaram condições básicas para que pudesse concretizar a tarefa para a qual tinha vindo ao mundo, uma espécie de dom natural, na consideração dos seguidores de Rousseau, ou dado por Deus, para os adeptos do discurso religioso: a maternidade.[18] Assim, o universo feminino, antes encerrado no ambiente doméstico, se ampliou. No novo modelo de comportamento, esperava-se que a mulher mantivesse uma convivência social com amigos convidados a freqüentar a casa. Sua obrigação era a de "bem receber" e criar uma atmosfera agradável para os visitantes. Da mesma forma, no espaço público, valorizavam-se os lugares de convivência e multiplicavam-se as possibilidades de sociabilidade e consumo: confeitarias, lojas, teatros, clubes etc.

De uma maneira geral, o papel masculino, tanto na sociedade quanto na família oitocentista, se manteve arraigado à esfera da produção como o realizador e mantenedor da riqueza e do patrimônio. Continuou como a figura de comando no círculo familiar e na sociedade e seu principal apoio estava no Código Civil, que o colocava como gerenciador dos bens femininos e seu principal responsável perante a sociedade. Entretanto, no interior do núcleo familiar, as tarefas desse gênero se estendiam a zelar pela educação física, educação moral e instrução dos filhos. É claro que a esposa gerenciava os assuntos diretamente relacionados à criação, como cuidar da higiene, controlar os horários de estudos, contratar e fiscalizar os professores e tutores particulares. Todavia, conforme o novo habitus, fazia parte das funções paternas dar exemplo de boa conduta moral e educação aos filhos, além de supervisionar as orientações femininas.*

Muito embora os papéis masculino e feminino tenham sofrido uma importante reconfiguração, talvez a maior alteração na dinâmica interna da família tenha sido a valorização da criança. A partir da segunda metade do século XIX, o tema da criança e da infância se tornou cada vez mais constante

---

* No imaginário medieval e moderno, principalmente sob influência católica, vigorava a noção da inferioridade intelectual da mulher, sua propensão a gastar irracionalmente os recursos da casa, sua debilidade nas tarefas de comando e, principalmente, sua tendência à infidelidade. Tais sentimentos se enraízam também na colônia portuguesa do Novo Mundo e sobrevivem, em maior ou menor grau, de forma ressignificada, no Brasil oitocentista. R. Vainfas, "Patriarcalismo e misoginia", in *Trópico dos pecados*...

e de interesse das famílias da classe senhorial. Como já demonstrado, as imagens demarcavam um espaço individualizado para a criança, que foi sendo fotografada cada vez em idade mais baixa. O mesmo ocorreria em outras áreas. Os jornais de instrução e recreio, voltados para o público feminino de elite, estavam repletos de máximas, pensamentos e conselhos a seu respeito, bem como dos parâmetros de educação e instrução. Muitas dessas publicações foram assinadas pela sra. Avellar, que as recebia com regularidade. Através de sua leitura, buscava sugestões para o divertimento infantil, informações a respeito de novas histórias, contos morais, jogos educativos, brincadeiras e brinquedos que pretendiam, de maneira lúdica, formar as crianças.

Acompanhando esse movimento, a moda infantil ganhou maior sofisticação de detalhes, indicando que a criança não deveria somente ser bem educada e instruída, mas também parecer e vestir-se como tal. Em sociedades profundamente hierarquizadas, como a imperial, é imprescindível aos membros da elite que o lugar de prestígio que ocupam na pirâmide social condiga com a imagem que o resto da sociedade faz desse lugar. É como se houvesse a necessidade de o ser se equivaler ao parecer. Cada ocasião e idade mereceriam um tratamento e uma indumentária próprios para sua faixa etária. Como resultado, rapidamente passa-se do simplório conjunto de roupas de algodão costuradas em casa para os mais detalhados enxovais comprados em lojas especializadas ou feitos em costureiras por encomenda. A viscondessa, bastante ligada aos detalhes de representação, encomendou aos pais o enxoval de sua quinta filha, uma Lafayette francesa, adquirida em uma loja de produtos importados, na corte:

> Sobre as Lafayettes achei lindas e tudo bom. Têm poucas peças e nem pude ver tudo bem porque teu pai disse que depois não se arranjava tão bem. O que pude ver é o seguinte: três vestidos bons de cambrainha com bordas muito bonitas de tricô forte de caxemira branca bordada, quatro camisolas de seis meses muito bonitinhas, 16 toucas ricas e até mais ordenanças, pequenos roupões e uma espécie de camisinhas muito curtas, e outras camisas de cambraia bordada, tudo muito bonito e de bom gosto. As saias de baixo são poucas. Isso é o que pude ver, o que afianço é que gostei muito e escolhi a minha, que era a mais cara.[19]

D. Leonarda e o conselheiro José Maria foram ao Centro procurar a encomenda de Mariana, na ocasião grávida de três meses. Acharam dois conjuntos de roupinhas para bebês, de igual número de peças, e devido ao excelente preço decidiram remeter os dois para a fazenda. O primeiro, com tecido mais fino, custou 400 francos, e o segundo, enviado como presente, foi adquirido por 450 francos. Ao final de sua carta, d. Leonarda comentava: "Aqui não se fazia, mesmo em casa, pelo dobro". E novamente valorizava o bom negócio executado e diferenciava a prática de comprar os enxovais em lojas de importados, do costume de fazê-los em casa, o que cairia em desuso entre a classe senhorial, ávida por novos produtos a serem consumidos. O novo habitus social adotado por essa classe valorizava os cuidados e gastos com representação que passaram a ser considerados fundamentais desde a mais tenra idade até a velhice.

Em termos de consumo, o público infantil também figurava como alvo das mais tentadoras ofertas expostas nas chamativas vitrines de algumas lojas de brinquedos da corte.[20] Com o tempo, os brinquedos rústicos, de madeira, vão dividir espaço com os importados, muitos dos quais possuíam sofisticados sistemas de corda e dispositivos musicais. Em 25 de maio de 1862, Mariana Velho de Avellar escreveu à mãe perguntando se já havia comprado o brinquedo de corda encomendado para dar de presente de aniversário a seu afilhado e sobrinho Joaquim Monteiro Velho. Em caso de dúvida, reafirmava: "quanto ao brinquedo para meu afilhado, prefiro brinquedo de corda." A princesa Isabel também declarava à imperatriz Teresa Christina o seu desejo: "mamãe, faça o favor de comprar as bonecas nuas para eu as vestir ao meu gosto."[21] As chegadas do conselheiro José Maria e de d. Leonarda em Petrópolis para visitar os netos, em geral, também eram acompanhadas da distribuição de brinquedos aos netos, a quem carinhosamente chamavam de "tropa miúda".

Portanto, a segunda metade do século XIX seria palco de um processo de "descoberta da infância" que revelaria sua valorização no interior da família e da sociedade como um todo. Entre os postulados do novo paradigma dito civilizado, que a boa sociedade pretendia instituir, sua educação e instrução eram vistas como elementos distintos, porém complementares. Dessa forma, enquanto a primeira estabelecia os princípios morais, éticos e comportamentais básicos à convivência social, criando um habitus comum entre os membros da elite, a segunda era incumbida de lapidar as noções dos deveres e direitos do cidadão, além do perpasse dos conteúdos escolares propriamente ditos. Entre os filhos do visconde e da viscondessa de Ubá, todos receberam uma instrução caseira através de professores e governantas, com exceção do caçula Joaquim Velho de Avellar, que foi matriculado num colégio em Petrópolis, já na década de 1880. O estudo dos netos também era uma preocupação para a avó:

> Rio, 23 de setembro de 1864.
>
> Minha querida filha,
>
> ... Rogo-te que me dê sempre notícias dos adiantamentos de meus queridíssimos netos. Se Mariquinhas estuda muito, se continua boa menina, se está ainda muito travessa ou vai ficando crescida também nas virtudes? Se A.R. [Antônio Ribeiro] vai seguindo agora com boa saúde e também se vai adiantando-se nos seus primeiros estudos. Se Lulu e Júlia já lêem corretamente. Se Lulu, sempre mimosa e aplicada, está mais adiantada que Júlia ou se esta também vai escrevendo. Digalhes que eu estou esperando uma cartinha. Se não me escreverem uma muita bem escrita, eu não lhes levarei brinquedos quando for visitá-los em Petrópolis.

> Dai-me também notícias do robusto José Maria. Que Deus o encha de fortuna de sua graça como a todos os seus irmãos e seus bons pais.

Nesta passagem, d. Leonarda apresenta informações interessantes sobre o ingresso dos netos nos estudos. Antônio Ribeiro, aos cinco anos e meio, estava sendo alfabetizado. Suas irmãs, Júlia e Luiza, seis anos e meio e sete anos e meio, respectivamente, já deveriam ler e escrever corretamente suas primeiras cartinhas. Tais dados nos permitem dizer que o início da instrução se dava na chamada segunda infância, período em que a criança adquiria maior independência de atitudes e pensamentos. No caso do neto José Maria, com apenas um aninho e, portanto, na primeira infância, as preocupações de d. Leonarda se voltavam para sua "robustez", usada por ela como sinônimo de saúde. Na coleção da viscondessa, existe somente uma fotografia de seus filhos que faz menção direta ao ambiente de estudos.

O cenário de poucos recursos, oferecido pelo fotógrafo itinerante, contrastava com as roupas e os objetos escolhidos a fim de criar uma atmosfera de estudo e ilustração. As roupas das meninas formavam um *composée* com a de Mme. Doyen. O mesmo grau de harmonia aparece demonstrado na escolha da indumentária masculina, de cor escura, que demarcava as fases da vida: casaca fechada com botões para o menino mais novo, José Maria, ainda na fase da infância, e terno com colete e gravata para Antônio Ribeiro. A composição da foto em grupo mantém um enquadramento centralizado com uma concentração mediana dos objetos no espaço da figuração. Dessa forma, todos os personagens nela envolvidos têm importância equilibrada, com exceção da professora, Mme. Doyen, que era a figura central da cena. Entretanto, essa centralidade pode ser explicada por seu papel de destaque na ambiência montada: a de detentora do conhecimento.

Luiza, José Maria, Mme. Doyen, Antônio Ribeiro e Júlia, 1870.

Manoel de Paula Ramos foi o único fotógrafo itinerante que deixou seu nome registrado na coleção da viscondessa de Ubá. Cirurgião-dentista de profissão e fotógrafo amador, Ramos percorria as propriedades do vale do Paraíba oferecendo seus serviços longe da concorrência das grandes cidades. Pela idade dos personagens retratados, é possível dizer que esteve na fazenda Pau Grande pelo menos duas vezes, em 1863 e

Mariana Velho de Avellar, 1870.

Sr. e sra. Ribeiro de Avellar, 1870.

1870. Foi responsável por 15% do total das imagens da série estudada, sendo que este número se eleva a 20% se forem consideradas somente as imagens de membros do grupo familiar.

A chegada dessa figura inesperada significava, certamente, uma mudança na rotina dos habitantes da fazenda. De carroça ou no lombo de mulas, Ramos transportava um kit básico que constava de um fundo liso, cortinas, esteiras para o chão e aparelho de pose. Em termos de equipamento, carregava bastante volume: câmeras enormes, tripés, chapas de vidro, preparados químicos e tenda de viagem. O mobiliário registrado nas fotografias pertencia às fazendas. Em alguma parte externa da residência, com boa exposição ao sol, eram montados a aparelhagem fotográfica, o cenário e o mobiliário. É interessante notar que toda a mise-en-scène fotográfica pertencente à cultura visual oitocentista, que tinha o estúdio fotográfico como referência, era importada para o espaço fotográfico improvisado por Ramos. O mesmo pode ser dito dos códigos de representação há muito conhecidos pelos agentes históricos em questão, bastante acostumados ao "ato de invenção de si".

Diferentemente dos renomados estúdios da corte escolhidos pela família Ribeiro de Avellar, os serviços de Ramos podiam ser conseguidos por preços mais baixos. Era uma ótima oportunidade para todos os membros da família se deixarem registrar em diferentes posições e composições de grupo. O casal Avellar se apresentou diante da lente de Manoel de Paula Ramos usando vestimentas que buscavam dar um ar cotidiano, no entanto refinado, à imagem. Os dois dividiram a centralidade da foto, contudo, o primeiro plano ficou para Joaquim, que apareceu sentado. Mariana repousava as mãos em seu ombro em sinal de companheirismo e obediência, condizente com a representação de esposa dedicada vigente na sociedade oitocentista. A seguir, com a mesma indumentária, também sentada, em primeiro plano, posou cercada de livros, fazendo uma menção à ilustração e à instrução, completando a outra face do ideal feminino.

Na mesma ocasião, também foi realizada a única imagem de toda a coleção em que o grupo familiar estudado aparece reunido. Posaram para a mesma foto: o sr. e a sra. Ribeiro de Avellar, José Maria, Júlia, Luiza e Antônio Ribeiro.

Da mesma forma que na fotografia com Mme. Doyen, nem Elisa (na ocasião, com três anos), nem Mariquinhas (que morava na corte com o marido) participaram da foto. José Maria e Antônio Ribeiro mantiveram a mesma vestimenta utilizada anteriormente. Contudo, Júlia e Luiza resolveram colocar roupas novas, que, mais uma vez, faziam um *composée* entre elas. A pose foi o verdadeiro símbolo da fotografia oitocentista. Seu estudo e artificialidade conduziam à negociação entre o retratista e os retratados. Joaquim Ribeiro de Avellar comandou a cena, sentado confortavelmente numa cadeira, e colocou-se em primeiro plano no espaço da figuração, personagem central no conjunto registrado. A seu lado, os filhos foram equilibradamente dispostos: um casal à direita, outro à esquerda. O terceiro plano foi ocupado por Mariana Velho de Avellar, que ficou exatamente atrás do marido. A pose na qual Mariana e Joaquim se deixaram representar foi bastante semelhante àquela da foto onde aparecem juntos e sozinhos, dando a sensação de terem sido tiradas em seqüência.

Família Ribeiro de Avellar, 1870.

Em ambos os casos, os lugares ocupados no espaço da figuração pelos agentes históricos em questão reproduziam e legitimavam uma hierarquia vivenciada no interior do núcleo familiar. O pai, elevado à autoridade máxima, aparecia em primeiro plano. A mão em seu ombro, colocada por José Maria, denotava respeito, admiração e confiança do filho para com ele. A viscondessa, ao fundo, era a única que tinha a visão total de todos os personagens, assim como deveria proceder uma boa esposa e mãe no espaço doméstico da intimidade familiar. Essa imagem mantém um padrão que pode ser percebido em todas as fotografias tiradas por Ramos. Prevalece o enquadramento de corpo inteiro em 88% das imagens. Os 12% restantes foram de ¾ de corpo, portanto, nenhuma fotografia de busto ou oval, bastante comum na época, foi executada.[22] Outro traço interessante de ser ressaltado é que, em quase 100% de seus retratos, os personagens olham diretamente para a câmera.

Elisa, filha mais nova do casal, não figurou entre os retratados analisados. Todavia, teve sua imagem perpetuada no papel emulsionado aos três anos, como figura central da foto, no que talvez tenha sido o seu primeiro registro fotográfico. Elisa foi vestida com sua melhor roupa. Assim como com os outros irmãos, foram tomados todos os cuidados com a representação. Enfeitaram-na com colar, brincos de argola e laços de fita nos punhos. Seu vestido mais curto, conforme era requisitado para a idade, deixava aparente o aparelho de pose que servia como aparador para o corpo e a cabeça, evitando movimentos repentinos que pudessem tremer a imagem. Esse "descuido" foi cometido em quase todas as outras imagens infantis onde o retratado aparece de pé e parecia ser permitido pela própria atmosfera mais descontraída da fotografia itinerante. Longe da pompa e profissionalismo dos melhores estúdios com os quais estavam acostumados, mantinha-se uma mise-en-scène fotográfica. Mas a precariedade de recursos, como esteiras no chão e cortinas com bainhas rasgadas, não parecia importar. Nesse caso, a oportunidade e a vontade de se deixar fotografar pareciam falar mais alto.

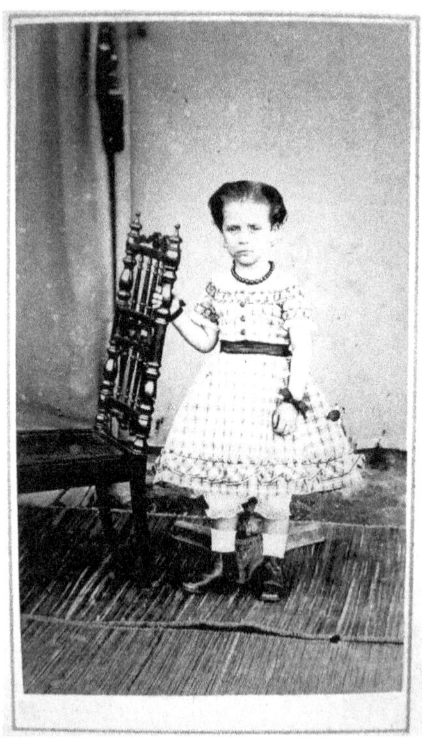

Elisa Velho de Avellar, 1870.

Lembrando a disposição escolhida nos estúdios da corte, mais uma vez se retrataram os irmãos juntos em pares: Luiza com José Maria e Júlia com Antônio Ribeiro. As poses selecionadas denotavam uma semelhança proposital entre as imagens, que identificava seus personagens como de igual importância dentro do grupo familiar. As meninas, mais velhas, ocupavam o plano superior do espaço da figuração com vestimentas iguais que estabeleciam uma conexão entre elas. Os meninos, cada um com uma roupa condizente com sua idade, dispunham-se, sentados, no plano inferior do espaço da figuração. Mais uma vez, as fotografias se comunicavam através de um padrão de representação que pode ser percebido. Assim como na foto de seus pais, o plano inferior foi ocupado pelo gênero masculino e o superior pelo feminino. Tal disposição visual era mais comum nas fotografias de casal. As mulheres deviam obediência ao pai e ao marido, e, no caso de falecimento destes, aos irmãos. Portanto, os lugares a serem ocupados dentro e fora do grupo familiar eram reproduzidos e legitimados pela experiência visual oitocentista, que não se descuidava das hierarquias nem no âmbito doméstico, ao receber a visita de algum fotógrafo itinerante.

O conjunto fotográfico realizado por Ramos contém determinados tipos de imagens que não haviam sido realizadas em nenhuma outra situação. Foram os únicos registros encontrados do casal Mariana e Joaquim, bem como do grupo familiar quase completo. Mesmo assim, apesar da intimidade

Antônio e Júlia, 1870.

Luiza e José Maria, 1870.

e convivência entre pais, filhos e irmãos, características do relato epistolar, as fotografias silenciavam tais teias de relacionamento e afetividade em prol da manutenção de um padrão de visualidade a ser reproduzido no espaço de figuração da foto. Predominava o habitus vivenciado no interior da classe senhorial, no qual as preocupações com representação eram essenciais para a manutenção do próprio grupo familiar em determinada escala social. Optou-se pela constituição de uma dada memória que seguisse os padrões da cultura visual oitocentista. Ou, talvez por estarem tão imersos nela, o melhor seria dizer que não se vislumbrava nenhuma possibilidade de que fosse de outra forma.

11

O tempo social

O Império do retrato

Petrópolis, 10 de março de 1863.

Minha querida mãe,

Ontem à noite recebi a lata e todas as encomendas, as quais todas vieram perfeitas. O chapéu ficou magnífico e em conta. As botinas grossas das meninas ficam os seis pares que vieram; os dois pares que vieram para Mariquinhas não ficam por serem muito grandes, apesar de terem o número que ela calça, creio que isso de número é conforme o fabricante. Quando mamãe vier podendo ser e lembrando-se por favor trazer três ou quatro pares menores mesmo da casa de Guilherme para ela tornar a escolher.

Os vestidos de Mariquinhas são bonitos. O colete se voltar é porque não servirá. Mamãe, agradeço-lhe infinitamente tanto trabalho e prontidão na remessa das encomendas. Agradeço muitíssimo as excelentes mangas que mandou a Mariquinhas. Ela mesma não escreve hoje porque, tendo estado incomodada, tomou um purgante esta manhã que lhe tem feito grande efeito, por conseguinte sente-se um pouco abatida. Mamãe desculpará esta falta. Agradeço as balas as quais os pequenos fizeram muita festa, e também eu, porque estavam muito frescas. ...

Sua filha muito amiga e muito obrigada,

M. de A.[1]

A chegada das encomendas deveria ser como uma festa que rompia um tempo rotineiro e trazia o inesperado, a novidade, o moderno. Da corte chegaram mangas, balas e doce de Araçá, mandados pela avó aos netos. Em outras ocasiões, d. Leonarda também remeteu pêras, maçãs, pêssegos, biscoitos, brinquedos de corda e fantasias para as crianças. A pedido, vieram chapéus, botinas, calçados, coletes e vestidos para Mariana e os filhos. Tudo era enviado, devidamente experimentado e, caso não coubesse a gosto, podia ser devolvido ou trocado. Tais adereços estavam entre os gastos familiares com representação e bens simbólicos com os quais a família não parecia fazer economia. Dentre eles podem ser enumerados: as compras das residências de Petrópolis e do Rio de Janeiro, as caras mobílias e objetos de decoração adquiridos para as mesmas, a longa temporada na Europa e as idas a apresentações de teatro, concertos e óperas. A esta lista é impossível deixar de acrescentar as idas aos melhores estúdios fotográficos na corte e no exterior.

J.F. Guimarães, Insley Pacheco, Albert Henschel, Mangeon & Van Nyvel, Carneiro e Tavares foram, nessa ordem, os estúdios nacionais que mais trabalharam para a família Ribeiro de Avellar. Entre os estrangeiros figuraram: Mon G. Lê Gray & Cie, Mourgeon Lucc, Numa Blanc Fils, A. Guesquin, P. Frois, Photographie Modèle, Photographie Walery, J. Couturier e A. Fillon Photo. Mais de 90% da coleção é formada por *cartes de visite*. Tanto a escolha de ateliês consagrados quanto a preferência pelo formato 6x9,5cm demonstram ser a troca de imagens um dos principais motivos de sua produção. Além disso, apontam para o fato de que este era um meio fundamental de expressar reciprocidade nas amizades e consolidar os laços afetivos entre os membros da chamada boa sociedade. Enfim, escolher um bom estúdio, além de ser uma garantia de imagem técnica, dava prestígio ao fotografado e valorizava o presente. Tais teias de relacionamento eram tecidas nos mais diferentes níveis e distâncias, mantendo-se o contato com famílias da corte, de Vassouras, Petrópolis, Juiz de Fora, Recife, Rio Grande do Sul e ainda outras residentes ou a passeio na Europa.[2]

"Pau Grande, 11 de julho de 1864. Minha querida mãe. Daqui a pouco tempo teremos a estrada de ferro até Ubá, e então nos será mais fácil ver-nos assíduas vezes. *Mamãe, faltou-me mandar o meu retrato para a Europa, me parece melhor esperar que Joaquim tire os de toda a família*."[3] Nesta carta, a sra. Avellar colocava em dia uma série de notícias e revelava sua intenção de apressar o envio dos retratos para amigos ou parentes na Europa. As imagens eram individuais, mas deveriam ser remetidas em conjunto, ressaltando o grupo familiar, restando somente o de Joaquim para ser providenciado. A forma com a qual a viscondessa construiu a frase parece responder a alguma cobrança de d. Leonarda. Afinal, quantos retratos teriam sido enviados e de quem? Quais as personagens importantes a serem representadas para a manutenção dessa rede de reciprocidades?

A organização cronológica da série de imagens por fotógrafo permite vislumbrar microconjuntos de fotografias tiradas no mesmo dia, no mesmo estúdio e, em alguns casos, com o cenário idêntico. No ano de 1864, foram produzidos, no estúdio de Insley Pacheco, cinco retratos de membros da família. Compareceram à rua do Ouvidor, n.102, vestidos com suas melhores indumentárias: d. Leonarda, Juca e Mariana, acompanhada dos filhos Mariquinhas, Luiza, Júlia e Antônio Ribeiro. É bem provável que sejam os mesmos citados na correspondência, pois não era comum a contratação de profissionais mais do que uma ou duas vezes por ano, a não ser em ocasiões especiais, como casamentos e formaturas. Juntamente com J.F. Guimarães (35%), Insley Pacheco (33,3%) era o retratista nacional mais requisitado pelos agentes familiares em questão. Sua escolha, portanto, só confirmava uma tendência.

A extensa lista de condecorações atribuídas ao fotógrafo, além de dar um ar sofisticado, investia simbolicamente na auto-representação desejada: Photographo da Casa Imperial, premiado na Exposição de 1861 e na Academia das Belas-Artes de 1864. Tanto d. Leonarda quanto Mariana e sua filha Maria José ocuparam o centro da imagem. As roupas escuras e os cabelos presos garantiam sobriedade às personagens. O leque, as jóias e a vestimenta rebuscada, aparentes no enquadramento de corpo inteiro, davam o tom refinado à foto. Embora a pose seja quase a mesma nas três imagens, no que concerne à cenografia houve algumas mudanças, optando-se por poucos objetos. No caso de d. Leonarda, mesa detalhada e prataria serviam de leve apoio e adorno. Para Mariana e Mariquinhas, foram dispostos um balaústre, uma cadeira esculpida com uma lira no encosto e uma cortina para dar certo movimento ao fundo. Entretanto, nenhuma dessas escolhas foi ingênua. As mulheres dessa família almejavam perpetuar uma imagem condizente com os ideais de comportamento da elite imperial. Para tanto, valorizaram a música, um dos hábitos femininos mais bem-vistos na classe senhorial e representado nos dois retratos pela lira. Da mesma forma, a busca de representações visuais tão próximas para avó, mãe e filha pretendia apontar uma semelhança de caráter, comportamento e prestígio entre três gerações de mulheres da mesma família.

D. Leonarda, Mariana e Maria José, a Mariquinhas, 1864.

José Maria, o Juca, irmão da viscondessa, 1864.

Luiza, Antônio Ribeiro e Julia, 1864.

Enquanto o traje feminino adulto se apresentava rico em rendas, enfeites, fitas e detalhes, o masculino se despojava até se transformar numa espécie de uniforme. O cenário escolhido por Juca, irmão de Mariana, foi o mesmo que o da mãe, d. Leonarda, com uma pequena diferença em relação ao seu posicionamento na foto. Imbuído do desejo de distinção social, escolheu o que havia de mais elegante e moderno na indumentária masculina da época, combinando calça, colete, paletó e gravata.[4] Em uma das mãos apresentava uma bela cartola e, discretamente, permitia a visualização da corrente de um relógio de bolso, símbolo de distinção e requinte. Luiza, Antônio Ribeiro e Júlia, as crianças, foram fotografadas em grupo e com vestimentas que as identificavam coletivamente. A elas era permitido um pouco mais de cor nos tecidos, além do xadrez e bordados, que contrastavam com o fundo escuro. O posicionamento dos indivíduos no espaço da figuração da foto buscava uma harmonia e tendia a uma linha reta, dando uma equivalência de importância entre eles. Tanto o tio quanto os sobrinhos ficaram de pé, exibindo as luxuosas vestimentas e olhando fixamente para a lente do fotógrafo. Tais escolhas pretendiam contribuir para o tipo de representação desejada e faziam parte de um jogo no qual fotógrafo e fotografado eram cúmplices na invenção de uma certa imagem a ser perenizada no tempo.

Fazendo uma análise da coleção Ribeiro de Avellar que particularize as imagens de familiares, é possível perceber que ir a um estúdio fotográfico não somente era uma prática realizada com assiduidade, como um ato coletivo. Tal afirmativa fundamenta-se no fato de que foram encontrados vários outros microconjuntos de imagens enquadrando diferentes membros do núcleo familiar, além do já aqui apresentado.

Em 1867, por exemplo, Luiza (dez anos), Júlia (nove anos) e Antônio Ribeiro foram, novamente, na companhia da mãe ao estúdio de Insley Pacheco. Dessa vez, levaram com eles José Maria para tirar aquela que parece ter sido sua primeira fotografia, aos quatro anos de idade. Na composição escolhida para as duas fotos, as crianças foram separadas por sexo e idade: Luiza com Júlia e Antônio Ribeiro com José Maria. Os irmãos fotografados se dispuseram lado a lado e olharam fixamente para a lente do fotógrafo. O gestual denotava uma aproximação entre os retratados e uma posição protetora dos mais velhos para com os menores.

No ano seguinte, o ateliê escolhido foi o de E.J. Van Nyvel, localizado na rua dos Ourives, n.65. Entretanto, os sujeitos retratados foram Júlia e Antônio Ribeiro, compondo uma imagem, e Mariquinhas em outra, individual. Em relação à última foto, é interessante notar que, ao contrário de seus irmãos, Maria José Velho de Avellar, aos 16 anos, já posava com gestual, indumentária, adereços e penteado que a identificavam como adulta. Não é possível saber ao certo se os outros filhos não foram fotografados ou, simplesmente, se suas imagens não conseguiram perdurar no tempo. Entretanto, é interessante ressaltar, como

Luiza e Júlia, 1867.

José Maria e Antônio Ribeiro,1867.

Antônio Ribeiro e Júlia, 1868.

Mariquinhas, 1868.

ficou registrado numa carta de d. Leonarda para Mariana, que nem sempre as viagens para a corte eram feitas com todos os filhos. Às vezes, dividiam-se as crianças. Algumas saíam com a mãe e outras ficavam na companhia dos avós ou vice-versa: "quanto à escolha que me propões não há que hesitar. Bem me entendes. ... Para sempre todos os seus filhos, porém tendo que escolher, sempre Mariquinhas."[5]

A próxima vez em que Mariquinhas se deixou fotografar pelo mesmo profissional foi em 1869, aos 18 anos, às vésperas de seu casamento com Manoel Vieira Tosta, membro de uma tradicional família da política baiana. Para a ocasião vestiu seu melhor vestido, pôs jóias e posou para duas imagens muito parecidas: a primeira com enquadramento ¾ e a segunda de corpo inteiro. Já o noivo, 12 anos mais velho e bacharel em ciências jurídicas em São Paulo, escolheu o estúdio de Mangeon & Van Nyvel e posou já casado. O matrimônio da primogênita com o filho do primeiro barão de Muritiba,[6] pertencente à elite política do Império, fundava novos laços de solidariedades entre duas parentelas distintas no sobrenome, mas que, certamente, ocupavam o mesmo patamar de riqueza e prestígio social. O pomposo cerimonial, entretanto, exercia uma dupla comemoração, pois foi realizado no mesmo

Mariquinhas, 1869.

dia em que Mariana e Joaquim Ribeiro de Avellar completavam 20 anos de vida conjugal.[7] Brindavam-se, assim, a novas e velhas uniões.

Ir ao estúdio fotográfico antes e depois do casamento foi sendo, cada vez mais, um habitus de classe. A fotografia cumpria sua função simbólica de representação individual e familiar e, na década de 1880, já estava totalmente popularizada entre as práticas familiares do cotidiano dos mais abastados. Às vésperas de se casar com Luiz de Souza Fontes, bacharel em medicina e filho do médico do imperador, Elisa escreveu ao irmão José Maria, na época estudante de direito em Recife, contando:

> Receberás quase ao mesmo tempo uma cartinha do meu querido Luiz mandando-te o retrato dele.
>
> Ontem fui ao baile da princesa, porém agora não danço, pois pouco é o tempo para estar ao lado esquerdo do meu Luiz, que não faz senão me admirar, principalmente quando estou de vestido novo. ...
>
> Estamos à espera de papai para organizarmos um projeto de mamãe, que é de dar uma *soirée* no dia do meu casamento, que será à tarde.[8]

Tanto as imagens fotográficas quanto a correspondência eram utilizadas a fim de estreitar os laços entre aqueles que ainda não se conheciam, mas, em breve, iriam se tornar membros de uma só família. Apenas três dias depois, a sra. Avellar remetia nova carta confirmando o recebimento do prometido e enviava a fotografia de Elisa, tirada antes de se casar: "desejo que você tenha recebido o retrato de seu futuro cunhado ... envio a você o primeiro de Elisa ... como você está longe, é servido em primeiro lugar e os outros terão depois."[9] As palavras de Mariana deixam transparecer o quanto a fotografia estava integrada ao dia-a-dia do grupo familiar. A facilidade de reprodução e a crença na "fidelidade ao real" pareciam ser as características que mais seduziam. Ao final, revelava sua preferência por José Maria na distribuição das *cartes de visite* da irmã, tendo em vista que estava estudando em outro estado e não a via mais com freqüência.

> Corte, 14 de setembro de 1884.
>
> ... O casamento será às cinco horas da tarde. Os convidados seguirão até a nossa casa do Catete, onde haverá uma *soirée* dada aos noivos. Fora nós, de casa, só irão suas primas Machadas e os demais convidados para a *soirée*. Nós estamos contentes, mas estamos descontentes por ter falecido o duque Estrada. O Tosta e a Mariquinhas estão tristes. Assistem ao casamento, mas não sei se a *soirée*.
>
> Vó Tonia é a madrinha, seu pai, por escolha do noivo, e Antônio Ribeiro, por Elisa.
>
> Hoje vamos jantar na casa do barão Souza Fontes. Ah! Quanto sinto você não estar presente, é essa uma das mágoas que me acompanha, espero que você reze por sua irmã e pela sua felicidade.
>
> Adeus, saudades de todos nós, um abraço de sua mãe muito amiga
>
> M. de Avellar.

A cerimônia religiosa foi na capela da casa do barão de Souza Fontes, seguida de um chá, oferecido no salão da mesma casa, e de uma *soirée* organizada pelos Ribeiro de Avellar, na residência do Catete. Sete dias depois de casados, Elisa e Souza Fontes partiram para Petrópolis por uma semana e, em seguida, pretendiam ir à fazenda Pau Grande descansar com a família. A intimidade entre irmãos permitiu que José Maria fizesse um comentário engraçado sobre o cabelo de Elisa na fotografia de noivado: "penteado de trepa-moleque." A mãe respondeu-lhe que, depois de casados, a irmã e o cunhado regressariam ao estúdio para fazer a foto oficial do casal. Os relatos demonstram o circuito de recepção, leitura e ação da imagem fotográfica.

Se, por um lado, a ida ao fotógrafo constituía uma prática familiar coletiva e bastante difundida entre os Ribeiro de Avellar, havia acontecimentos particulares na vida dos agentes históricos que eram considerados socialmente marcantes, tais como o casamento, a formatura e a primeira comunhão, mais popularizada a partir de fins da década de 1880. No caso dos eventos, em geral realizados em ambientes fechados, a ânsia por representação esbarrava na falta de tecnologia para o registro fotográfico. Nesses casos, as fotografias eram tiradas nas ocasiões desejadas, porém em estúdio.

A primeira comunhão, enquanto cerimonial, tendeu a crescer de importância no último quartel do século XIX. Como nos descreveu Anne Martin-Fugier, a idade para a primeira eucaristia teria sido assunto de debate entre os religiosos católicos.[10] No século XIII, o Concílio de Latrão tomou a decisão de que a criança comungaria pela primeira vez ao atingir a "idade da razão ou discernimento", isto é, quando distinguisse entre o bem e o mal, entre o pão da eucaristia e o pão comum. Posteriormente, o Concílio de Trento, no século XVI, reforçou essa idéia, estabelecendo um período que se estendia dos nove aos 14 anos. Esse evento significava o primeiro ato de vida cristã e a renovação dos votos do batismo.

Em termos de ritual, a primeira comunhão representava o ingresso consciente na comunidade católica, votos que, posteriormente, seriam renovados pelo casamento. Inclusive, ambos se aproximavam em termos de mise-en-scène religiosa e indumentária – vestidos e véus de musselina para as meninas e traje negro para os meninos.[11] Como a tecnologia fotográfica da época não permitia o registro visual de cerimoniais nos interiores das igrejas, tornou-se comum a ida ao estúdio fotográfico para posar com a roupa da primeira comunhão e, posteriormente, distribuir as *cartes de visite* como recordação. É interessante notar, no entanto, que mesmo com todos os recursos oferecidos pelos ateliês, em termos de fundos, cenário e mobiliário, estes não foram utilizados em nenhuma fotografia da coleção no sentido de prover uma ambientação que imitasse o interior de uma capela, prevalecendo os móveis comuns.

Neta da viscondessa.

No dia 27 de maio de 1888, entravam na Igreja Matriz de Petrópolis para receber o pão eucarístico das mãos do bispo do Rio de Janeiro o príncipe Pedro, filho da princesa Isabel; Antônio de Avellar Lemgruber, filho de Luiza de Avellar Lemgruber e neto da viscondessa de Ubá; Luiz Waldemar Gruenewald e Guilherme Leonardo Niebus, após terem recebido os ensinamentos do catecismo do padre Francisco Mendes de Paiva. A descrição do cerimonial ganhou espaço no *Correio Assu*, jornal dos netos do imperador.[12]

Antônio de Avellar Lemgruber, 1888.

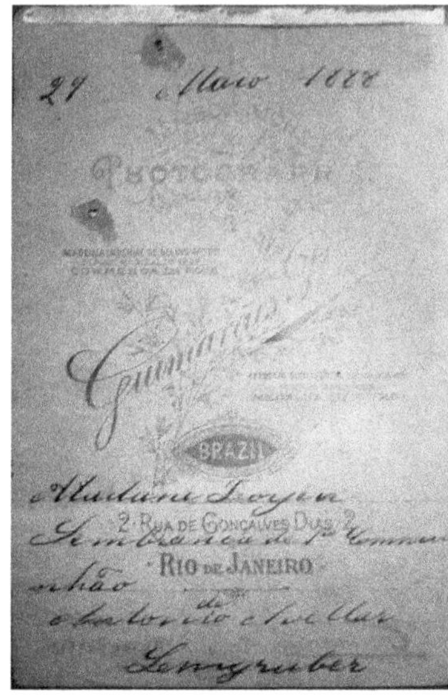

Verso de foto com dedicatória.

A ocasião vinha demonstrar que o prestígio e a amizade com a família imperial atravessaram gerações. Foram três damas do Paço na família: d. Leonarda, dama da princesa Carlota Joaquina; d. Leonarda Maria, dama da imperatriz Teresa Christina; e Maria José Avellar Tosta, dama da princesa Isabel. Sendo Mariquinhas também uma das melhores amigas da princesa imperial, desde a infância, ao lado de Maria Armanda Paranaguá Dória. O favor de Joaquim e Mariana em ceder sua residência em Petrópolis para a lua-de-mel das princesas veio selar as relações há muito estabelecidas. Já quase no final do século, os netos, ambos com 12 anos, receberam juntos a primeira comunhão. Nem a queda da monarquia foi capaz de romper a estreiteza desses laços, já que Mariquinhas e Manoel Tosta acompanharam os imperiais ao exílio, tendo morado no Château d'Eu, no litoral normando.

Por contar com a participação da família imperial, essa cerimônia privada da eucaristia adquiriu um caráter público e um tom de exemplaridade. Foram poucos os jovens escolhidos para comungar pela primeira vez com o neto do imperador. Antônio de Avellar Lemgruber estava lá na companhia de todos os seus parentes e usufruindo as boas relações que sua família dispunha com os imperiais. Sob a lente do fotógrafo J.F. Guimarães, ambos os retratados seguravam seus respectivos livros de missa e, no caso do vestuário masculino, uma faixa cerimonial foi colocada para indicar o motivo principal da imagem, já que a sóbria casaca não oferecia nenhum destaque ou diferencial à ocasião. Essa imagem foi reproduzida e dedicada, pelo próprio Antônio de Avellar Lemgruber, a Mme. Doyen e a tio Joaquim, e hoje pode ser encontrada em dois diferentes álbuns da família.

É impossível deixar de relacionar as mudanças internas pelas quais a instituição familiar estava passando ao longo do século XIX e a valorização de alguns eventos, como casamento, batismo e primeira comunhão, que anteriormente estavam reservados à esfera privada. Aos poucos, os cerimoniais aqui relacionados passam por uma sofisticação e valorização pública, atuando como elemento de prestígio e delimitando os espaços de poder privilegiados para a classe senhorial. Portanto, essas celebrações adquiriram um valor hierárquico externo, já que separavam os membros da aristocracia que poderiam efetivar tais festas, com todo o requinte, daqueles que não tinham condições socioeconômicas para tal. Contudo, ao mesmo tempo, esse movimento de cisão é também passível de ser verificado no interior das *melhores famílias*, onde alguns teriam eventos e comemorações mais pomposos do que outros. Ou seja, aos poucos, o padrão de comportamento da classe dominante passou a atuar não só como uma marca de distinção entre os pares sociais, mas também como parâmetro para as demais camadas da sociedade.

Se, por um lado, a primeira comunhão se tornou alvo de registro fotográfico freqüente entre os netos da viscondessa nas décadas de 1880 e 1890, o mesmo não ocorreu com o batismo, que permaneceu absolutamente ausente nos álbuns de família. Ana Maria Mauad, em artigo sobre as imagens de ritos da vida católica no Brasil oitocentista, ressaltou que mesmo o silêncio visual (a ausência da imagem) é uma forma de representação e não significa, de modo algum, uma desvalorização desse rito. Ao contrário, nos obriga a pensar sobre qual o papel social de tais práticas.

Até a segunda metade do Oitocentos, o batismo era simples e sem pompa, sendo realizado logo após o nascimento. Esse costume religioso era justificado por uma realidade constituída sobre os altos índices de mortalidade das parturientes e das crianças. Portanto, o medo da morte rondava o imaginário das mães, que batizavam os recém-nascidos logo nos primeiros dias ou, quando muito, até o primeiro mês de vida. Devido ao resguardo, elas raramente estavam presentes ao batizado. A escolha dos padrinhos costumava seguir a tradição: o avô paterno como padrinho e a avó materna como madrinha do primeiro filho e, no futuro, o avô materno e a avó paterna batizavam o segundo herdeiro. Essa duplicação da função avós-padrinhos é um bom exemplo da autarquia familiar, característica do modelo patriarcal brasileiro.

Conforme a cultura católica reinante, o apadrinhamento estreitava relações e dava aos padrinhos a responsabilidade pela educação cristã dos afilhados, no caso da perda dos pais. Dentre os filhos da viscondessa, Mariquinhas e o segundo Joaquim foram os únicos cujas datas e lugares de batismo consegui levantar. Ambos receberam a consagração no oratório da capela do casal d. Leonarda e conselheiro José Maria, dentro da imperial Quinta da Boa Vista, onde os pais haviam se casado. A primeira foi batizada pelos avós maternos, em 25 de outubro de 1851, com dois meses e meio. Já o segundo, em 16 de dezembro de 1854, aos três meses recém-completados, tendo tido como padrinhos José Maria, tio materno, e d. Maria Angélica, tia-avó paterna. Nesses casos, verificava-se o início de um processo que se estendeu por todo o século, tendendo a aumentar a idade de batismo e sofisticar seu ritual, transformando-o num acontecimento familiar e social.

A figura da mulher, durante o século XIX, vinculava-se, cada vez mais, ao papel de mãe encarregada das funções de nutriz e educadora. Sua tarefa principal era zelar pela harmonia da família e acompanhar os mínimos detalhes do crescimento dos filhos. Nesse novo contexto, ela não poderia ficar de fora da primeira grande comemoração da vida dos filhos, aquela que os iniciava na vida cristã. Para que pudesse assistir à cerimônia, passou-se a esperar alguns meses antes de organizar o batismo, que adquiriu uma estrutura festiva mais elaborada. Em 10 de fevereiro de 1884, uma das netas da viscondessa foi batizada na Matriz de Petrópolis. Após chegar da casa da filha Júlia, Mariana relatava: "O batizado se fez às quatro e meia da tarde e depois seguimos todos a jantar na casa dela." A exceção se dava em situações onde a vida do bebê inspirava cuidados. Sendo assim, o batismo era realizado às pressas, logo após o nascimento, para que, em caso de uma fatalidade, a criança não se fosse deste mundo sem a bênção sagrada de Deus.

Entretanto, havia uma outra ocasião de vida marcante, não ligada a ritos religiosos, que merecia, aos olhos das melhores famílias oitocentistas, ser perenizada por meio da imagem fotográfica. Novamente, a tecnologia impedia o registro do cerimonial e, em função disso, se optava pelos serviços de um profissional em estúdio. As formaturas eram momentos especiais na vida dos homens da classe senhorial. A aquisição do diploma de bacharel, após a segunda metade do século XIX, se tornou cada vez mais valorizada, a ponto de Gilberto Freyre afirmar que estávamos diante de uma "cultura bacharelesca" no Império.[13] Este era um motivo de preocupação e felicidade para toda a família e indicava o preparo do indivíduo para se inserir nos cargos de trabalho mais valorizados socialmente, seja na política, no serviço público ou no meio liberal. Mesmo os que escolhiam se manter na atividade agrícola, assim como seus pais, deveriam passar por uma faculdade como precondição para assegurar boa reputação, prestígio familiar e casamentos.

Os dois filhos do visconde e da viscondessa de Ubá se formaram em direito. Do período em que José Maria esteve em Recife, há uma estreita correspondência com a mãe e as irmãs Luiza e Elisa. O estudante narrava a dificuldade de encontrar boas companhias na sociedade recifense, a precariedade das moradias disponíveis para alugar, a parca vida social e a solidão que sentia por estar longe da família. De seus parentes recebia constantes incentivos: "espero muito que você não se abstenha das aulas, tome coragem e faça toda diligência para nos trazer uma boa nota. Lembre-se que a maior dificuldade está passada e o proveito que você tirar é para toda a vida."[14]

As palavras de consolo da mãe eram inspiradas na importância da aquisição do título de bacharel por este ser capaz de proporcionar aos homens das famílias mais abastadas viver "sobre si" (sustentar-se) e ter bons relacionamentos. Tal sacrifício de viver longe seria, futuramente, recompensado e traria proveitos individuais e familiares. Na temporada que passou na faculdade, José Maria contou com o apoio do dr. Mello Vieira, velho amigo dos Ribeiro de Avellar, que o recebeu no Recife.[15] Em março de 1885, José Maria se formou. Para marcar sua nova posição de bacharel, compareceu ao estúdio de J.F. Guimarães, no Rio de Janeiro, assim como havia feito seu irmão Antônio Ribeiro três anos antes.

As duas imagens seguem o mesmo padrão fotográfico: recorte oval ressaltando os indivíduos retratados que são dispostos em um plano principal, fundo escuro, meio perfil e olhar indireto, que não se volta para a lente do fotógrafo. As vestimentas se diferenciam pouco, provavelmente para se adequarem às exigências da moda em tão curto espaço de tempo. A nova etapa da vida vinha representada na seriedade do semblante e da indumentária. Estava cumprida mais uma fase na criação dos filhos, socialmente entendida

Antônio Ribeiro, 1882.

José Maria, 1885.

como de responsabilidade dos pais. Enfim, depois de tantas cartas, saudades e preocupações, a viscondessa podia comemorar: "Que prazer não tenho eu vendo-o formado e seguindo uma bonita carreira para assim ver mais um filho, feliz e empregado."[16]

A fotografia como meio de socialização se apresentava em outras modalidades que não somente o retrato. Entre os pertences da família Ribeiro de Avellar existe uma nota fiscal da Maison Central de Photographie, Stéréoscopique et Pittoresque, localizada em Paris, datada de 29 de julho de 1873, proveniente da compra de um aparelho de estereoscopia e algumas dúzias de imagens totalizando 421.50 francos. Tais imagens tridimensionais pareciam possuir um efeito mágico e tinham a função de encantar e divertir. Na sua maioria eram de vistas, paisagens e monumentos de todo o mundo. Sua visualização em grupo era um importante momento dedicado à intimidade familiar. Todavia, a família oitocentista possuía outras variadas formas de diversão. Sem dúvida, as viagens eram um importante mecanismo de entretenimento familiar, seja para a corte ou Petrópolis, seja para o exterior. Sua própria possibilidade de realização era uma forma de diferenciação social num país onde reinava a escravidão e, conseqüentemente, havia a negação do direito à liberdade de ir e vir para uma considerável parcela da população até, pelo menos, fins da década de 1870.

Os Ribeiro de Avellar fizerem parte de um reduzido número de famílias que teve condições financeiras de custear temporadas no Velho Continente. Em 1874, a família realizou sua primeira viagem à Europa, onde percorreu cidades da França, Bélgica, Alemanha, Inglaterra e Suíça. A ocasião era propícia para freqüentar os melhores concertos, teatros, museus e ateliês fotográficos. Afinal, não era possível desperdiçar a chance de ter sua imagem perpetuada em uma *carte de visite* assinada por um profissional reconhecido mundialmente. Assim como no Brasil, optou-se por um fotógrafo que desse prestígio e possuísse um importante diferencial através da titulação de Photographe de S.M. l'Empereur. Mais uma vez, a família compareceu coletivamente ao ateliê fotográfico para posar. No entanto, as representações foram construídas individualmente.

As imagens de Luiza e Júlia têm muitas semelhanças no tocante as suas formas de expressão: posicionamento (perfil), direção do olhar (indireto), enquadramento (central), fundo (liso/escuro) e arranjo (plano superior). Em relação à forma do conteúdo, as indumentárias escolhidas são bastante características da década de 1870, o que demonstra que as agentes sociais fotografadas estavam não só preocupadas com os diferenciais de classe a serem perpetuados, mas também atualizadas com os elementos que compunham um habitus civilizado, dentre eles, a moda, cujo berço era a Europa. Este era um artifício de hierarquização social imprescindível. As saias-balão já haviam

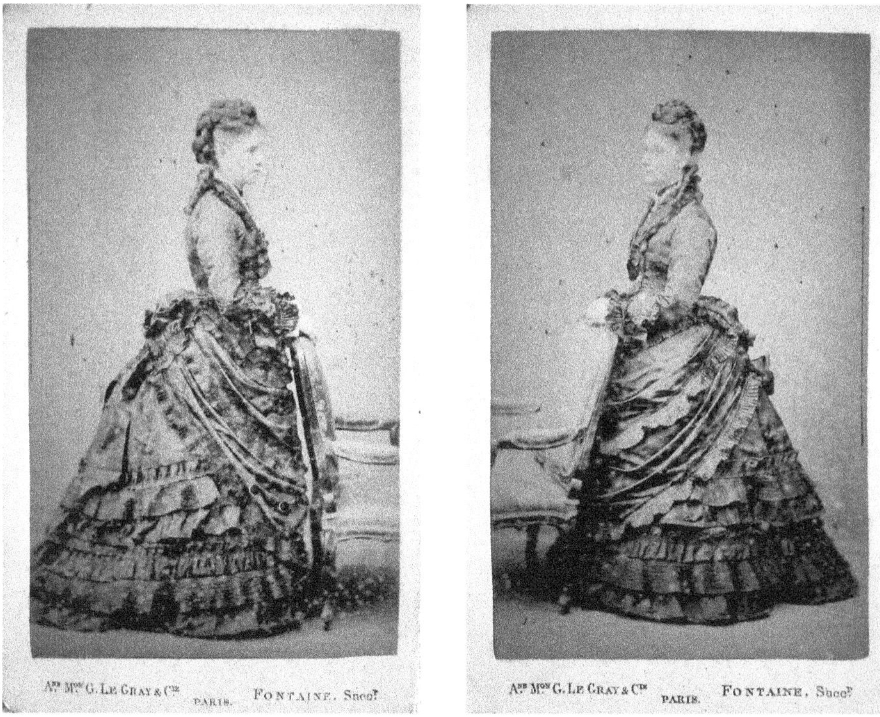

Luiza Velho de Avellar e Júlia Velho de Avellar, 1874.

caído em desuso, diminuindo de angulação, sendo compensadas pelos babados, brocados e *pouf* das costas. Os cabelos acompanham o desenho traseiro da vestimenta, sendo suspensos.

Os gastos com representação durante a viagem se estenderam muito além das fotografias.[17] Na década de 1890, todas as filhas do visconde e da viscondessa de Ubá retornariam à Europa depois de casadas, com suas famílias. Mariquinhas e Manoel Vieira Tosta não tiveram herdeiros e passaram a residir na França com a princesa Isabel, após sua retirada para o exílio. Luiza, já viúva, viajou para Paris acompanhada dos filhos Antônio, Maria Luiza e Alice de Avellar Lemgruber. Sua irmã Júlia foi, na mesma época, com o marido e os filhos Jerônimo, Paulo, Francisco, Joaquim, Luiz Vicente, Júlia, Mariana e Eloy de Avellar Figueira de Mello. A própria viscondessa também gozou da companhia da primogênita em Paris depois de sua viuvez. É interessante ressaltar que todos os primos foram juntos ao estúdio de C. Mourgeon – localizado no n.44 do Palais Royal, Paris – para tirar suas respectivas fotografias. Nessa ocasião, não foi produzida ou não resistiu ao tempo nenhuma imagem das irmãs com os maridos, juntas ou com todo o grupo familiar.

Luiz Vicente, Júlia e Mariana Avellar Figueira de Mello.

Antônio de Avellar Lemgruber, entre 1890 e 1895.

A família vai à rua

> ... Há seis dias que não passeio a cavalo porque da última vez que saí machuquei-me muito, o que me tem privado de continuar. Só tem ido Mariquinhas com seu pai. Temos ido aos cavalinhos, trabalham bem, ainda ontem lá estivemos. Chegou um homem da cidade com duas filhas, uma com oito anos ao que mostra e outra com cinco, que dançam maravilhosamente na corda. Mas o circo é muito mal-arranjado. Tem-se nele muito frio e só finaliza o espetáculo às onze horas da noite porque os intervalos são enfadonhos. As raparigas todas foram e os rapazes irão no domingo e já se sabe gostarão muito e também Maria Joana.[18]

Os diversos espaços de morada ocupados pela família Ribeiro de Avellar ofereciam diferentes atrativos em termos de diversão. Na fazenda Pau Grande, por exemplo, os prazeres estavam bastante ligados à natureza e às brincadeiras ao ar livre. As principais atividades descritas nas cartas eram passear a cavalo, subir nas árvores e tomar banho de rio: "Mariquinhas, Lulu, Júlia, Antônio Ribeiro banham-se todos os dias no rio, do que gostam muito."[19] A propriedade era cortada pelo Ribeirão da Posse, no qual desaguava a cachoeira do Cavaru. A chegada de um circo, conforme foi contada pela sra. Avellar, mudava a vida dos moradores da cidade de Vassouras, vilarejos e fazendas ao redor. Os mágicos, palhaços e equilibristas deslumbravam, principalmente as crianças, com suas performances. Mariana, criada na corte e acostumada com as mais refinadas apresentações artísticas, não se deixava envolver pela magia do circo, sendo crítica em seus comentários. Contudo, confessava que as meninas, os meninos e a amiga Maria Joana iriam assistir e por certo gostariam.

Outros divertimentos familiares que proporcionavam uma certa atmosfera intimista eram a leitura em voz alta, as conversas e as apresentações de piano, em geral comandadas por Mariquinhas. Entretanto, a rotina da fazenda era quebrada, muitas vezes, pela chegada de amigos, compadres e outras visitas que vinham para o "jantar", "chá" ou "ceia". As famílias da região que mais freqüentavam a casa eram os Teixeira Leite e os primos Werneck e Gomes Ribeiro de Avellar.[20] Portanto, mantinha-se a força da parentela como cânone social e os grupos familiares mais chegados, que possuíam relações estreitas com os Ribeiro de Avellar desde o tempo do avô barão ou mesmo antes. Mudavam-se os personagens, mas as parentelas atravessavam gerações. Da prima Mariana Isabel de Lacerda Werneck, filha do barão de Paty do Alferes, em 1866, o casal Ribeiro de Avellar foi presenteado com a fotografia carinhosamente assim dedicada: "tributo de amizade e lembrança afetuosa."

A rotina na fazenda Pau Grande também era pontuada pela chegada de visitantes vindos de outras cidades e que passavam temporadas. Fora os avós e o tio Juca, do ramo Velho da Silva, muitos amigos e parentes da província, da capital e alguns do Rio Grande do Sul lá se hospedaram: d. Lulu, Domingos Farani, dr. Meirelhes, Martinho Campos foram alguns dos que consegui identificar. Mas, sem dúvida, a presença mais ilustre foi a da princesa Isabel, que, em 1883, esteve lá na compa-nhia de d. Eugênia – filha do visconde da Penha – e de Mariquinhas Avellar Tosta. Na ocasião, a hóspede imperial que havia sido aluna do fotógrafo Klumb produziu, juntamente com d. Eugênia, algumas imagens da fazenda que foram reunidas num álbum de fotografias e ajudam a compor um raro conjunto de registros de suas construções durante o século XIX. Nesse caso, a imagem não só informa sobre a disposição, arquitetura, organização das moradas e do meio ambiente no momento em que foi produzida, como permite

Mariana Isabel de L.Werneck, 1866.

afirmar sobre a presença de um membro da família imperial na fazenda e sobre sua prática e qualidade de fotógrafa. Por ser uma fotografia de paisagem, foi tirada na vertical e tem uma organização própria da sua forma de expressão e conteúdo que se diferencia dos referenciais que regem o retrato oitocentista.

Outros eventos que provocavam alteração na rotina e grande alvoroço na vida social local eram os festejos matrimoniais. Os fazendeiros do vale do Paraíba não poupavam esforços para oferecer tudo do bom e do melhor, competindo com as famílias da cidade, como bem lembrava d. Leonarda: "Vejo o que me dizes sobre os casamentos e a influência que há pela festa, assim também eu tenho pesar de não assistir à festa dos casamentos porque deve ser a melhor que lá terá havido porque é da fidalguia da terra, estimarei que sejam todos felizes."[21] Os ritos e comemorações católicos demarcavam o espaço sagrado da classe senhorial oitocentista. Contudo, também proporcionavam uma oportunidade de representação social perante seus pares e permitiam o convívio entre seus membros, fato bastante citado pelos viajantes que aqui estiveram, desde o início do século. Além da capela da fazenda, Mariana Velho de Avellar fazia obras de caridade, contribuía com doações e freqüentava a irmandade da santa de sua devoção – Nossa Senhora da Conceição –, fundada em 1844, e que se localizava a uma légua da fazenda.

Quando passava temporadas em Petrópolis, a sra. Avellar auxiliava na organização das comemorações, procissões e festejos católicos da cidade. Em abril de 1884, ajudou nos ensaios de música para o Domingo de Ramos e comentou com o filho José Maria: "na missa cantam em todos os dias da semana cantigas apropriadas, ainda ontem à noite foi um ensaio e no primeiro o imperador e a princesa foram assistir e tudo correu bem."[22] Com os mesmos objetivos, por diversas vezes, fez encomendas para a igreja à mãe, pedindo-lhe instrumentos musicais, panos e rendas para o manto de Nossa Senhora, vindos da corte. Aliás, sempre mandava notícias a respeito para d. Leonarda: "o padre Germaine me pede que lhe agradeça muito os seus oferecimentos, mas que por hora nada se lembra para o serviço da igreja de que possa incumbir, porém que se não despede do seu favor para mais tarde."[23] Com o tempo, o vigário se tornou um grande amigo da família e, quando esteve em Jerusalém, trouxe de presente três réplicas dos cravos de Jesus Cristo, feitos em ferro, para a viscondessa.

No álbum da família existiam cinco *cartes de visite* de religiosos: a primeira de um padre (fotógrafo não identificado), a segunda de um bispo (Insley & Pacheco), endereçada a Antônio Ribeiro de Avellar, em 1876, e as três últimas do padre Germaine. A mais recente delas foi enviada de Roma, em 1879, com a seguinte dedicatória: "À excelente Mme. Avellar, testemunha de particular estima e de perfeito reconhecimento de seu tão devotado e respeitado amigo. Abade Germaine."

A chegada a Petrópolis delimitava um cotidiano familiar mais refinado. No verão, aqueles que tinham condições de se estabelecerem serra acima lá passavam temporadas para fugir da febre amarela, numa espécie de política sanitária da corte. Em contrapartida, a cidade acabava por reunir as famílias abastadas e se transformava num verdadeiro palco onde as preocupações com moda, representação e etiqueta se tornavam mais acirradas diante de um público mais seleto. Inicialmente, o percurso da capital a Petrópolis durava quatro horas. Aos poucos, a situação foi melhorando, sobretudo depois que a ferrovia foi construída, e a facilidade dos caminhos foi consolidando a "cidade de Pedro" como um centro de moda e civilização, com hotéis, teatros, restaurantes, cervejarias, confeitarias, modistas, cabeleireiros, sociedade de música, bons colégios, além de uma profusão de belos palacetes. Em 1859, o jornal *O Paraíba* anunciava:

Abade Germaine, 1879.

> Petrópolis anima-se. A emigração da corte aumentava dia-a-dia; as casas alugam-se, os hotéis enchem-se, e os divertimentos se sucedem como as trovoadas, e os carros se cruzam como raio. Há bailes populares, saraus burgueses, saraus aristocráticos, cavalinhos artificiais, jogos de argolinhas, há jantares, há missa todos os domingos e dias santos, representa-se, canta-se e dança-se no teatro, fazem-se e pagam-se visitas, há enfim jornais para ler, jornais para rir.[24]

A família Ribeiro de Avellar era uma das que podiam gozar do que havia de melhor em Petrópolis, não somente em termos de bens de consumo, mas de sociabilidade. Quando passava o verão na cidade, era freqüentemente convidada para desfrutar da companhia dos imperiais, seja nos eventos sociais, seja quando as crianças iam ao palácio, principalmente Mariquinhas, para brincar com as princesas ou tocar piano. Armandinha Paranaguá, outra grande amiga das princesas, recordou que, na infância, faziam apresentações de teatrinho no Paço. Dentre os textos escolhidos, montaram *Rira mieux qui rira le dernier* e *Le plaideur*, de Racine. Outras atividades eram passear no jardim, tomar chá, tocar música, olhar fotografias e fazer jogos de palavras. Entretanto, toda a diversão terminava religiosamente às nove e meia da noite.[25] Assim, mantinha-se uma relação de amizade e subserviência construída há muitas gerações: "acontece que a imperatriz chega domingo 5 e que logo Mariquinhas será chamada para o brinquedo e me é necessário acompanhá-la e também as outras, por cautela."[26]

É interessante notar que a vida social do sr. e sra. Ribeiro de Avellar foi se tornando mais assídua à medida que os filhos cresciam. Muitas vezes, mesmo estando tudo preparado para a partida, acontecia um imprevisto, e a viagem tinha de ser cancelada ou, pelo menos, adiada. Sem dúvida nenhuma, os motivos mais comuns eram as doenças infantis. Contudo, quando conseguiam vencer os obstáculos da rotina doméstica, os lugares mais freqüentados eram saraus e *soireés*, concertos clássicos e espetáculos de teatro. Em ambientes privados, tanto convidavam quanto eram convidados para chás, jantares e recepções: "vou receber visitas que vêm tomar chá aqui esta noite para apreciar o Arnaud."[27] Contudo, outros eventos mais sofisticados eram oferecidos e, não querendo pecar na "arte de bem servir", Mariana, por vezes, escreveu à mãe lhe pedindo ajuda:

> Petrópolis, 13 de novembro de 1862.
>
> ... Minha boa mãe, mais uma vez vou importuná-la pedindo-lhe um grande favor no caso de ser possível. ... É o seguinte, mamãe, empresta-me (no tempo que aqui estivermos reunidas pelo Natal) o seu cozinheiro Luiz, não só para tratar a todos como devo e tenho vontade, como também para os meus "bichos de cozinha" aprenderem com ele alguma coisa de quitutes de que há tanto estou privada.

Na recepção de Natal, Mariana Velho da Silva pretendia oferecer o que de melhor havia em termos de qualidade e preparo dos pratos. Compartilhava do habitus de classe, muito bem expresso no "Código do bom-tom", de J.I. Roquette, no qual se afirmava que: "a bondade de um grande jantar consiste não na profusão, nem no demasiado apuro das iguarias, senão em que sejam variadas na qualidade, no tempero e na maneira de as preparar, e de tal arte dispostas que não se pareçam umas com as outras." Sua preocupação mostra como o refinamento da conduta diária havia se transformado num importante instrumento de diferenciação social para as famílias mais abastadas e devia ser praticado cotidianamente a fim de ser internalizado. Por isso, gostaria de aproveitar a ocasião para que o cozinheiro Luiz ensinasse alguns de seus dotes culinários a sua escravaria doméstica, à qual se referiu como "bichos de cozinha", a fim de que variasse o cardápio quando retornassem à fazenda. A "arte de bem receber e servir" era uma das obrigações das esposas da boa sociedade e qualquer detalhe, em demasia ou escassez, era reparado: "... Foi ontem o jantar da Jancitinha, os meus hóspedes foram convidados e foram. O jantar serviu-se por fora, à *russe*, levou muito tempo a macaquiar os grandes jantares. A Jacintha mostrou a d. Maria José toda a sua roupa cheia de *valencienes*. E tu que dizes que ela não fará luxos. É melhor aparecer do que mostrar-se."[28]

Conhecer a profusão de talheres e copos e usá-los adequadamente, servir o vinho de acordo com cada tipo de comida, dispor os convidados à mesa de forma a respeitar sua hierarquia social passou a ser um domínio dos mais bem-vistos socialmente num grande teatro de aparências que foi, aos poucos, sendo experimentado e incorporado até constituir um ideal de civilidade para toda a sociedade. Da parte dos convidados, era preciso obedecer a um código de boas maneiras. No entanto, seu conhecimento minucioso e sua execução com destreza eram privilégios de poucos. Qualquer deslize ou aparência de artificialidade eram motivos de comentário malicioso, como fez d. Leonarda. Tal atitude demonstra, na sua essência, o conhecimento de um dado modelo de comportamento e a necessidade de diferenciar-se. Seu entendimento necessitava que ambos os participantes estivessem envolvidos numa mesma ordem cultural.

Certamente, no verão e principalmente depois da chegada dos imperiais, a cidade de Petrópolis concentrava as famílias mais abastadas do Império. Aqueles que não possuíam residência própria poderiam ir para um hotel ou "tomavam casa", como fizeram, algumas vezes, os Velho da Silva e os Ribeiro de Avellar. Esta era uma boa oportunidade para ver os amigos da corte e de outras localidades. Ao chegar à cidade ou partir para o campo, era recomendável, pelas regras da boa educação, que os viajantes fossem fazer uma visita àqueles por quem se tinha amizade e/ou se deviam obrigações. Tal código de etiqueta era prontamente conhecido e obedecido tanto por Mariana, quanto por d. Leonarda:

> Petrópolis, 12 de agosto de 1866.
>
> Às cinco horas e quarto saí da casa. Para me ver livre fui logo à minha vizinha da frente. Estavam finalizando o seu *desert* e mandaram-me entrar para a sala de jantar, onde fui recebida por José com toda a amabilidade. ... Depois fui à casa dos Jujus, que nos receberam muito bem, como eu gosto, com mais sensibilidade (a respeito das condições deste casamento imposto pelo pai dele, à vista te direi). Dali fui aos Amaraes, não sabiam como se mostrarem agradecidos pelo bem com que foram tratados por mim, por Joaquim e por ti. ... Deram-me pequenos presentinhos de frutas. Matilinhas não estava em casa. Voltei às sete horas da noite muito fatigada.

A prática social das visitações também servia para colocar em dia as novidades referentes ao circuito de pessoas conhecidas, além de manter e consolidar relações e laços de amizade antigos. Os comentários de d. Leonarda para a filha eram repletos de adjetivos e juízos de valor, apesar do pequeno tempo que permaneceu em cada uma das residências visitadas. Suas atitudes seguiam a etiqueta e o habitus vivenciado pela classe senhorial e explicitado no "Código do bom-tom", que recomendava que as visitas fossem feitas entre cinco e oito da noite, sem chocar-se com o horário das refeições, sendo rápidas, no máximo meia hora, para não cansar aqueles que as recebem.[29] Entretanto, conforme as regras de civilidade compartilhadas, outras ocasiões também requeriam visitas. Dentre elas estavam as participações de mudança de endereço, o pagamento de visitas recebidas e as visitações por agradecimento.

A corte figurava como principal locus de consumo, representação, sociabilidade e vida cultural. A rotina familiar em tais lugares era, com certeza, bem mais agitada. O Rio de Janeiro, capital política, econômica e cultural, era um espaço privilegiado de onde se irradiava um padrão de comportamento modelar que servia de exemplo para o resto do país. Assim, como bem observou Luis Felipe Alencastro em *História da vida privada no Império*, a corte tinha um duplo papel. Por um lado, recebia os fluxos externos, em constante crescimento desde a abertura dos portos, reformulando-os de forma a enquadrá-los no modelo de civilização desejado; por outro, atuava de modo a acomodar os regionalismos em um quadro mais amplo, pela primeira vez verdadeiramente nacional.

Pelas próprias dificuldades do percurso, quando iam para a corte, os Ribeiro de Avellar passavam uma boa temporada, seja em casa alugada, seja na de d. Leonarda ou em sua própria residência, adquirida na década de 1870. Assim como Petrópolis, as viagens se fizeram mais assíduas e demoradas à medida que os filhos cresciam. Além do espaço para o consumo, a vida no Rio de Janeiro se abria em eventos sociais: "Ontem foram ao Cassino só para que José aproveitasse o último. Esteve sofrível!" (Rio, 29 de novembro de 1853); "Fomos ao teatro uma noite para ver as dançarinas francesas, que são muito boas, e tivemos bastante saudades de ti e do Joaquim e não temos saído nenhuma vez mais" (Rio, 4 de novembro de 1857). "Mamãe pensa retirar-se para a corte em meados de agosto para aproveitarem a ópera lírica e Antonio Ribeiro tomara uma licença para acompanhá-la" (Pau Grande, 10 de julho de 1884). "Fomos à *soirée* da princesa, a uma *soirée* das irmãs Duartes, vamos amanhã à matinê Beethoven e ao grande concerto que a princesa auxilia para a infância desvalida" (Corte, 23 de agosto de 1884).

Contudo, para aqueles que prestavam serviço no Paço à família imperial e eram obrigados a comparecer a muitas apresentações e comemorações, tal rotina, às vezes, se tornava bastante cansativa. Em 4 de dezembro de 1854, d. Leonarda confessava à filha: "No beija-mão muito me lembrei em boa roda, porque vinha da maçada da porta do cortejo, mal jantei, parti a ver a tua avó que teve um ataque forte, mas já está boa. Voltando às sete horas fui ao teatro, mas sem vontade, porque mais desejava estar deitada, mas a imperatriz queixava-se de manhã de ter oferecido poucas damas."[30] Na década de 1880, o Rio de Janeiro também se tornou um atrativo para aqueles que queriam tomar banhos de mar: "Mariquinhas e o Tosta se demoram no Catete até o fim desta porque estão a banhar de mar."[31]

Havia muitos amigos com quem se relacionavam e passeavam quando estavam na corte. Entretanto, a análise da correspondência permite levantar alguns nomes como os de maior intimidade, freqüentadores assíduos da rotina doméstica da casa materna no Rio de Janeiro.[32] O marquês e a marquesa de Itanhaém figuravam entre os amigos ilustres que haviam estreitado seus laços de solidariedade ao servir de padrinhos do casamento de Mariana e Joaquim. O primo Martinho de Campos, d. Leonor, dr. Meirelhes, médico e amigo da família, e Domingos Farani são os mais citados dentre os amigos residentes na corte.

Fazendo um cruzamento dessas informações, retiradas das correspondências com as fotografias da coleção analisada, foi possível apontar alguns personagens pertencentes às famílias citadas. O marquês de Itanhaém tirou sua fotografia ao lado de seu neto, assim como sua esposa, no estúdio Retratista da Casa Imperial, de D.I. Cypriano. O renomado ourives Domingos Farani, cuja mulher morreu tísica em 1858, enviou sua foto de Paris, tirada por A. Ken, para os amigos. Já Martinho Campos não possui imagem identificada.

Marquês de Itanhaém, 1855-70.

Marquesa de Itanhaém, 1855-70.

No entanto, presenteou a família Avellar com uma *carte de visite* de seus filhos, dois meninos e duas meninas, assinada pelo estúdio Tavares Sobrinho, que restou carinhosamente guardada entre os pertences da viscondessa. Felisberta, uma das meninas desta foto, apareceu novamente em registro de 1883, tirado quando ainda era bebê.

Ao chegar numa certa idade, freqüentar os eventos sociais urbanos passava a ser uma necessidade familiar, pois abria espaço para as moças e rapazes se “mostrarem socialmente”, serem apresentados aos filhos e filhas da boa sociedade, criando, sobretudo, oportunidades para firmar contratos de casamento. O desafio, portanto, era se iniciar numa dada sociabilidade constituída conforme um habitus de classe. Era preciso se fazer representar individualmente na esfera pública. Entretanto, o passaporte de pertencimento a um grupo social restrito era dado pelo nome e prestígio familiar. Quanto mais refinado e seleto o público, melhores as chances de se conhecerem partidos promissores. Mas tudo devia ser feito com muito cuidado e medida, pois os excessos podiam causar má reputação.

Nas regras matrimoniais vigentes socialmente continuavam a preponderar os acordos feitos pelos chefes das parentelas, contudo, passava-se, talvez por influência do ideal romântico, a considerar importante que os noi-

Domingos Farani, 1860.

Filhos de Martinho Campos Filho, 1889.

vos tivessem alguma simpatia um pelo outro. Com as seguintes palavras, Mariana noticiava o pedido de casamento de sua filha caçula Elisa: "Agora vou dar a você uma grande novidade. O casamento de sua irmã com o filho do barão Souza Fontes. Elisa aceitou e está muito contente e todos nós da mesma maneira. A família do moço está contentíssima. O casamento penso que será sem demora, talvez para fins de setembro."[33]

As estratégias matrimoniais tinham como finalidade a conservação do status quo na transição de uma geração para outra. Nesse sentido, enquanto viveu, Joaquim Ribeiro de Avellar conseguiu executar a contento sua função de patriarca, garantindo aos filhos não só uma certa fortuna, mas também casamentos com importantes famílias da sociedade imperial. Maria José se casou com Manoel Vieira Tosta (filho do primeiro barão de Muritiba); Luiza se uniu a Antônio Ubelhart Lemgruber; Júlia a Francisco de Carvalho Figueira de Mello; e Elisa a Luis Ribeiro de Souza Fontes (filho do barão de Souza Fontes). É interessante notar que nenhum dos matrimônios das filhas foi endogâmico ou contraído com negócios somente na agricultura. A riqueza havia migrado para outras áreas. A preferência foi dada aos jovens bacharéis, de famílias de políticos, funcionários públicos ou profissionais liberais, residentes na corte ou em Petrópolis, círculo social que freqüentavam. Uma pequena exceção se deu no caso de Luiza, que, depois de ficar viúva, adquiriu a fazenda da Glória, optando por ter uma propriedade perto dos pais e irmãos, que assumiram sua administração.

As terras couberam aos filhos homens. O mais velho, Antônio Ribeiro, nunca se casou. Morou com a viscondessa até 19 de setembro de 1898, quando ela morreu. Joaquim, filho temporão, foi o mais prejudicado em termos de herança. Primeiro, não foi herdeiro dos avós, pois ainda não tinha nascido quando os mesmos faleceram. Segundo, grande parte de sua educação superior foi realizada depois da morte do pai. Assim, contraiu núpcias com uma prima, Mariana Albuquerque de Avellar, para garantir maior poderio local. Enquanto as mulheres seguiam com os maridos para residir no meio urbano, corte ou Petrópolis, Antônio Ribeiro e Joaquim continuaram administrando as terras herdadas e as compradas. Numa fase de decadência acelerada da agricultura do vale, passaram a se dedicar à política aproveitando o prestígio e a tradição familiar construídos desde a fundação da vila. Ambos foram vereadores no período republicano por diversas vezes e Joaquim assumiu a prefeitura em 1922.

A boa escolha dos casamentos para os herdeiros e herdeiras significava, na prática, a perpetuação do nome e da honra de uma determinada casa familiar no tempo. Esse prestígio e poder vigoravam como uma herança imaterial que era repassada aos herdeiros. Mantê-la para as próximas gerações, assim como a fortuna, era o grande desafio. Talvez, por isso, as estratégias matrimoniais tenham sido um grande foco de resistência aos novos valores e parâmetros ligados ao modelo familiar nuclear e ao individualismo. A família oitocentista resultou da negociação cotidiana entre essas novas formas de vivência e organização, imbuídas de uma aura de modernidade e civilização, e a gramática patriarcal, rezada através da vasta parentela e da presença maciça da escravidão no âmbito doméstico. A exemplo do Estado imperial, muitas famílias buscaram uma representação de si que conciliasse ideal aristocrático e modernidade. O retrato fotográfico cumpriu perfeitamente essa função. No papel emulsionado organizado nos álbuns de família, traçou-se uma narrativa visual da família extensa, protagonizada, contudo, pelos indivíduos que assumiram com destaque o espaço da figuração.

Conclusão: O triunfo da família oitocentista

> Em uma família grande como a nossa, é a casa paterna o centro de todas as notícias, uma espécie de escritório central de fios telefônicos.
>
> Antônio Ribeiro Velho de Avellar, Pau Grande, 1884.

Numa visita à filha Maria José Vieira Tosta, baronesa de Muritiba, em Paris, a viscondessa de Ubá redigiu aquele que seria seu segundo e último testamento. Sem muitas novidades, doou a terça parte de seus bens ao filho mais velho e testamenteiro Antônio Ribeiro Velho de Avellar, para quem deixava todas as terras e propriedades da fazenda Pau Grande e se dizia muito agradecida pelos serviços prestados desde a primeira enfermidade do marido. O restante foi dividido entre os outros quatro filhos vivos, tendo ainda dado "como lembrança" três contos de réis a cada neto, afilhado e sobrinho. Diferentemente do marido, as palavras cuidadosamente escolhidas pela viscondessa para seu testamento eram quase autobiográficas. Após encomendar 100 missas em homenagem a cada um dos entes queridos falecidos, com quem conviveu tantos anos – marido, pais, filhos e os parentes por ela chamados de "irmãos": d. Maria Serafina, d. Antônia e Joaquim Mascarenhas Salter –, Mariana carregou suas palavras de sentimentalidades:

> Muito agradeço aos meus pais os esforços que fizeram por minha educação. Aos princípios que me foram incutidos, devo algum apreço em que a sociedade me fez o favor de ter e a serenidade de que sempre gozei. Fui casada com Joaquim Ribeiro de Avellar, depois visconde de Ubá, não me é possível exprimir a lembrança que este nome sempre me traz. Sou-lhe muito reconhecida. Os cuidados delicados com que sempre cercou nossa comum existência de 39 anos são para mim recordações de todos os dias. ... A todos os meus filhos sempre tributei o mesmo amor e muitos desejos de que gozassem da felicidade mais completa. A meus genros e noras toda a minha estima e consideração.[1]

No documento que seria sua última palavra aos filhos depois de falecida*, a viscondessa não se ausentou do papel de construtora de uma dada memória familiar, à qual havia se dedicado durante toda a vida de casada. Reconheceu a educação que lhe fora passada pelos pais e como esta lhe abrira as portas para uma vida em sociedade; reafirmou o casamento como valor supremo; reviveu a longa vida em comum com o marido e a equivalência do amor que manteve pelos filhos. Contudo, os valores cuidadosamente selecionados para serem citados – casamento duradouro, boas relações com a parentela, amor entre pais e filhos, educação e *savoir vivre* – não foram gratuitos. Eles faziam parte de um novo modo de viver em família compartilhado por importantes frações da classe dominante no Império, nas quais a viscondessa se reconhecia e desejava reforçar sua inserção. As percepções de seu papel na família e de seu lugar diferenciado na sociedade eram tão fortes em sua auto-representação que, mesmo em tempos republicanos, Mariana não abriu mão de usar os títulos nobiliárquicos de visconde e viscondessa de Ubá recebidos, em março de 1887, em retribuição à profunda amizade e lealdade da família para com o círculo dos imperiais.[2]

Também estiveram no proscênio deste trabalho d. Leonarda, o conselheiro José Maria Velho da Silva, o barão de Capivary, o visconde de Ubá e seus filhos. Domingos Alves da Silva Porto, Luis Gomes Ribeiro, Mme. Doyen e outros personagens que por aqui passaram foram igualmente importantes para moldar um cotidiano familiar próprio dos Ribeiro de Avellar. Através de suas singularidades foi possível perceber valores e comportamentos sociais compartilhados dentro dos domínios da cultura e, mais especificamente, da cultura das frações da classe senhorial do Império a que pertenciam. Ao longo destas páginas, procurei desvendar esses destinos cruzados para analisar os lentos processos – internos e externos – de mudança e ressignificação sofridos no interior da família. Tendo em vista o viés historiográfico da micro-história e o exame da documentação íntima familiar, levantei o que era próprio, específico a cada um dos sujeitos históricos. Por meio de seus percursos, escolhas, conflitos, desejos e desgostos, acentuei os meandros da vida cotidiana e as diversas temporalidades que constituem a história desse grupo. Entretanto, o que a princípio pode parecer particular toma colorações mais gerais se pensado como parte de um "viver em família" que molda e é moldado sob um determinado habitus social.

Os ganhos interpretativos de se descolarem os estudos sobre família das análises que tendem a interpretá-la unicamente como domicílio, unidade de residência e/ou unidade econômica são consideráveis. A família pensada a

* A viscondessa de Ubá morreu em sua fazenda, no Pau Grande, em 1898, aos 71 anos.

partir dos sujeitos históricos que a compõem ressalta os laços afetivos e os sentimentos de pertencimento ao grupo, além das relações de dependência e solidariedade entre seus membros. Olhado dessa forma, o conceito de família deve ser pensado nas suas especificidades regionais, culturais e de classe. Assim, as próprias maneiras como os grupos familiares se definem e se relacionam interna e externamente tomam conotação de disputa de poder no interior de uma dada configuração social.[3] Foi nesta ótica que procurei mostrar como os Ribeiro de Avellar se articularam e rearticularam, de modos diversos, ao longo do século XIX, sempre buscando manter-se dentro do círculo das *melhores famílias*. Portanto, a própria "sobrevivência" familiar era parte do cotidiano, sempre projetado para esse fim. Nesse processo, houve transformações quanto às estratégias de casamento, aos papéis familiares e às sentimentalidades. Elementos importantes que foram sendo ressignificados incorporando – em uns casos mais, em outros menos – novos comportamentos europeizados, como a valorização da instrução e da destreza social, o amor romântico, o amor entre pais e filhos, sem, contudo, abrir mão do mecanismo que reforçava a parentela. A família oitocentista é fruto dessas combinações perfeitamente possíveis no Brasil do final do século XIX.

Quase diariamente, um tempo familiar essencialmente masculino reafirmava a lógica da preservação da riqueza e do patrimônio no interior do grupo estudado. As detalhadas contabilidades de Luis Gomes Ribeiro e do visconde de Ubá, bem como as cartas trocadas entre o barão de Capivary e seu correspondente de café, mostravam um cuidado cotidiano para que nada fugisse ao controle. A riqueza era considerada um elemento essencial para a continuidade do grupo familiar. Contudo, não era o único. Riqueza, poder político e prestígio social, apesar de relacionados, não eram indissociáveis no Brasil oitocentista. Assim explicam-se os altos investimentos em títulos de nobreza, os casamentos arranjados, a entrada para a Guarda Nacional, a compra de fazendas e escravos e outras práticas tão freqüentes que buscavam suprir a escassez ou incrementar algum desses elementos. Portanto, a noção de prestígio social ou dos atributos que o conferiam, por exemplo, mudou ao longo desse espaço de tempo. Se na época de Amaro e Manoel Velho da Silva o mais significativo era fazer grandes doações ao Estado ou à Igreja e obter honrarias e mercês, no apagar das luzes do século o que falava mais alto eram educação, instrução, refinamento e boas relações pessoais entre os indivíduos. Estar atento a essas nuanças era condição essencial para manter-se no grupo das *melhores famílias*.

Imbuídos de um sentimento aristocrático que misturava valores como opulência, propriedade e gozo da liberdade, os diversos patriarcas que estiveram à frente da casa Pau Grande regeram de formas diferenciadas seus negócios. O barão de Capivary, ao herdar as fazendas, foi o responsável pela transformação gradativa do engenho em cafezal, na década de 1830, e pela multiplicação da riqueza, calculada em terras e escravos, através dos empréstimos a juros e dos benefícios gerados pela atividade política. Seu maior investimento em capital simbólico foi a compra do título de barão, exigida para a realização do casamento do filho. O matrimônio de Joaquim e Mariana fez parte de uma estratégia de ambas as famílias com a finalidade de garantir a sobrevivência de um status quo privilegiado na sociedade oitocentista.

Na gestão do visconde de Ubá, percebe-se uma mudança nos padrões de acumulação e investimento. Em certa medida, a atividade usurária é mantida, no entanto, a compra de terras e escravos é reduzida e a aquisição de imóveis urbanos e os investimentos em bens de prestígio sofrem crescimento considerável. Diferentemente de outras famílias de cafeicultores do vale do Paraíba fluminense, os Ribeiro de Avellar conseguiram atravessar a década de 1880 com conforto financeiro. Tal especificidade se deveu à visão financeira acertada de converter parte da fortuna em títulos da dívida pública. Em contraposição, o grande número de filhos comprometia a integridade do patrimônio, que, descontada a terça, seguia o sistema eqüitativo de herança vigente. O melhor a fazer diante da inevitável divisão da fortuna foi, no caso das filhas mulheres, seguir a política de casamentos dentro do círculo das *melhores famílias* do Império. Dessa maneira, abria-se nova rede de solidariedades, obrigações recíprocas e alianças com ricas famílias estabelecidas no meio urbano, principalmente por meio de noivos bacharéis. Entretanto, isso só foi possível porque seus membros possuíam os atributos necessários para serem considerados bons partidos entre seus pares sociais.

Essa geração, se por um lado herdava um cabedal econômico inferior ao das anteriores, por outro dominava importantes ferramentas sociais que lhe garantiram o pertencimento à boa sociedade. Passado quase um século, os elementos de prestígio haviam mudado. A compra de títulos e honrarias, atributos externos, mesmo que importantes, já não era suficiente. Formação, educação, instrução, etiqueta e cabedal cultural dos indivíduos haviam adquirido forte peso. Mas, o bom nome familiar se mantinha como patrimônio constituído e legitimado pela vasta rede de amizades, reciprocidades e troca de favores constituídas ao longo de gerações. Os dois filhos homens do visconde de Ubá que chegaram à idade adulta se tornaram políticos, mantendo suas terras e a rede de poder local. Mesmo com patrimônios financeiros reduzidos, se comparados aos herdados pelo pai e avô, o sobrenome carregava a força da tradição. Uma herança imaterial que, enquanto capital simbólico, auxiliou-os a entrar na vida política e manter um capital socioeconômico.[4]

Contudo, a família oitocentista era muito mais do que patrimônio e tradição. A escrita epistolar e as fontes visuais revelaram uma vasta rede de sentimentalidades, intimidades e solidariedades que envolviam parentes fora do núcleo propriamente dito. As imagens fotográficas e sua organização nos álbuns de retrato permitiram afirmar que, apesar de haver um habitus social em ascensão que valorizava os sujeitos históricos e suas representações enquanto indivíduos, seja através dos registros fotográficos, seja através das cartas escritas na primeira pessoa do singular, o cânone da família extensa sobrevivia na narrativa visual dos álbuns, nos acordos de casamento entre os pares da boa sociedade e no poder do patriarca. No centro do Estado imperial, a família oitocentista ressignificava valores aristocráticos e modernos; incorporava um novo habitus civilizado ao cotidiano doméstico e o adaptava à estrutura escravista. Enfim, reinventava a si mesma.

Uma temporalidade distinta demarcava a vida doméstica e o governo da casa exercido pelas senhoras do lar. Mariana Velho de Avellar, viscondessa de Ubá, era uma dessas personagens que mantinham um dia-a-dia repleto de obrigações: o trato com os escravos, a direção dos estudos e educação dos filhos, a organização dos gastos com representação, a contratação de professores, médicos, cozinheiros etc. Para além dessas tarefas rotineiras, não abria mão do papel de guardiã de uma dada memória familiar na qual investia afetividades, como demonstrou a análise de seu testamento. Seu esforço pessoal ultrapassou a produção e circulação de imagens e correspondências, passando também à recuperação de diferentes guardados pessoais de membros da família extensa quando seus integrantes faleciam.

Através do cruzamento dos registros fotográficos e escritos, foi possível perceber que no Brasil a invenção e a disseminação da fotografia não estiveram ligadas à ascensão da sociedade burguesa e à consolidação de um modelo econômico capitalista. O que se verificou foi a reinterpretação de costumes burgueses, tendo as práticas de consumo como organizadoras das representações sociais. Assim, o Império procurou compartilhar da civilização da imagem e de hábitos aburguesados sem se despojar de um modelo escravista e agroexportador. Daí se explica como o costume de consumir retratos fotográficos, a princípio ligado a uma dimensão individual, manteve forte diálogo com a noção da família extensa em frações importantes da classe senhorial. A família oitocentista seria, portanto, aquela que, apesar de se organizar de uma forma mais reduzida, muitas vezes tendo, em essência, pai, mãe e filhos, ainda se mantinha atrelada às solidariedades da família extensa, que se estendiam ao poder e à política locais, aos empréstimos de dinheiro, à prestação de favores, às obrigações recíprocas, aos casamentos endogâmicos etc. Por outro lado, as relações internas entre seus membros foram remodeladas cotidianamente, tendo em vista um novo habitus vivenciado e experimentado pela classe senhorial. Nele, o antigo páter-famílias fora transformado em cidadão e pai extremoso, a quem cabiam a preservação do patrimônio, a supervisão do lar e a preocupação com a educação e instrução dos filhos. Já a mulher foi elevada ao papel social de mãe e nutriz. Suas atribuições sociais ficavam circunscritas à esfera doméstica, ao governo da casa e à criação dos filhos. Tais tarefas ligadas à educação e instrução da infância eram prioritárias no exercício de seu "dom natural": a maternidade.

Todavia, a criança foi a personagem social que sofreu maior valorização no que concerne aos papéis sociais no interior desse grupo. Sua boa educação e instrução eram garantia de perpetuação do nome, tradição e patrimônio familiares e, ao mesmo tempo, adequavam-se perfeitamente ao projeto imperial de formar cidadãos antenados com suas diretrizes de ordem e civilização. Tal processo de "descoberta da infância" pode ser vislumbrado na representação fotográfica, na narrativa epistolar, nas várias edições e reedições de manuais para sua instrução e educação, no crescimento da oferta de produtos infantis etc. Nesse processo, fortalece-se a noção de família como reduto do amor, próxima de um padrão burguês, nuclear e monogâmico propalado pelos manuais de educação europeus, muitos de inspiração iluminista, importados para o Brasil. Nesse novo modelo, percebem-se um aumento dos espaços de sociabilidade e uma aproximação da criança com os pais, acompanhando-os em passeios, banhos de mar, aniversários, piqueniques e visitas a amigos. Essa nova concepção de família nasceu na Europa dentro de um contexto de ascensão da burguesia e do modo de vida burguês. No Brasil, entretanto, iria passar por uma pintura diversa. De um lado, porque seus ideais circulariam prioritariamente entre as famílias da classe senhorial; de outro, devido à proximidade entre a ordem escravocrata e a ordem familiar. Nesta dicotomia e reinvenção de antigos e novos valores é que se delineou o triunfo da família oitocentista.

Família Ribeiro de Avellar

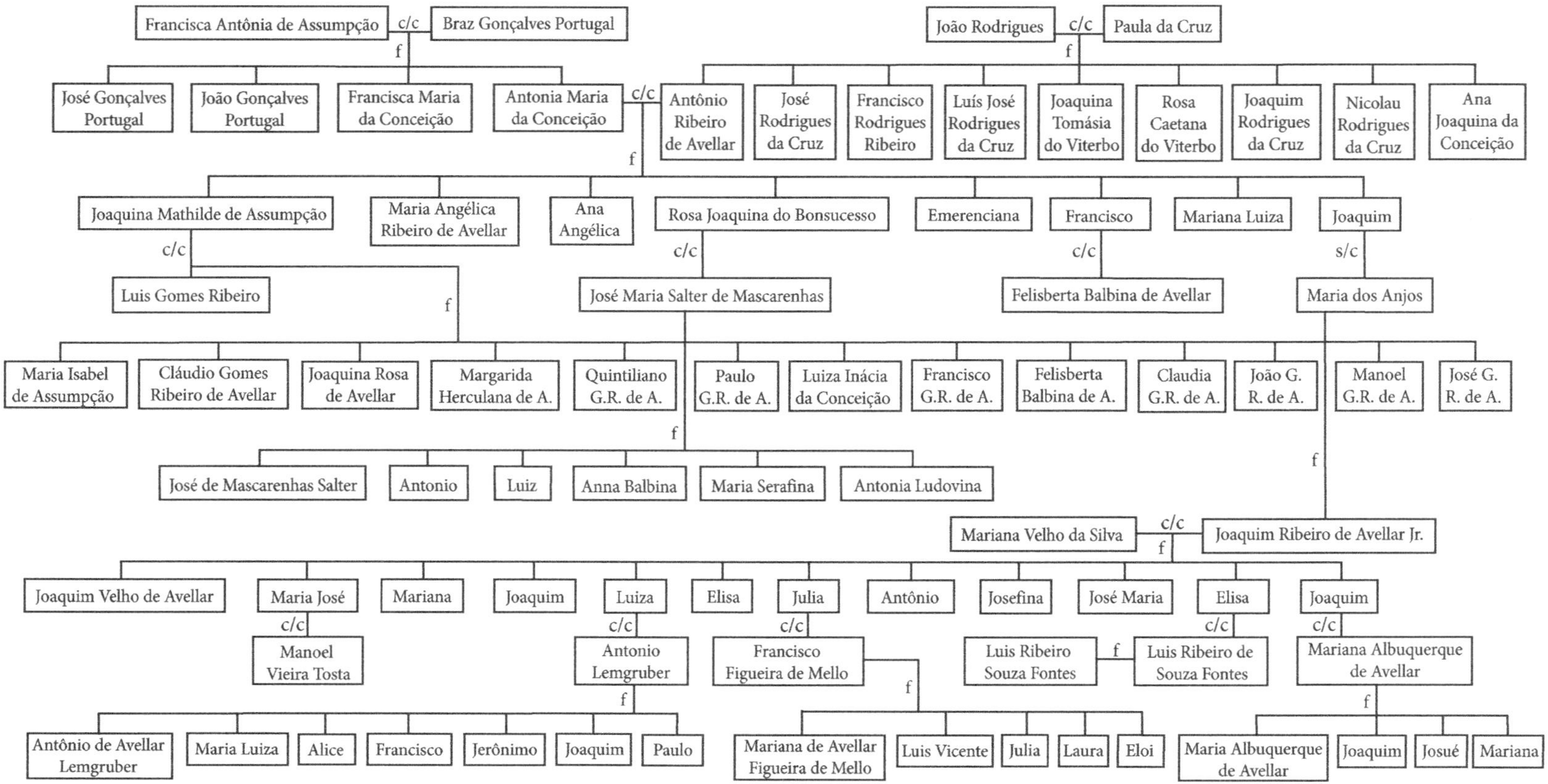

c/c: casado com f: filho s/c: sem casamento

Família Velho da Silva

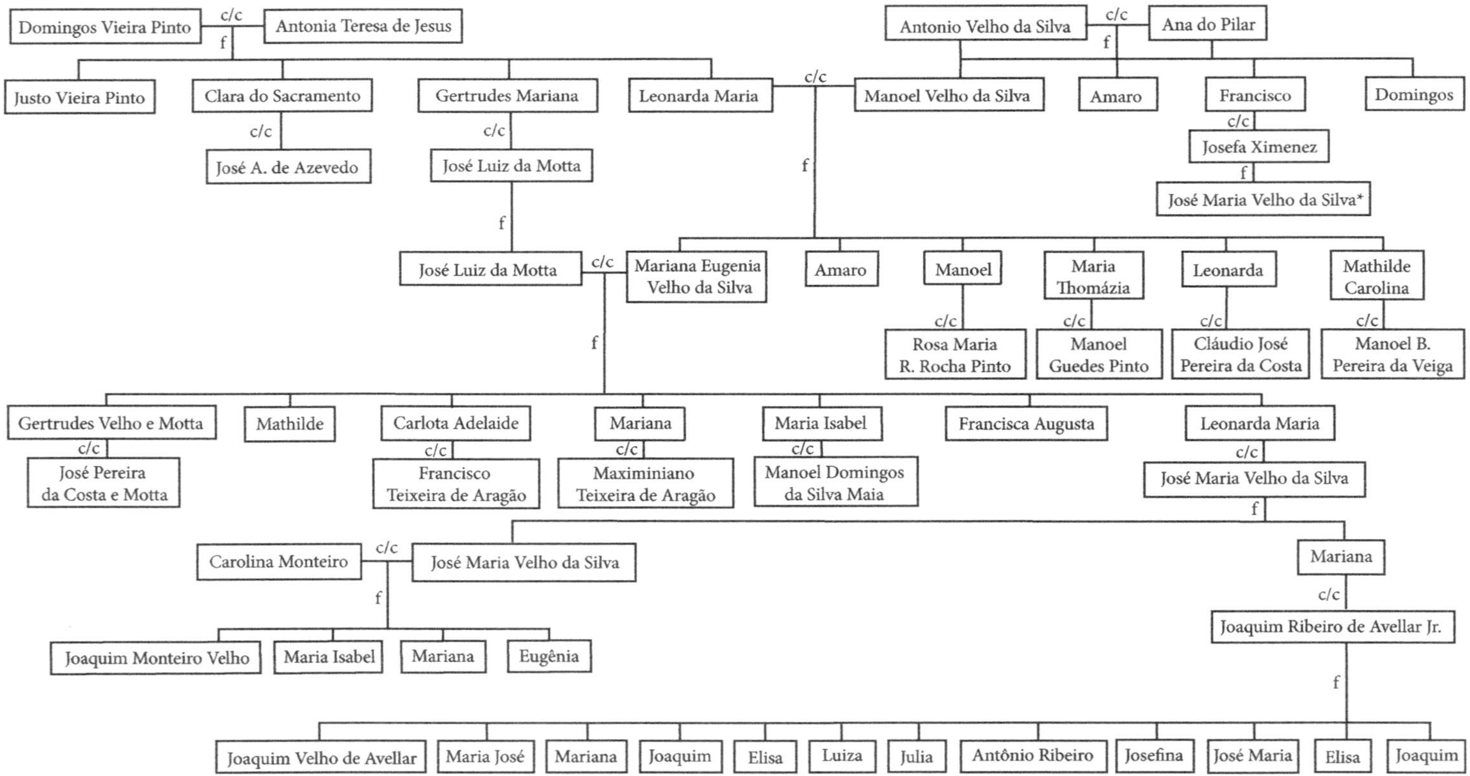

c/c: casado com   f: filho   s/c: sem casamento

*O mesmo José Maria Velho da Silva aparece mais abaixo, casado com Leonarda Maria.

NOTAS

Abreviaturas usadas nesta seção, nas Referências Bibliográficas e nos Créditos das Imagens.

1. Nomes de pessoas

A.P.L.A. – Antônio Paulino Limpo de Abreu, visconde de Abaeté
A.R.A. – Antônio Ribeiro de Avellar
B.C. – Barão de Capivary
D.A.S.P. – Domingos Alves da Silva Porto
E.V.A. – Elisa Velho de Avellar
F.J.T.L. – Francisco José Teixeira Leite, barão de Vassouras
J.J.T.L. – Joaquim José Teixeira Leite
J.L.M. – José Luis da Motta
J.M.V.A. – José Maria Velho de Avellar
J.M.V.S. – José Maria Velho da Silva
J.R.A. – Joaquim Ribeiro de Avellar, barão de Capivary
J.R.A.Jr. – Joaquim Ribeiro de Avellar Jr, visconde de Ubá
L.M.V.S. – Leonarda Maria Velho da Silva
L.V.A. – Luiza Velho de Avellar
M.V.A. – Mariana Velho de Avellar, viscondessa de Ubá
M.V.S. – Manoel Velho da Silva
P.J.S.S. – Paulino José Soares de Souza, visconde de Uruguai
V.U. – Visconde de Ubá

2. Instituições

ACMRJ – Arquivo da Cúria Metropolitana do Rio de Janeiro
AN – Arquivo Nacional
APERJ – Arquivo Público do Estado do Rio de Janeiro
BN – Biblioteca Nacional
CYBF – Coleção Yvone de Barros Franco
CRMM – Coleção Roberto Meneses de Moraes
CP – Coleção Particular
FFPG – Fundo Fazenda Pau Grande
FFVT – Fundo Família Vieira Tosta
MIP – Museu Imperial de Petrópolis
USS/CDH – Universidade Severino Sombra/Centro de Documentação Histórica

Introdução: por uma micro-história da família (p.9-14)

1. Carta de J.M.V.S. a M.V.A., 6ª.f, 30 mar.

2. Oliveira Vianna desenvolveu o conceito de clã parental para abordar a família senhorial. Gilberto Freyre tratou a organização familiar patriarcal, caracterizada pela violência e pelas relações desiguais entre os membros, como herança da colonização portuguesa de base rural e escravista. Já para Sérgio Buarque de Holanda, a família colonial de base rural foi uma herança ibérica que prevaleceu como base da organização social da colônia. Nesse sentido restrito, sua interpretação assemelha-se à de Freyre e Vianna, ao colocar a família como uma célula importante da colonização portuguesa. A discussão entre o papel e a abrangência do Estado na sociedade brasileira foi retomada por outros historiadores, como Raymundo Faoro, que enfatizou a onipresença do Estado patrimonial e criticou a perspectiva de Buarque e Freyre, que ressaltam as iniciativas particulares na colonização da América portuguesa. José Murilo de Carvalho, Ilmar Mattos e Ricardo Salles conduziram essa discussão procurando analisar como se deu a centralização política e administrativa do Estado imperial e quais os grupos sociais envolvidos nesse processo. Ver: O. Vianna, *Populações meridionais...*; G. Freyre, *Casa-grande & senzala* e *Sobrados e mucambos*; A. Candido, "The brazilian family", p.291-312; R. Faoro, *Os donos do poder...*; J.M. de Carvalho, *Teatro de sombras...*; R. Salles, *Nostalgia imperial...*

3. M. Nazzari, *O desaparecimento do dote...*; E. Kuznesof, *A família na sociedade brasileira...* Para um panorama da historiografia brasileira sobre família, ver: E.M. Samara, "Tendências atuais da história da família no Brasil", in A.M. de Almeida (org.), *Pensando a família...*, p.7-35; P.E. Teixeira, *O outro lado da família*; S. de C. Faria, "História da família e demografia histórica", in R. Vainfas & C. Cardoso, *Domínios da história...*

4. Pode-se perceber, ainda, na historiografia recente, uma proposta de redimensionamento do trabalho de Gilberto Freyre, após um período de grandes críticas. Silvia Brügger, por exemplo, defendeu a existência da organização familiar patriarcal na sociedade mineradora dos séculos XVIII e XIX como representação de poder, pois seus membros se pensavam muito mais como parte de uma determinada família do que como indivíduos, aspecto constitutivo de uma lógica familiar patriarcal. A análise de Antônio Otaviano Vieira Jr. caminha numa direção semelhante à de Freyre, ao interligar a reflexão sobre o cotidiano e a vida íntima no Nordeste brasileiro ao domínio do político. Ver: L. Figueiredo, *Barrocas famílias...*; S. de C. Faria, *Colônia em movimento...*; S.M. Brugger, *Minas patriarcal...*; A.O. Vieira Jr., *Entre paredes e bacamartes...*

5. V. Carneiro e S.F. de Lima, "Fotografia como objeto de coleção...".

6. Carta de L.M.V.S. a M.V.A., RJ, 30.3.1867.

7. "Fenômenos maciços que estamos habituados a pensar em termos globais, como o crescimento do Estado e a formação da sociedade industrial, podem ser lidos em termos completamente diferentes se tentamos apreendê-los por intermédio das estratégias familiares ou individuais e das trajetórias biográficas de homens que foram postos diante dele. ... Consiste, afinal de contas, em levar a sério as migalhas de informações e em tentar compreender de que maneira o detalhe individual, os retalhos de experiências dão acesso a lógicas sociais e simbólicas que são as lógicas do grupo ou mesmo de conjuntos muito maiores." J. Revel (org.), *Jogos de escalas...*, p.13.

8. R. Darton, *O grande massacre dos gatos.*

9. C. Ginsburg, *O queijo e os vermes...* Do mesmo autor, cito os artigos "Introdução" e "Microanálise: duas ou três coisas que sei a respeito", in *O fio e os rastros*; e "Sinais: raízes de um paradigma indiciário", in *Mitos, emblemas e sinais...*

1. *Esboços de genealogia* (p.17-32)

1. Documento de confirmação do matrimônio de J.R.A. e M.V.A., RJ, 26.11.1849.

2. Havia dois caminhos para se alcançar as Minas Gerais. O Caminho Geral do Sertão, percorrido pelos bandeirantes de São Paulo, passava pelo rio Paraíba e serra da Mantiqueira até a região norte do Rio Grande, onde se bifurcava para o rio das Velhas e o rio Doce. Por volta de 1700, outra estrada foi feita saindo do pequeno porto de Parati. Esta segunda ficou conhecida como Caminho Novo, cabendo à primeira estrada o título de Caminho Velho. Assim, encurtava-se o percurso de dois meses para três a quatro semanas. C. Boxer, *A idade do ouro no Brasil*, p.52.

3. J.L. Fragoso, *Homens de grossa aventura*, p.36. A elite mercantil é o grupo restrito de negociantes que controla setores-chave da economia colonial, por exemplo, o tráfico e o comércio de cativos, o fornecimento de crédito, o abastecimento de gêneros alimentícios.

4. A princípio, o lucro de quem arrematava o direito de arrecadação estava circunscrito ao excedente do valor estipulado como imposto pelo Estado. Entretanto, quando tal atividade era desempenhada por negociantes, a função de representante legal do erário público reforçava a sua posição monopolista do mercado. Talvez por isso, os Pereira de Almeida vigoraram como importantes navegadores de cabotagem e os maiores importadores de produtos gaúchos para o Rio de Janeiro nas duas primeiras décadas do século XIX. Segundo Riva Gorenstein, João Rodrigues Pereira de Almeida também possuía ligações com a firma inglesa Carruthers & Irmãos e negócios no tráfico negreiro. Ver: R. Gorenstein e L.M. Martinho, *Negociantes e caixeiros...*, p.141.

5. José Rodrigues Pereira de Almeida era irmão de João, Manoel e Joaquim Pereira de Almeida e cunhado de Antônio Ribeiro de Avellar e José Rodrigues da Cruz, tendo contraído matrimônio com Rosa Caetana do Viterbo. "José Rodrigues de Almeida foi um dos grandes comerciantes do período de 1777-1822, em Lisboa, e participou de seis contratos diferentes". H. Osório, *Comerciantes do Rio Grande de São Pedro...*, p.119.

6. J.L. Fragoso, op.cit., p.318.

7. A. Saint-Hilaire, *Viagem pelas províncias...*, p.38.

8. Ibid., p.42.

9. Em 1803, José Rodrigues da Cruz consta como um dos fundadores da aldeia Nossa Senhora da Glória de Valença, atual cidade de Valença, após longo trabalho de aldeamento com os índios Coroados. Para Stanley Stein, o povoamento da região está ligado a três fatores: exaustão das minas ao norte, expansão do café e eliminação desses índios. S. Stein, *Grandeza e decadência...*, p.10.

10. A. Saint-Hilaire, op.cit., p.42.

11. J.L. Fragoso, op.cit., p.365.

12. Ibid., p.26.

13. Antônio Ribeiro de Avellar aparece somente uma vez no processo de Tiradentes, em 15.7.1791, dois anos após a prisão do alferes. M. Jardim, *Síntese factual...*, p.263-6.

14. Ao sair da sociedade, José Rodrigues da Cruz foi para as terras de Ubá. Em 1806, após seu falecimento, a propriedade foi vendida para o sobrinho João Pereira de Almeida, futuro barão de Ubá. R.M. Moraes, "Os Ribeiro de Avellar na fazenda Pau Grande", p.15-6.

15. Inventário B.C., julho de 1863.

16. Carta de D.A.S.P. a J.R.A., RJ, 6.2.1838.

17. Sentença de perfilhação de J.R.A.Jr., por J.R.A., Vassouras, 22.8.1843.

18. O pai dos irmãos Velho da Silva era Antônio Velho da Silva, natural do arcebispado de Braga. Era homem de fortuna e detinha os títulos de tenente-coronel de milícias e cavaleiro professo da Ordem de Cristo. A mãe, d. Ana do Pillar, era proveniente de Vila Nova de Gaia, cidade vizinha ao Porto. M.V. da Motta, *O conde da Motta Maia*.

19. J.L. Fragoso, *O Antigo Regime nos trópicos*.

20. Francisco Velho da Silva chegou ao Brasil em 1794 acompanhado da esposa, Josefa Ximenez Velho, e dez filhos, estabelecendo-se no Rio Grande do Sul como estancieiro. Pouco depois, foi notado pelo governo português para exercer um cargo de confiança e acabou regressando à metrópole, onde morreu vítima da peste, em 1800, junto com cinco filhos. Devido às dificuldades da viúva, o caçula José Maria Velho da Silva foi enviado aos seis anos para a casa do tio e padrinho Amaro, no Brasil. Domingos Velho da Silva também se radicou no Rio Grande do Sul. Assim como o irmão Francisco, serviu à Coroa portuguesa por cerca de 30 anos, tendo atuado também como vereador e juiz almotacé da Câmara. Em novas terras, contraiu matrimônio com Rosa Angélica, natural de Nossa Senhora do Desterro, ilha de Santa Catarina, com quem teve quatro filhos.

21. M.V. da Motta, op.cit., p.19.

22. Carta do conde de Resende para d. Rodrigo de Souza Coutinho, 30.9.1799, in L.M.E.S. Dieguez, *Dona Leonarda Maria da Silva Velho...*, p.84.

23. A. Xavier e A. Hespanha, *História de Portugal*, p.381-93.

24. Amaro Velho da Silva, natural do município da corte, foi batizado na freguesia da Candelária, tendo atuado como veador da imperatriz. Em 12.10.1826, recebeu o título de barão de Macaé, elevado a honras de grandeza em 1829.

25. Bens listados no inventário de L.M.V.S.: engenho Guaxindiba, freguesia de São Gonçalo, vila real da Praia Grande (47:883$440); engenho Velho, distrito da vila de Santo Antônio de Sá (48:844$060); chácara do Caminho da Glória (32:000$000). In L.M.E.S. Dieguez, op.cit.

26. R. Gorenstein e L.M. Martinho, op.cit., p.148-59. Em 28.4.1810, a Companhia de Seguros Marítimos Indemnidade se estabeleceu na praça do Rio de Janeiro, tendo como participantes Amaro Velho da Silva, Luis de Sousa Dias e Brás Carneiro Leão, vizinho dos Velho da Silva na chácara da Glória. Ver: A.A. de Mello Franco, *História do Banco do Brasil*.

27. J. Malerba, *A corte no exílio*. Para o autor, com a chegada da corte houve uma mudança sensível nas práticas e habitus sociais tanto entre a nobreza recém-chegada, quanto entre a elite colonial.

28. L.G. dos Santos, *O padre Perereca...*, p.20-3.

29. M.O. Dias, "A interiorização da metrópole (1808-1853)", in C.G. Mota (org.), *1822 Dimensões*.

30. L.M.E.S. Dieguez, op.cit.

31. Inventário de L.M.V.S., apud Dieguez, op.cit., p.72.

32. Seus bens estavam distribuídos em imóveis, pratarias, pérolas finas, ouro, cristais, animais, escravos, móveis, vidros, roupas, dinheiro, juros de apólices, aluguéis, dentre outros. Inventário J.L.M., Corte, 27.7.1842, p.56-210.

33. Ainda faziam parte dos títulos conquistados por J.M.V.S.: mordomo e porteiro-mor junto a S.M.D. Maria II, comandante da Imperial Guarda dos Arqueiros (1837) e cavaleiro da Ordem da Rosa (1845).

34. L. Schwarcz, *As barbas do imperador*, p.161.

35. Joaquim Manoel Monteiro nasceu em Viana do Castelo, em 1800. Em Portugal, foi guarda-roupa honorário de d. Pedro V e de d. Luís I, fidalgo cavaleiro da Casa Real, e possuía o Hábito de Cristo e a Ordem de Nossa Senhora da Conceição. No Brasil, estabeleceu-se como comerciante de grosso trato, tendo se casado duas vezes. Em primeiras núpcias, com d. Eugênia Martins Bastos, teve Carolina Monteiro; viúvo, casou-se com Luiza Amália da Silva Maia. Faleceu em 31.3.1875.

2. *Acertos para uma união indissolúvel* (p.33-8)

1. Carta de D.A.S.P. a J.R.A., RJ, 21.11.1842. Domingos Alves da Silva Porto era irmão de João Alves da Silva Porto, um dos maiores mercadores de africanos entre 1811 e 1830, que foi à falência após ter perdido cerca de 600 africanos numa só travessia. M.G. Florentino, *Em costas negras...*, p.155.

2. Ângela de Castro Gomes relaciona a escrita auto-referencial ou "escrita de si" ao surgimento do sujeito moderno, que, por meio desse tipo de prática cultural, construía uma identidade para si. Minha proposta é de que as especificidades desta documentação de caráter auto-referencial sejam levadas em consideração no decorrer da análise. Em primeiro lugar, o agente da escrita não é dotado de um eu coerente e contínuo. Ao contrário, é no ato de escrever que se realizam os processos de construção, organização e significação da história do autor e da forma da narrativa. Em segundo lugar, esse tipo de escrita é um espaço privilegiado para a encenação de múltiplos papéis sociais e temporalidades. É no ato de escrita que o indivíduo constrói para si mesmo uma identidade dotada de continuidade e organiza as múltiplas temporalidades vividas em um tempo linear que é apresentado ao leitor. Ver: A. de C. Gomes, *Escrita de si...*

3. Francisco das Chagas Werneck foi proprietário das fazendas Pindobas, Palhas, Recreio, Manga Larga e Sacco na região do vale do Paraíba fluminense, além de juiz ordinário da Câmara Municipal de Paty do Alferes nos mandatos de 1821 e 1824. Casou-se com Ana Joaquina de São José, com quem teve oito filhos: Ana Isabel (casada com o visconde de Ipiabas); Francisca (casada com Luis Quirino da Rocha); Francisco das Chagas Werneck; Ignácio José (casado com Bernardina de Avellar); José Ignácio, de sobrenome Souza Werneck; Maria Francisca (casada com o comendador José Gomes Ribeiro de Avellar, sobrinho do barão de Capivary); Cândida (casada com João Tavares Maciel da Costa); e Isabel Augusta Werneck (casada com Luiz Peixoto de Lacerda Werneck, filho do barão de Paty).

4. Carta de D.A.S.P. a J.R.A., RJ, 21.11.1842.

5. No testamento de d. Leonarda, datado de 16.3.1871, constavam: uma casa na rua do Catete, n.114, duas casas na rua Santo Amaro, dois escravos, cinco apólices da dívida pública 4:950$000, jóias, pratarias, móveis, louças, objetos etc.

3. *A caminho do altar* (p.39-56)

1. Carta de D.A.S.P. ao B.C., RJ, 6.8.1843.

2. Carta de D.A.S.P. ao B.C., RJ, 20.7.1843.

3. Carta de D.A.S.P. ao B.C., RJ, 13.12.1846.

4. Carta de D.A.S.P. ao B.C., RJ, 13.1.1848.

5. Carta de D.A.S.P. ao B.C., RJ, 13.12.1846.

6. Carta de D.A.S.P. ao B.C., RJ, 16.7.1847.

7. L. Schwarcz, *As barbas do imperador*. De acordo com os dados fornecidos pela autora, d. Pedro I concedeu 119 títulos de nobreza em nove anos de governo. D. Pedro II totalizou 1.439, dentre os quais 570 entre 1870 e 1888.

8. Carta ao amigo sr. Bernardo, Rio de Janeiro, 1852. Apud E. Silva, *Barões e escravidão...*, p.81.

9. Atas da Câmara Municipal de Vassouras, sessão de 23.2.1848. Apud: A. da S. Telles, "Visita de d. Pedro II a Vassouras". No dia 18, o imperador visitou a nascente que abastece a cidade para experimentação das águas e foi ao baile oferecido pela Câmara. No dia seguinte, conheceu a Santa Casa, o cemitério e as obras da Irmandade de Nossa Senhora da Conceição, tendo se despedido no mesmo dia com outro baile seguido de beija-mão e missa.

10. Correspondência dos presidentes da Província do Rio de Janeiro com o ministro do Império. Apud T.O. Casadei, "Concessões de graças honoríficas...", p.11-54.

11. E. Silva, op.cit., p.59.

12. Carta de D.A.S.P. ao B.C., RJ, 16.8.1847.

13. Carta de M.V.A. a L.M.V.S., Pau Grande, 11.7.1864.

14. S. de C. Faria, *A colônia em movimento*; M.B.N. da Silva, *Vida privada e quotidiano no Brasil*... Segundo a historiadora portuguesa, no início do século XIX as regras de casamento variavam entre os grupos sociais e seus ajustes ficavam mais complexos conforme se elevava a hierarquia dos noivos. Mas, via de regra, se buscava contrair matrimônio intraclasse, exigindo-se uma harmonia de graduação entre os noivos. Ibid., p.97.

15. G. Freyre, *Casa-grande & senzala*, p.18-9.

16. S. de C. Faria, op.cit., p.195.

17. M. Nazzari, *O desaparecimento do dote*, p.22. Para a autora, as transformações ocorridas têm como pano de fundo a transição de uma sociedade de Antigo Regime, hierárquica, que privilegiava posição social e prestígio familiar para uma sociedade individualista, industrial, dominada pelo contrato e pelo mercado.

18. Grifo meu. Escritura de dote de M.V.S., 1840.

19. Sobre a partilha de d. Leonarda: "25:778$800 para o que despendeu com o funeral e médicos; 2:154$000 para o pagamento de metade da dívida de Farani & Irmãos. Outros beneficiados: dona Branca (filha do dr. Silva Nunes), d. Maria José de Vasconcelos, dr. Pedro Joaquim de Vasconcelos e os criados Antônio, que recebeu 40 mil réis, e Sabino, 200 mil réis". Inventário de L.M.V.S., 1871.

20. S.B. de Holanda, *Raízes do Brasil*.

21. Contas testamentárias de J.R.A.Jr., Vassouras, 14.3.1887.

22. Apud T.L. D'Assumpção, in M.M. Leite, *Condição feminina*... p.39-40.

23. S. de C. Faria, op.cit, p.58-61.

24. Carta de D.A.S.P. ao B.C., RJ, 2.10.1849.

25. Carta de D.A.S.P. ao B.C., RJ, 30.8.1849.

26. Carta de D.A.S.P. ao B.C., RJ, 30.8.1849.

27. Carta de D.A.S.P. ao B.C., RJ, 5.6.1847.

28. Carta de D.A.S.P. ao B.C., RJ, 25.9.1849.

29. Carta de D.A.S.P. ao B.C., RJ, 25.9.1849.

30. Carta de D.A.S.P. ao B.C., RJ, 21.9.1849.

31. Carta de D.A.S.P. ao B.C., RJ, 2.10.1849.

32. Carta de D.A.S.P. ao B.C., RJ, 10.10.1849.

33. P. Cardim, "Etiqueta e cerimônias públicas na esfera da Igreja (séculos XVII-XVIII)", in I. Jancsó e Kator (org.), *Festa: cultura e sociabilidade*... v.1, p.92; J. Malerba, op.cit.

4. A criação da vila de Paty de Alferes (p.59-75)

1. Alvará de criação da vila de Paty do Alferes, 4.9.1820. Apud F.T.F. Pires, *Antigas fazendas*..., p.14-5.

2. Relato de monsenhor Pizarro e Araújo, in I. Raposo, *História de Vassouras*, p.21.

3. Na década de 1820, o café era o terceiro produto nas exportações brasileiras, perdendo apenas para o açúcar e o algodão. O Brasil chegou ao índice de 56,63% entre 1880 e 1890. L.M.B.P. das Neves e H.F. Machado, *O Império do Brasil*, p.143.

4. Ainda havia outras famílias importantes na região. Os Correia e Castro, os Pais Leme e os Teixeira Leite, com poder em Conceição e Ferreiros, Sacra Família e Vassouras, respectivamente. S.J. Stein, *Grandeza e decadência do café...*

5. Ibid. e W. Dean, *Rio Claro...*

6. J.M. de Carvalho, *Cidadania no Brasil...*, p.33.

7. J.M. de Carvalho, *Teatro de sombras...*, p.396.

8. A discussão desta questão no tocante aos escravos foi apresentada por J.J. Reis e E. Silva em *Negociação e conflito...*

9. A. Martins, *Vereadores de Vassouras...*, p.15-6.

10. V. Vives, "A administração estadual nos séculos XVI e XVII", in A.M. Hespanha (org.), *Poder e instituições...*

11. Artigo n.4 do decreto de 15.1.1833, I. Raposo, op.cit.

12. S. Stein, op.cit., p.10. Segundo o autor, a exaustão das minas, ao norte, a expansão da cultura do café e a eliminação de um pequeno grupo de índios Coroados na margem norte do Paraíba foram os principais fatores responsáveis pela ocupação bem-sucedida da região de Vassouras.

13. A decisão foi aprovada na Câmara, por unanimidade, com os votos dos seguintes vereadores: Laureano Correia e Castro, Francisco das Chagas Werneck, Pacheco de Melo e Vasconcelos e J.R.A., presentes à sessão. A. Martins, op.cit., p.14-20. Na ocasião, também foi decidido que as primeiras construções de Vassouras seriam o pelourinho, a cadeia pública e a nova Câmara Municipal.

14. A tabela foi construída considerando somente os membros da família Avellar a partir das seguintes fontes: A. Martins, op.cit.; S. de Vasconcelos (org.), *Archivo nobiliárquico brasileiro*; I. Raposo, op.cit.; T. de O. Casadei, "Concessões de graças honoríficas...". Segundo Antônio Martins, em 2.12.1834, Joaquim Ribeiro de Avellar, na qualidade de presidente da Câmara, proferiu um discurso defendendo o Ato Adicional e a autonomia das províncias.

15. Carta de J.M.V.S. a M.V.A., Babilônia, 30.3.1855.

16. Ainda participaram das doações no valor total de 6:175$000 os senhores Caetano de Souza Vieira, Laureano Correia e Castro, F.J.T.L., Evangelista Teixeira Leite, Carlos Teixeira Leite, Joaquim José Teixeira Leite e dona Francisca Elisa Xavier. A hospedagem, as festas e as solenidades da recepção do imperador também foram custeadas com recursos próprios dos principais proprietários. Em reconhecimento por tais atos, foram distribuídos títulos de nobreza, comendas das ordens de Cristo, da Rosa e do Cruzeiro, além de concessões de grandeza de nobiliárquica. T. de O. Casadei e L. da S. Oliveira, op.cit.

17. Apud visconde de Uruguai, in J.M. de Carvalho, *O teatro de sombras*, p.418.

18. S.J. Stein, op.cit., p.147.

19. J.M. de Carvalho, op.cit., p.258.

20. Carta de A.P.L.A. (visconde de Abaeté) ao B.C., 14.10.1860 (FFPG). O visconde de Abaeté foi um importante político do Império. Formado em direito pela Universidade de Coimbra, foi deputado, senador, presidente da província de Minas Gerais, membro do Conselho do Estado desde 1848 e por várias vezes ministro. Em 1848, fez parte da comitiva que acompanhou o imperador a Vassouras.

21. Carta de D.A.S.P. a J.R.A., RJ, 10.10.1848.

22. Carta de A.P.L.A. (visconde de Abaeté) ao B.C., 14.10.1860 (FFPG).
23. Grifos meus. Carta de Jerônimo José Teixeira Jr. ao B.C., 6.10.1860 (FFPG).
24. P.J.S.S. (visconde de Uruguai) ao B.C., RJ, 7.1.1862 (FFPG).
25. Sobre a centralização política e administrativa do Império e o papel da Trindade Saquarema neste processo, ver: I.H. Mattos, *O tempo Saquarema*. O poder político do patriarca Avellar também pode ser estudado por meio da "Carta de Julio Aciole de Brito ao B.C. solicitando apoio a sua candidatura para deputado provincial", Petrópolis, 20.11.1861 (FFPG).
26. Carta de F.J.T.L. ao B.C., Cachoeira, 9.8.1848 (FFPG).
27. Felício Augusto de Lacerda foi vereador de Vassouras nos mandatos de 1845-48; 1849-52; 1877-80. Portanto, sua tentativa de dissuadi-lo da disputa eleitoral parece ter sido em vão. A. Martins, op.cit., p.118.
28. Ezequiel de Araújo Padilha foi vereador de Vassouras nos mandatos de 1849-52; 1857-60. Ibid., p.27-32.
29. Carta de F.J.T.L. ao B.C., Cachoeira, 26.8.1848.
30. As irmãs Francisca e Ignácia eram filhas de Ignácio de Souza Werneck, importante capitão de milícias da Coroa portuguesa e um dos primeiros desbravadores da região com a missão de civilizar índios. S.L. Graham, *Caetana says no...*
31. Carta de Jerônimo José Teixeira Jr. ao B.C., 6.10.1860.
32. S.L. Graham, op.cit., p.111.
33. Grifos meus. Carta de J.J.T.L. ao B.C., s/d (FFPG). A correspondência entre ambos compõe uma série de cartas datadas de 30.4.1853 a 28.5.1863.
34. Minha proposta também leva em consideração a datação da série de cartas trocadas entre J.J.T.L. e o B.C. pertencentes ao AN.
35. Segundo José Murilo de Carvalho, em *Pontos e bordados...*, p.145, a Guarda Nacional foi a grande instituição patrimonial que ligou os proprietários à Coroa. Seus oficiais não apenas serviam gratuitamente como pagavam pelas patentes e, freqüentemente, custeavam fardas e armamentos para as tropas. Com o tempo, as antigas eleições dos oficiais foram sendo substituídas pela distribuição de cargos escolhidos com base nas hierarquias social e econômica dos candidatos. Dessa forma, a Guarda Nacional colocou nas mãos do senhoriato o controle da população local.
36. Laureano Correia e Castro, barão de Campo Belo, era irmão de Pedro Correia e Castro, barão do Tinguá. Sua filha Ana Esméria Correia e Castro foi casada com J.J.T.L., filho do barão de Itambé, importante empresário e sócio da Casa Comissionária Teixeira Leite & Sobrinhos. De seu casamento com Ana Esméria nasceram Francisca e Eufrásia Teixeira Leite, além de um menino falecido ainda criança.
37. Carta de Caetano Alves de Souza Figueiras para o tenente-coronel J.R.A.Jr., s/d. (FFPG)
38. Carta de F.J.T.L. ao B.C., Vassouras, 10.11.1851. (FFPG)
39. A manutenção do poderio político dos Ribeiro de Avellar após o falecimento do barão de Capivary pode ser comprovada pela continuidade de pedidos de apoio político nas eleições subseqüentes. Consultar: carta do advogado Caetano Alves de Souza Figueiras para o tenente-coronel J.R.A.Jr., RJ, 10.1.1866 (FFPG).

5. *Os primeiros anos* (p.76-85)

1. Grifo meu. A.J. Antonil, *Cultura e opulência do Brasil*, p.184.
2. R.M. de Moraes, *Os Ribeiro de Avellar...*, p.8.

3. Inventário de A.R.A., 1794. Na ocasião da morte de Antônio Ribeiro, a propriedade possuía engenho de farinha de milho, engenho de arroz, fornos, quatro lances de engenho, casa de caldeira, casa de purgar, casa de encaixa com dois lances de sobrado, casa de aguardente, oratório, roda de mandioca, além do engenho e plantação de cana-de-açúcar.

4. Caderno n.5, 24.1.1795, contas de fazenda e dinheiro fornecido a d. Antônia Maria da Conceição por conta do terço que tinha na fazenda.

5. A irmã de Antônio Ribeiro de Avellar e José Rodrigues da Cruz, Ana Joaquina da Conceição, era casada com José Pereira de Almeida, irmão de João Pereira de Almeida.

6. Citações feitas nos seguintes documentos: caderno de contas da fazenda Pau Grande n.5; inventário de d. Antônia Maria da Conceição, onde aparecem grandes quantias investidas em ouro (559$400) e prata (371$575); inventário de Antônia Maria da Conceição, Vassouras, fevereiro de 1828.

7. "Un employé du govern: sortant de chez lui avec sa famille", in J.B. Debret, *Viagem pitoresca...*, prancha 5.

8. Segundo informações do genealogista Roberto Meneses de Moraes, as filhas mais velhas do casal Joaquina Mathilde – Maria Angélica e Rosa Joaquina – também eram letradas. R.M. de Moraes, op.cit.

9. A. Saint-Hilaire, *Viagem pelas províncias...*, p.38.

10. Rosa Joaquina se casou com José Maria Salter, fidalgo português e tenente-coronel da cavalaria do Exército. Tiveram os seguintes filhos: José, Joaquim, Luiz, Anna, Maria, Antônia Mascarenhas Salter. Após a partida de Luis Gomes Ribeiro para a fazenda Guaribu, o ramo Mascarenhas Salter passou a residir na outra casa que compunha a sede da fazenda.

11. Caderno de contas da fazenda Pau Grande n.5.

12. Tabela construída a partir de dados contidos no caderno de contas da fazenda Pau Grande n.2.

13. Os citados foram escolhidos por comprarem grande volume de açúcar e aguardente, além de terem sido clientes da fazenda Pau Grande durante longos anos. As listagens fornecidas ainda envolvem nomes como Joaquim Gomes da Cruz, Antônio Ribeiro Pereira de Almeida, José Rodrigues, João Manoel dos Santos, José Ignácio do Pillar, para citar alguns. O fato de o nome de João Rodrigues Pereira de Almeida constar entre os compradores demonstra que, após a subida dos Ribeiro de Avellar serra acima, os contatos e alianças comerciais entre as famílias ainda se mantinham, mesmo que em outros moldes. (Caderno de contas da fazenda Pau Grande n.2.)

14. R.M. de Moraes, op.cit., p.19.

15. Somente em 1817 foram assinados os papéis definitivos de dissolução da sociedade e realizados os trâmites de compra e venda das partes cabíveis. Tal documentação passou ainda por um processo de ratificação em 1839. Ver: Escritura de ratificação, 1817.

16. J.A. de Oliveira, apud J.C. de Mello, "O fim das casas-grandes", in L.F. Alencastro (org.), *História da vida privada...*, p.388.

17. Mariana Isabel de Lacerda Werneck, casada com dr. Francisco de Assis e Almeida, era filha de Maria Isabel de Assumpção (baronesa de Paty do Alferes) e sobrinha de Paulo Gomes Ribeiro de Avellar (barão de São Luiz). Ver documento Disposições de testamento de d. Mariana Luiza da Glória Avellar, s/d.

18. Trata-se da carta de Maria Isabel de Assumpção, casada com Francisco Peixoto de Lacerda Werneck (barão de Paty do Alferes) para o tio barão de Capivary.

19. Nabuco de Araújo, apud E.C. de Mello, "O declínio das casas grandes..", in L.F. Alencastro, op.cit., p.400-1.

6. O comissário e o barão (p.86-97)

1. Em 1854, Maria Angélica e o barão de Capivary assinaram um documento comprometendo-se a não partilhar a fazenda. Assim, no caso da morte dos sócios, a propriedade deveria ficar para Joaquim Ribeiro de Avellar Jr. Ver: Documento de escritura particular de sociedade entre B.C., J.R.A.Jr. e Maria Angélica da Conceição Avellar para a administração da fazenda Pau Grande, 18.9.1854 (FFPG).

2. S.J. Stein, *Grandeza e decadência....*

3. Apud J.J.F. de Aguiar, *Pequena memória...*, in ibid., p.30.

4. Inventário do B.C., Vassouras, 1863. Tal periodicidade corrobora a tese de J.L. Fragoso e M. Florentino, segundo a qual a montagem do complexo açucareiro fluminense se deu, principalmente, entre 1790 e 1820, em uma conjuntura de queda do preço do café no mercado internacional. J.L. Fragoso e M. Florentino, *Arcaísmo como projeto.*

5. Assim que era plantado, o cafeeiro ficava protegido do sol por pés de milho, pedaços de madeira e cascas de árvore. Após três ou quatro anos, os arbustos começavam a produzir. A mão-de-obra escrava era organizada em turmas ou eitos sob a direção de feitores. Entre setembro e março, o solo era capinado contra pragas e eirado, de modo a que o máximo de água da chuva pudesse ser absorvido. Em abril ou maio, com o tempo seco e fresco, era iniciada a colheita, que chegava até 250 litros diários por escravo. W. Dean, *Rio Claro...*, p.47-50.

6. Tal suposição é comprovada pelo seguinte documento: Demonstrativo da safra de açúcar, café e aguardente, de autoria do B.C., s/l, 1830 (FFPG).

7. Para se ter uma idéia da enorme fortuna, em seu diário de 1862, d. Pedro II afirmou que seus gastos naquele ano foram de 800 contos de réis. No inventário do B.C., Vassouras, 1863: "os bens foram avaliados na importância de 858:670$300, que unidos à quota pertencente ao inventariado (J.R.A.Jr.) da sociedade 197:238$336 e acrescentados à importância de duas letras aceitas pelo comendador José Gomes Ribeiro de Avellar no valor ambas de 58:465$000, elevam o monte-mor deste inventário à quantia de 1.114.373$636." Entretanto, no que concernia à dívida passiva, foi arrolado o valor total de 504:973$636 aos seguintes credores: Banco Teixeira Leite & Carvalho (140 contos de réis), Francisco Teixeira Leite (130 contos de réis), Banco Jordão da Bemposta (50 contos de réis), Leonarda Maria Velho da Silva (16:000$000), viúva Luciano Teixeira Leite (16 contos de réis), José Eugênio Teixeira Leite (14 contos de réis) e diversos da praça do RJ (138:973$636).

8. S. de C. Faria, "Fortuna e família em Bananal no século XIX", H.M. de Castro e E. Schnoor (orgs.), op.cit., p.75.

9. Letra provisória de Lipodêncio José Gomes (*sic* Lyodoro) pela aquisição de bestas vendidas pelo B.C., 1.12.1849 (FFPG).

10. E. Silva, *Barões e escravidão*, p.164-5. O alto custo da manutenção das tropas e a má conservação das estradas eram as principais queixas dos "barões do café", que, assim, justificavam seus pedidos de que a estrada de ferro chegasse até Vassouras.

11. Carta de D.A.S.P. a J.R.A., RJ, 26.6.1847.

12. Carta de D.A.S.P. a J.R.A., RJ, 20.7.1843.

13. Vários documentos foram assinados e avalizados por D.A.S.P. em nome do B.C., RJ, 7.8.1841 a 13.6.1847 (FFPG).

14. Carta de D.A.S.P. a J.R.A., RJ, 15.6.1846.

15. Carta de J.M.V.S. a M.V.A., Glória, 4.3.1854.

16. Inventário de D.A.S.P., RJ, 1858.

17. Carta de D.A.S.P. a J.R.A., RJ, 16.10.1846.

18. Inventário de D.A.S.P., RJ, 1858.
19. Cartas de Soares e Melo ao B.C.
20. F.T.F. Pires, op.cit., p.14-5.
21. Gastos realizados em 1857. Inventário de D.A.S.P., RJ, 1858.
22. Carta de D.A.S.P. a J.R.A., RJ, 19.8.1843.
23. Inventário de D.A.S.P., RJ, 1858.
24. J.L. Fragoso e A.M.L. Rios, "Um empresário brasileiro no Oitocentos", in H.M. Mattos e E. Schnoor (orgs.), op.cit., p.197-224. Dentre os membros da casa Ribeiro Avellar, João Fragoso cita também como usurários o visconde da Paraíba (João Gomes Ribeiro Avellar) e seu sobrinho Luis Gomes Ribeiro de Avellar.
25. Carta de Francisco Nicolau Michaeli ao major César Cadolino e J.R.A.Jr., referente à cobrança de dívidas, hipoteca e arrematação de bens, Cavanca, 7.2.1841 a 13.7.1850 (FFPG).
26. Letra provisória de Domingos Antônio Bittencourt de empréstimo pedido ao B.C., Pau Grande, 1.3.1850 (FFPG).
27. Grifos meus. Letra promissória de Manoel Joaquim das Chagas pelo empréstimo concedido por J.R.A., Pau Grande, 29.9.1844 (FFPG).
28. Cartas de José Gomes Ribeiro de Avellar Jr. a J.R.A. sobre empréstimo, fazenda Japão, 5.12.1838 (FFPG); e letra provisória de J.R.A. referente a empréstimo efetuado a Manoel Gomes Ribeiro de Avellar, RJ, 1.9.1838 (FFPG).
29. Testamento do B.C., Pau Grande, 20.2.1863.
30. Os empréstimos a familiares eram constantes na dinâmica social em questão. Em 18.2.1858, o afilhado José se endividou em 270$000 com o barão e, em 21.3.1862, Joaquim Gomes M. Avellar pediu nove contos de réis emprestados ao tio, alegando que preferia pedir a ele a recorrer ao Banco de Vassouras.
31. Cartas de F.J.T.L. ao B.C., Vassouras, 22.7.1849.
32. Cartas de F.J.T.L. ao B.C., Vassouras, 2.2.1863.
33. Inventário do B.C., Vassouras, 1863.

7. *O fazendeiro cortesão* (p.98-113)

1. Testamento do B.C., Pau Grande, 20.2.1863.
2. *Almanaque Laemmert*, Officina dos Irmãos Laemmert, RJ, 1863, in www.crl.edu/content.asp?I1=4&i2=18&I3=33&I4=22.
3. *Jornal do Commercio*, 7.7.1863.
4. Carta de M.V.A. a L.M.V.S., Pau Grande, 11.7.1864.
5. Carta de J.M.V.S. a M.V.A., RJ, 18.2.1858.
6. Testamento do B.C., Pau Grande, 20.2.1863; testamento do V.U., Pau Grande, 23.10.1888.
7. Testamento do B.C., Pau Grande, 20.2.1863.
8. Idem.
9. Inventário do B.C., 1863. O inventário foi aberto em 10.9.1863, sendo encerrado somente em 1917. Dessa forma, é possível encontrar os recibos assinados por América Luiza da Conceição referentes ao recebimento de pensão. Após a morte do visconde de Ubá, em 1888, o compromisso foi assumido pela viscondessa, que, ao falecer, em 1898, deixou o encargo para o filho Antônio Ribeiro de Avellar.
10. A transmissão de patrimônio no mundo luso-brasileiro era regida pela Ordenações Filipinas de 1603. No Brasil, após a Independência, houve a adoção da legislação

civil portuguesa, que se baseava numa concepção negativa da mulher na sociedade. Mantinha-se a tradição do direito romano, onde quem administrava os bens dos filhos menores era o pai até que estes atingissem 25 anos, constituíssem matrimônio ou se emancipassem.

11. M.B. Falci e H.P. de Melo, "Riqueza e emancipação...", in *Estudos Históricos*, RJ, n.29, 2002.

12. Testamento do V.U., Pau Grande, 23.10.1888.

13. J.L. Fragoso e A.M.L. Rios, "Um empresário brasileiro no Oitocentos", op.cit., p.197-24.

14. Grifo meu. Testamento do visconde da Paraíba, fazenda Boa Vista, 13.6.1876. O visconde da Paraíba (7.1.1805-12.1.1879) casou-se em 15.1.1831 com Carolina Rosa de Azevedo, com quem teve cinco filhos: Manoel, Rosa, João, Luís e Carolina Azevedo Avellar.

15. Caderno de assentamentos financeiros 1870-76 (FFPG). A tabela foi construída a partir de dados fornecidos pelo documento.

16. Relação de devedores da fazenda Pau Grande 1869-70.

17. No Fundo Fazenda Pau Grande do Arquivo Nacional são encontradas diversas notações que comprovam sua atividade usurária.

18. Nota promissória de Francisco Thomé Gonçalves, 19.2.1845 (FFPG).

19. Carta de L.M.V.S. a M.V.A., Petrópolis, sábado, 3 de dezembro, às 9h da noite. Na década de 1850, a família também costumava se estabelecer na residência alugada por Leonarda e José Maria Velho da Silva.

20. Carta de L.M.V.S. a M.V.A., Petrópolis, 11.10.1863.

21. G. Auler, *A princesa e Petrópolis*, p.23. A residência abrigou ainda o imperador, em 1888, quando se encontrava adoentado. Após a morte do visconde, o casarão ficou aos cuidados do genro, Francisco de Carvalho Figueira de Mello. Em 20.4.1903, ele o vendeu para a Congregação das Religiosas de Nossa Senhora de Sion.

22. Grifos meus. Cartas de L.M.V.S. a M.V.A., RJ, 11.11.1864; RJ, 3.3.1865. O motivo de gratidão da imperatriz pode ter sido o empréstimo da casa para as núpcias das princesas. A afirmação de d. Leonarda demonstra a proximidade da família Velho da Silva com a família real desde os tempos de d. João VI. Tal tradição se manteve quando Maria José de Avellar Tosta (primogênita de Mariana e Joaquim Ribeiro de Avellar) passou a ocupar o cargo de dama efetiva da princesa Isabel, titulação preenchida pela avó para a imperatriz Teresa Christina e pela bisavó para d. Carlota Joaquina.

23. J.C. Cavalcante, *Nova numeração dos prédios...*, p.1.000.

24. "Entre 1797 e 1870 os grandes segmentos de investimentos mantiveram-se os mesmos. As aplicações em imóveis urbanos oscilaram entre 24% e 36%, chegando, em 1870, a 37,8%, superior à verificada em 1797-99. Isto refletia não apenas o crescimento da cidade, que de 1821 a 1872 passou a cerca de 100 mil para 274.972 habitantes, mas também a permanência das aplicações rentistas." J.L. Fragoso e M.F. Martins, op.cit., p.144.

25. Caderno de assentamentos financeiros das despesas e rendimentos mensais da fazenda de 1870 a 1876 (FFPG).

26. N. Elias, *Processo civilizador*.

27. Caderno de assentamentos financeiros das despesas e rendimentos mensais da fazenda de 1870 a 1876 (FFPG).

28. Recibos e notas de viagem para Europa (FFPG). Em Paris, o casal comprou em uma só loja: "7 chemises d'hommes, 2 pantalons, 3 caleçons, 2 chaussettes, 8 mouchoirs de poche, 4 chemises dês femmes, 3 bas de femmes, 2 camisoles de nuit, 1 sous-tailles."

29. Caderno de assentamentos financeiros das despesas e rendimentos mensais da fazenda de 1870 a 1876 (FFPG).

30. A. Matin-Fugier, "Os ritos da vida privada burguesa", in M. Perrot, *História da vida privada...*, p.193-262.

31. J.L. Fragoso e M.F. Marins, op.cit., p.144. Ver também: M.B. Levy, *A indústria do Rio de Janeiro...* p.71-92. Segundo a autora, o que desencadeou o crescimento destes papéis foi, sobretudo, a Guerra do Paraguai, que levou o Estado imperial a emitir mais apólices para custear as despesas bélicas.

32. Grifos meus. Caderno de assentamentos financeiros das despesas e rendimentos mensais da fazenda de 1870 a 1876 (FFPG).

33. Escritura de compra e venda da fazenda da Glória, 20.11.1868 (FFPG).

34. Cartas e minuta de Luiza de Avellar Lemgruber para M.U. Lemgruber & Cia, Petrópolis, 25.5.1883, e Pau Grande, 1.7.1883 (FFPG).

35. Robert Slenes apresenta uma cronologia interpretativa diferente da de Stein. Segundo o autor, entre 1850 e 1881, e mais marcadamente na década de 1870, o fluxo de população escrava nas regiões de grande lavoura não sugere um quadro de decadência econômica. Portanto, defende que a economia escravista e cafeeira do vale do Paraíba fluminense estava em fase de crescimento entre 1850 e 1872 e que o processo de decadência se apresentaria mais acentuadamente na década de 1880. O estudo das fontes e a reflexão que apresentei ao longo de toda a Parte II deste livro só reforçam suas conclusões. R. Slenes, op.cit., p.114

36. Caderno de assentamentos financeiros das despesas e rendimentos mensais da fazenda de 1870 a 1876 (FFPG).

37. Notas de importação de máquinas, sementes, gêneros e materiais europeus (FFPG).

38. Testamento do V.U., Pau Grande, 23.10.1888.

39. Não foi possível saber o número de cativos em posse de Joaquim Ribeiro de Avellar e Mariana Ribeiro de Avellar, sua tia, em 1888. No entanto, para o ano de 1886, foram matriculados na Coletoria de Vassouras, em 10 de agosto, 349 escravos e 121 sexagenários.

40. Carta de L.V.A. ao irmão J.M.V.A., Pau Grande, 22.5.1884.

41. Recibo de donativo de J.R.A.Jr. para a construção da Matriz de Petrópolis; recibo de pagamento de sócio fundador do Asilo Santa Isabel em Petrópolis (FFPG).

42. G. Levi, *Herança imaterial...*

8. Fotografia e memória na coleção Ribeiro de Avellar (p.117-22)

1. A.M. Mauad, "Resgate de memórias", in H.M. Mattos e E. Schnoor, *Resgate: uma janela...*, p.104.

2. J. Le Goff, "Documento/Monumento", in *Enciclopédia Einauldi.*

3. N. Elias, *A sociedade de corte.*

4. A.M. Mauad, "Entre retratos e paisagens...", in N. Marcondes e M. Belloto (orgs.), *Turbulência cultural...*, p.13-49.

5. V.C. Carvalho, "A representação da natureza...", in A. Fabris (org.), *Fotografia: usos e funções...*

6. Carta de E.V.A. ao irmão J.M.V.A., RJ, 5.9.1884.

7. M.I. Turazzi, *Poses e trejeitos...*, p.14.

8. M. Mauad, "Imagem e auto-imagem do Segundo Império", in L.F. Alencastro, *História da vida privada...*

9. A. Fabris, *Fotografia: usos e funções...* Ver, ainda, T.B.M. Ulpiano, "Fontes visuais, cultura visual, história visual", in *Revista Brasileira de História.*

10. A. de C. Gomes (org.), *Escrita de si, escrita da história.*
11. H. Castro e E. Schnoor, op.cit., p.236.

9. O governo da casa (p.123-44)

1. Carta de L.M.V.S. a M.V.A., RJ, 29.11.1853.
2. Carta de J.M.V.S. a M.V.A., Santa Thereza, 3.2.1854.
3. Carta de L.M.V.S. a M.V.A., RJ, 19.4.1854.
4. Carta de J.M.V.S. a M.V.A., Glória, 4.10, às seis da tarde.
5. Carta de J.M.V.S. a M.V.A., RJ, 4.12.1853.
6. Carta de J.M.V.S. a M.V.A., Glória, 4.3.1854.
7. Carta de J.M.V.S. a M.V.A., RJ, 4.12.1853.
8. Gilberto Freyre dedicou o capítulo "O pai e o filho", em *Sobrados e mucambos*, à discussão sobre a relação dos papéis masculinos no interior da família patriarcal. É interessante lembrar que os últimos sócios da quinta geração da fazenda, o barão de Capivary e sua irmã d. Maria Angélica, morreram no mesmo ano, fazendo com que Joaquim Ribeiro de Avellar Jr. se transformasse no único herdeiro de toda a casa do Pau Grande.
9. Carta de M.V.A. a L.M.V.S., Petrópolis, 13.11.1862.
10. Carta de M.V.A. a L.M.V.S., Petrópolis, 13.11.1862.
11. Carta de M.V.A. a L.M.V.S., Petrópolis, 25.5.1862.
12. Carta de L.M.V.S. a M.V.A., Petrópolis, 22.12 (s/a).
13. Carta de M.V.A. a L.M.V.S., Petrópolis, 15.2.1862.
14. Carta de J.M.V.S. a M.V.A., 26.6 (s/a).
15. J.J. Reis e E. Silva, *Negociação e conflito...*
16. Viscondessa de Ubá, contabilidade de gastos à mesa, de 1.7.1869 a 31.12.1869 (FFPG).
17. A.M. Mauad e M. Muaze, "A escrita da intimidade: história e memória no diário da viscondessa do Arcozelo", in A. de C. Gomes (org.), op.cit.
18. Carta de L.M.V.S. a M.V.A., RJ, 8.8.1864.
19. Carta de M.V.A. a L.M.V.S., Petrópolis, 25.5.1862.
20. "Fiquei muito satisfeita com as notícias que me dá da última (Deolinda) enfiar uma agulha com o olho tapado e só com a vista doente, é milagre e acertou de tratamento e esse restritamente aplicados." Carta de M.V.A. a L.M.V.S., Petrópolis, 16.11.1862. É interessante ressaltar que, no inventário de L.M.V.S., Deolinda foi citada como uma de suas escravas, avaliada em 800 mil réis.
21. Grifo meu. Carta de L.M.V.S. a M.V.A., Petrópolis, 3.12 (s/a).
22. J.J. Reis e E. Silva, op.cit.
23. Carta de J.M.V.S. a M.V.A., Corte, 4.8.1866.
24. Carta de J.M.V.S. a M.V.A., Corte, 20.3.1867.
25. Caderno de anotações de M.V.A. (FFPG).
26. Carta de J.M.V.S. a M.V.A., Petrópolis, 3.12 (s/a).
27. Carta de M.V.A. a L.M.V.S., Pau Grande, 28.10.1864.
28. Carta de M.V.A. a L.M.V.S., Pau Grande, 11.7.1864.
29. Carta de J.M.V.S. a M.V.A., Petrópolis, 24.3.1857.
30. Carta de M.V.A. a L.M.V.S., Petrópolis, 30.10 (s/a).
31. Carta de M.V.A. a L.M.V.S., Petrópolis, 27.11 (s/a).
32. Carta de M.V.A. a L.M.V.S., Petrópolis, 13.11.1862.
33. Carta de M.V.A. a L.M.V.S., Petrópolis, 13.11.1862.

34. "Conselhos para a educação", in *Jornal das Famílias*, Rio de Janeiro, 1863. O apelo ao exemplo como artifício de educação e sua eficácia teriam uma explicação justificada pela própria natureza infantil. Assim, acreditava-se que a indução da prática reiterada e constante levaria as crianças a uma repetição natural das ações por elas presenciadas. No entanto, a ênfase na importância do exemplo na educação infantil atuava como um veículo duplo. Assim, para uma educação moral bem-sucedida, não bastava somente disciplinar o mundo infantil, controlando suas paixões, moldando seu caráter e acompanhando seu crescimento desde o nascimento. Era urgente controlar, também, o mundo dos adultos. Na justificativa do exemplo para a infância, a moralidade familiar também deveria ser revista, sob pena de trazer más influências. M. Muaze, *A descoberta da infância...*

35. Carta de M.V.A. a L.M.V.S., Petrópolis, 13.11.1862.

36. Carta de J.M.V.S. a M.V.A., morro de Santa Thereza, 14.3.1867.

37. Carta de L.M.V.S. a M.V.A., Petrópolis, 20.3.1867.

38. Contabilidade da viscondessa de Ubá, 1869 (FFPG).

39. Carta de M.V.A. a L.M.V.S., Petrópolis, 22.1.1861.

40. Carta de M.V.A. a L.M.V.S., Pau Grande, 15.7 (s/a).

41. Carta de J.M.V.S. a M.V.A., Petrópolis, 13.12 (s/a).

42. Carta de J.M.V.S. a M.V.A., Glória, 6.5 (s/a).

43. Carta de M.V.A. a L.M.V.S., Petrópolis, 15.3 (s/a).

44. Sobre as práticas de leitura, ver R. Chartier (org.), *Práticas de leitura* e *A aventura do livro...*

45. L.F. Alencastro, op. cit., p.475.

46. Carta de L.M.V.S. a M.V.A., RJ, 12.4.1869.

47. R.M. de Moraes, *Os Ribeiro de Avellar na fazenda Pau Grande*, p.27.

10. O tempo da intimidade (p.145-74)

1. M. Perrot, "Maneiras de morar", in M. Perrot (org.), *História da vida privada...*, p.307-24.

2. A década de 1980 consagrou, definitivamente, os métodos da demografia entre os historiadores e antropólogos brasileiros. Sob influência do Grupo de Cambridge, estudiosos como Maria L. Marcílio, Iraci del Nero da Costa e Eni M. Samara iniciaram uma reavaliação de questões ligadas às estruturas demográficas e à composição dos domicílios durante o período colonial, tendo como locus privilegiado as regiões de São Paulo e Minas Gerais.

3. Como afirmou R. Williams, "não existe nada na tecnologia em si mesma que determine o seu uso ou lugar cultural, estes são gerados na prática social". Apud D. Price and L. Well (org.), *Photography: A Critical Introduction*, p.13.

4. A.M. Mauad, *Sob o signo da imagem.*

5. Carta de J.M.V.S. a M.V.A., Petrópolis, 13.12 (s/a).

6. Carta de L.M.V.S. a M.V.A., Petrópolis, 12.8.1866.

7. A. Amaral, "Aspectos da comunicação visual numa coleção de retratos", in C.E.M. Moura (org.), *Retratos quase inocentes.*

8. E. Faria, *Diccionário da língua portugueza.*

9. Idem.

10. G. Freyre, *Casa-grande & senzala*; M.B.N. da Silva, *História da família...*

11. Carta de M.V.A. a L.M.V.S., Petrópolis, 27.2.1863.

12. A. Caldas, *Dicionário contemporâneo da língua portuguesa.*

13. A.M. Mauad, "A vida das crianças de elite durante o Segundo Reinado", in M. Del

Priore (org.), *História da criança no Brasil*, p.15. Para um estudo sobre os cuidados com a infância na segunda metade do século XIX, ver: M. Muaze, *A descoberta da infância...*

14. Carta de J.M.V.S. para M.V.A., Glória, 4.10 (s/a).

15. J.J. Reis, "O cotidiano da morte no Brasil oitocentista", in L.F. Alencastro, op.cit.

16. Testamento do B.C.

17. G. Freyre, *Sobrados e mucambos*, p.69.

18. E. Bandinter e E. Shorter afirmam que as concepções rousseaunianas sobre educação física e moral, mesmo que não seguidas à risca no cotidiano, foram importantes por trazer à cena discussões que elevariam a educação da infância a um patamar nunca antes alcançado. Nos séculos XVIII e XIX, houve uma proliferação de obras que incitam a preservação da moralidade e a educação da infância e concitam os pais ao amor natural e à convivência com os filhos. Estes *Manuais de educação* colocavam a infância como o centro das atenções tanto da família como do Estado. Na sociedade imperial, a temática da infância e dos cuidados com sua educação seria despertada a partir da segunda metade do século XIX. E. Bandinter, *Amor conquistado...*; E. Shorter, *A formação da família moderna.*

19. Carta de L.M.V.S. a M.V.A., Babilônia, 20.3.1855.

20. Segundo Ana Maria Mauad, em 1845 a corte já contava com 12 casas de brinquedos, localizadas nas ruas centrais da cidade, evidenciando que a infância também se efetivava como público consumidor. A.M. Mauad, "A vida das crianças...", in M. Del Priore (org.), op.cit.

21. Carta da princesa Isabel aos pais. Petrópolis, 3.3.1857. Apud R.J. Barman, *Princesa Isabel do Brasil...*, p.56.

22. No caso das fotografias tiradas em estúdios nacionais, o índice de ovais e bustos foi de 63% para homens e 14% para mulheres.

11. O tempo social (p.175-200)

1. Carta de M.V.A. a L.M.V.S., Petrópolis, 10.3.1863.

2. Os locais citados foram especificados a partir do levantamento dos estúdios fotográficos onde se produziram as *cartes de visite* de pessoas não pertencentes ao grupo familiar Ribeiro de Avellar. Dentre eles: Photographia Alemã de Hoenen (SP); R. Contreras (Juiz de Fora); Hees Irmãos e Photographia R. Barão do Amazonas (Petrópolis). A essas informações foi acrescida a análise do conteúdo das cartas.

3. Grifo meu. Carta de M.V.A. a L.M.V.S., Pau Grande, 11.7.1864.

4. G. de M. Souza, *O espírito das roupas...*

5. Carta de L.M.V.S. a M.V.A., Glória, 4.3.1854.

6. Manoel Vieira Tosta, pai de Manoel Vieira Tosta Jr., nasceu na Bahia em 1807. Formou-se em direito em São Paulo e foi deputado e senador do Império e presidente das seguintes províncias: Bahia (1842), Sergipe (1843-44), Pernambuco (1848-49) e Rio Grande do Sul (1855). Foi ministro da Marinha, da Justiça e da Guerra e membro do Conselho de Estado. Possuía os títulos de dignitário da Ordem do Cruzeiro do Sul e da Rosa e a comenda da Ordem de Cristo. Foi barão (1855), visconde (1872) e marquês com grandeza por direito (1888). Faleceu em 1896.

7. Auto de casamento de Manoel Vieira Tosta e d. Maria José Velho de Avellar, 1869 (FFVT).

8. Grifo meu. Carta de E.V.A. a J. M.V.A., RJ, 5.9.1884.

9. Carta de M.V.A. a J.M.V.A., Corte, 8.9.1884.

10. A. Martin-Fugier, "Os ritos da vida privada burguesa", in M. Perrot, op.cit.

11. Sobre as imagens dos ritos da vida religiosa, ver: A.M. Mauad, "Imagens de passagem: fotografia e os ritos da vida católica da elite brasileira, 1850-1950", in *Cadernos de antropologia da imagem*, p.137-53.

12. *Correio-Assu.*

13. G. Freyre, *Sobrados e mucambos.*

14. Carta de M.V.A. a J.M.V.A., Petrópolis, 24.4.1884.

15. Carta de M.V.A. a J.M.V.A., Corte, 14.10.1884.

16. Carta de M.V.A. a J.M.V.A., Corte, 14.10.1884.

17. Notas fiscais de viagem à Europa da família Ribeiro de Avellar (FFPG).

18. Carta de M.V.A. a L.M.V.S., Petrópolis, 10.5 (s/a).

19. Carta de M.V.A. a L.M.V.S., Pau Grande, 28.10.1864.

20. Da família Werneck os ramos mais próximos eram: Furquim Werneck, Lacerda Werneck, Chagas Werneck. Já da parte dos Ribeiro de Avellar, eram: Gomes Ribeiro Leitão, Martinho Campos, Santos Silva e Barbosa dos Santos.

21. Carta de L.M.V.S. a M.V.A., RJ, 12.4.1869.

22. Carta de M.V.A. a J.M.V.A., Petrópolis, 8.4.1884.

23. Carta de M.V.A. a L.M.V.S., Petrópolis, 15.3 (s/a).

24. Apud L.M. Schwarcz, op.cit., p.243.

25. R. Barman, op.cit., p.74.

26. Carta de L.M.V.S. a M.V.A., Petrópolis, 30.10.1862.

27. Carta de M.V.A. a L.M.V.S., Petrópolis, 2.2.1862. Archiles Arnaud era um primo de Mariana que foi professor de piano de Mariquinhas.

28. Carta de L.M.V.S. para M.V.A., RJ, 12.4.1869. Com a sofisticação dos métodos à mesa na segunda metade do século XIX, os jantares servidos *à la française* foram substituídos pelos *à la russe*. No primeiro, as comidas eram servidas todas ao mesmo tempo, não importando o tipo. No segundo, a refeição passa a constar de várias "cobertas", cada qual com um tipo de louça, talher, vinho, toalha e ornamentação. Iniciava-se com uma sopa, seguiam-se várias cobertas, das carnes mais leves às mais pesadas, e encerrava-se com as sobremesas. O novo método requeria uma sofisticação dos aparatos necessários, assim como um grande número de criados.

29. J.I. Roquete, "Código do bom-tom", p.239-55.

30. Carta de L.M.V.S. a M.V.A., RJ, 4.12.1856.

31. Carta de M.V.A. a J.M.V.A., Pau Grande, 17.11.1884.

32. Dentre os pertences familiares, sobreviveram identificados um retrato oval de Martinho Campos Filho e uma foto de grupo com duas meninas e dois meninos, seus filhos, tirada em 1889 por Tavares Sobrinho. Há ainda uma foto de sua filha Felisberta quando era bebê.

33. Carta de M.V.A. a J.M.V.A., Corte, 4.8.1884.

Conclusão: o triunfo da família oitocentista (p.201-6)

1. Testamento de M.V.A, Paris, 24.11.1892.

2. No período de maior popularidade do imperador, a distribuição de títulos foi reduzida. O maior número se deu durante a progressiva decadência do Império, atuando em dois sentidos: compensar descontentamentos e ajudar as finanças do Estado. L. Schwarcz, op.cit., p.175.

3. Para uma explicação mais detalhada sobre configuração social, ver: N. Elias, *Introdução à sociologia.*

4. Sobre o conceito de herança imaterial, ver: G. Levi, *Herança imaterial...*

REFERÊNCIAS BIBLIOGRÁFICAS

I - Fontes Primárias

Fontes manuscritas

Caderno de contas n.1, 2, 3, 4, 5 apresentados por Luis Gomes Ribeiro sobre sua administração na sociedade com a sogra no Pau Grande, de 1797 a 31 de dezembro de 1810. (CP)

Contas testamentárias do visconde de Ubá. Vassouras, 1887. (USS/CDH)

Diário da viscondessa de Arcozelo. Vassouras, 1886. (MIP)

Disposições de testamento de d. Mariana Luiza da Glória Avellar. Fazenda Pau Grande, s.d. (CP)

Documento de confirmação do matrimônio de Joaquim Ribeiro de Avellar e Mariana Velho de Avellar, realizado em 17 de novembro de 1849 e expedido em 26 de novembro de 1849 por José do Desterro Pinto. (CP)

Documentos pertencentes ao Fundo Família Vieira Tosta. (AN)

Documentos pertencentes ao Fundo Fazenda Pau Grande. (AN)

Escritura de dote de d. Mariana Velho da Silva para se casar com Joaquim Ribeiro de Avellar. Rio de Janeiro, 1849. (CP)

Inventário de Antônia Maria da Conceição. Vassouras, 1828. (USS/CDH)

Inventário de Antônio Ribeiro de Avellar. Rio de Janeiro, 1794. (AN)

Inventário de Domingos Alves da Silva Porto. Rio de Janeiro, 1858. (AN)

Inventário do barão de Capivary. Vassouras, 1863. (USS/CDH)

Inventário do barão de Guaribu. Vassouras, 1886. (USS/CDH)

Inventário do comendador Joaquim de Mascarenhas Salter. Vassouras, 1879. (USS/CDH)

Inventário do major José de Mascarenhas Salter. Vassouras, 1884. (USS/CDH)

Inventário de José Luis da Motta. Rio de Janeiro, 1842. (AN)

Inventário de José Maria Salter de Mascarenhas. Vassouras, 1851. (USS/CDH)

Relação dos deputados da Assembléia Legislativa do Estado do Rio de Janeiro nas legislaturas de 1836 a 1928. (APERJ)

Requerimento encaminhado ao Ministério do Império por Domingos Velho da Silva, solicitando, em atenção a sua idade avançada e problemas de saúde, não ser nomeado para nenhum cargo público. (Seção de Manuscritos/BN)

Sentença de perfilhação de Joaquim Ribeiro de Avellar Jr. por Joaquim Ribeiro de Avellar. Vassouras, 22 de agosto de 1843. (CP)

Série de cartas de Domingos Alves da Silva Porto ao barão de Capivary. (CP)
Série de cartas de Leonarda Maria Velho da Silva e José Maria Velho da Silva para Mariana Velho de Avellar. (CP)
Série de cartas de Mariana Velho de Avellar para d. Leonarda Maria Velho da Silva. (CP)
Série de cartas de Mariana Velho de Avellar para José Maria Velho de Avellar. (CP)
Testamento de Antônia Ludovina Mascarenhas. Vassouras, 1886. (USS/CDH)
Testamento de José Pereira de Almeida. Lisboa. (Arquivo da Torre do Tombo. Pesquisa feita por Carlos Rheingantz, anotações pessoais cedidas por Roberto Meneses de Moraes.)
Testamento de Leonarda Maria Velho da Silva. Rio de Janeiro, 1871. (CP)
Testamento de Manoel Velho da Silva. Rio de Janeiro, 1807. (ACMRJ)
Testamento do barão de Capivary. Vassouras, 1863. (USS/CDH)
Testamento do visconde de Ubá. Vassouras, 1888. (USS/CDH)

Fontes fotográficas

92 imagens avulsas (CRMM)
229 imagens organizadas em três álbuns fotográficos (CYBF)

Fontes impressas

A - Jornais e revistas

Álbum Semanal, Rio de Janeiro, 1852.
Correio-Assu, ano 2, n.29, Petrópolis, Typographia Assu, 2 jun 1888.
Correio das Damas: Jornal de Litteratura e Modas, Lisboa, Typografia Lisboense, 1836-50.
Jornal das Famílias – Publicação Illustrada, Recreativa, Artística etc., Rio de Janeiro, Garnier, 1863-78.
Jornal do Commercio, Rio de Janeiro, 7 jul 1863; 9 dez 1851.
Jornal das Senhoras, Rio de Janeiro, Typographia Parisiense, 1852-55.
Parahyba, Petrópolis, 1858.
Revista Popular – Noticiosa, Scientifica, Industrial, Histórica, Litteraria, Biographica, Anedoctica, Musical etc, Rio de Janeiro, Garnier, 1859-62.
Revista Semana Illustrada, Rio de Janeiro, Typographia Pinheiro e Companhia, 1860-76.

B - Dicionários, manuais de educação e obras de referência

Almanaque do Rio de Janeiro para o ano 1794, in Anais da Biblioteca Nacional do Rio de Janeiro, vol. LIX, Rio de Janeiro, MEC, 1940.
Almanaque do Rio de Janeiro para o ano 1792, in Anais da Biblioteca Nacional do Rio de Janeiro, vol. LIX, Rio de Janeiro, MEC, 1940, p.187.
Almanaque Laemmert. In www.crl.edu/content.asp?l1=4&i2=18&l3=33&l4=22, Rio de Janeiro, Officina dos Irmãos Laemmert, 1863.
Caldas, Aulete. *Dicionário contemporâneo da língua portuguesa.* Imprensa Nacional, s.l., 1881.
Casadei, Thalita de Oliveira. "Concessões de graças honoríficas e títulos de nobreza sugeridos a d. Pedro II após sua viagem à região central fluminense em 1848", Anais

do Congresso de História do Segundo Reinado, *Revista do IHGB*, Rio de Janeiro, p.11-54.

Cavalcanti, J. Cruvello. "Nova numeração dos prédios da cidade do Rio de Janeiro: 1878", Col. Memória do Rio. Rio de Janeiro, Prefeitura do Rio, 1977.

Faria, E. *Novo diccionário da língua portugueza*. Rio de Janeiro, Typ. Imperial e Constitucional de Villeneuve, 4ª ed., 1859.

Moniz, Carlos Luís. "Tratado de educação física dos meninos", in A. Peixoto, *Nosso primeiro puericultor*. Rio de Janeiro, Agir, 1946.

Moraes, A.J.M. *O educador da mocidade brasileira. Aprovado pelo arcebispo da Bahia para uso e leitura no Império*. Bahia, Typ de Epiphanio Pedrosa, 1852.

Pinto, Luiz Maria da Silva. *Dicionário da língua brasileira*. Ouro Preto, Typografia de Silva, 1832.

Roquete, J.I. *Diccionário da língua portugueza*. Paris, s.n.,1881.

_______. "Código do bom-tom ou Regras de civilidade e de bem viver no século XIX", in Lilia Moritz Schwarcz (org.), *Retratos do Brasil*. São Paulo, Cia. das Letras, 1997.

Silva, Antônio de Moraes. *Diccionário da língua portugueza*. Lisboa, Typographia de Antônio José da Rocha, vol.2, 6ª ed., 1858, p.10.

Vieira, Frei Domingos. *Grande diccionário portuguez ou Thesouro da língua portugueza*. Rio de Janeiro, Casa dos Editores Ernesto Chardon e Bartholomeu H. de Moraes, 3ª ed., 1871.

Werneck, Américo. *A arte de educar os filhos*. Rio de Janeiro, Typographia do Commercio, 2ª ed., 1887.

C - Biografias, memórias e livros

Antonil, André João. *Cultura e opulência do Brasil*. São Paulo, Melhoramentos/MEC, 1976.

Binzer, Ina von. *Os meus romanos: alegrias e tristezas de uma educadora alemã no Brasil*. Rio de Janeiro, Paz e Terra, 5ª ed., 1982.

Debret, Jean-Baptiste. *Viagem pitoresca e histórica ao Brasil*. São Paulo, Círculo do Livro, vol.2, 1982.

Pascual, A.D. *Esboço biográfico do conselheiro José Maria Velho da Silva*. Rio de Janeiro, s.n., 1861.

Rezende, Francisco de Paula Ferreira de. *Minhas recordações*, in Octávio Tarquino de Souza (org.), Col. Documentos Brasileiros. Rio de Janeiro, José Olympio, 1944.

Ribeyrolles, Charles. *Brésil pittoresque*. São Paulo, Martins Fontes, vol.2, 1941.

Saint-Hilaire, August. *Viagem pelas províncias do Rio de Janeiro e Minas Gerais*. Rio de Janeiro, Cia. Editora Nacional, t.1, 1938.

Santos, Luiz Gonçalves dos. *O padre Perereca: memórias para servir a História do Reino do Brasil*. Rio de Janeiro, s.n., 2ª ed., 1943.

Samson, Adèle-Toussaint. *Uma parisiense no Brasil*. Rio de Janeiro, Capivara, 2003.

II – Livros e artigos

Acervo: Revista do Arquivo Nacional – Estudos de gênero, vol.9, n.1, Rio de Janeiro, Arquivo Nacional/Ministério da Justiça, jan-dez 1996.

Alencastro, Luis Felipe de (org.). *História da vida privada no Brasil*. São Paulo, Cia. das Letras, vol.2, 1997.

Algranti, Leila Mezan. "Famílias e vida doméstica", in Laura de Mello e Souza, *História da vida privada no Brasil: cotidiano e vida privada na América portuguesa*. São Paulo, Cia. das Letras, 1997, p.83-154.

Almeida, Ângela Mendes de (org.). *Pensando a família no Brasil: da colônia à modernidade*. Rio de Janeiro, Espaço e Tempo/UFRJ, 1987.

_______. *Mães, esposas, concubinas e prostitutas*. Rio de Janeiro, Universidade Federal Rural do Rio de Janeiro, 1996.

Araújo, Ricardo Benzaquém de. *Guerra e paz – casa-grande & senzala e a obra de Gilberto Freyre nos anos 30*. Rio de Janeiro, 34 Letras, 1994.

Ariès, Philippe. *História social da criança e da família*. Rio de Janeiro, Guanabara, 2ª ed., 1981.

Auler, Guilherme. *A princesa e Petrópolis*. Rio de Janeiro, Petrópolis, 1953.

Bakhtin, Mikhail. *Cultura popular na Idade Média e no Renascimento*. São Paulo, Hucitec, 1987.

Balandier, George. *O poder em cena*. Brasília, UnB, 1982.

Bandeira, Carlos Manes. *Parque Nacional da Tijuca*. São Paulo, Makron Books, 1993.

Bandinter, Elizabeth. *O mito do amor conquistado: o mito do amor materno*. Rio de Janeiro, Nova Fronteira, 3ª ed., 1985.

Barman, Roderick J. *Princesa Isabel do Brasil: gênero e poder no século XIX*. São Paulo, Unesp, 2002.

Benjamin, Walter. "Livros infantis e artigos esquecidos; história cultural do brinquedo; brinquedo e brincadeira. Observações sobre uma obra monumental", in *Walter Benjamin: obras escolhidas*. São Paulo, Brasiliense, 10ª ed., 1996.

_______. *Obras escolhidas III: Charles Baudelaire, um lírico no auge do capitalismo*. São Paulo, Brasiliense, 1989.

Berman, Marshall. *Tudo que é sólido desmancha no ar: a aventura da modernidade*. São Paulo, Cia. das Letras, 1995.

Bloch, Marc. *Introdução à história*. Portugal, Europa-América, 6ª ed., 1997.

_______. *Os reis taumaturgos*. São Paulo, Cia. das Letras, 1983.

Boxer, Charles. *A idade do ouro no Brasil*. São Paulo, Cia. Editora Nacional, 1963.

Brasil, Gerson. *O ouro, o café e o Rio*. Rio de Janeiro, Brasiliana, 1970.

Brugger, Silvia Maria Jardim. *Minas patriarcal: família e sociedade (São João del Rei; séculos XVIII e XIX)*. Tese de doutoramento, Niterói, UFF/ICHF, 2002.

Bucaille, R. e J.M. Pesez. "Cultura material", in Ruggiero Romano (org.), *Enciclopédia Einauldi, homodomesticação e cultura material*. Porto, Imprensa Nacional/Casa da Moeda, n.16, 1989.

Burguière, André e François Lebrun (orgs.). *Histoire de la famille: le choc des modernités*. Paris, Armand Colin, 1986.

Burke, Peter. *The Fabrication of Louis XIV*. New Heaven e Londres, Yale University, 1992.

_______. *Testemunha ocular: história e imagem*. São Paulo, Edusc, 2004.

_______. (org.). *A escrita da história: novas perspectivas*. São Paulo, Unesp,1992.

Cândido, Antônio. "The Brazilian Family", in T. Lynn Smith e Alexandre Marchant (orgs.), *Brazil: Portrait of Half a Continent*. Nova York, Dryden, 1951.

_______. *Um funcionário da monarquia: ensaio sobre o segundo escalão*. Rio de Janeiro, Ouro sobre Azul, 2002.

Carneiro, Vânia Carneiro de. "A representação da natureza na pintura e na fotografia brasileiras do século XIX", in Annateresa Fabris (org.), *Fotografia: usos e funções no século XIX*. São Paulo, Edusp, 1998, p.199-231.

_______. e Solange Ferraz de Lima. "Fotografia como objeto de coleção e de conhecimento: por uma relação solidária entre pesquisa e sistema documental", in Ana Maria Mauad (org.), *Anais do Museu Histórico Nacional*. Rio de Janeiro, MinC/Iphan, vol.32, 2000.

Carvalho, José Murilo de. *A construção da ordem: a elite política imperial*. Rio de Janeiro, Campus, 1980.

_______. "Mandonismo, coronelismo, clientelismo: uma discussão conceitual", in *Pontos e bordados: escritos de história e política*. Belo Horizonte, UFMG, 1998.

_______. *Cidadania no Brasil, o longo caminho*. Rio de Janeiro, Civilização Brasileira, 2003.

_______. *Teatro de sombras: a política imperial*. Rio de Janeiro, Civilização Brasileira, 4ª ed., 2003.

Casey, James. *História da família*. São Paulo, Ática, 1989.

Cassirer, Ernest. "O pensamento na era do Iluminismo", in *A filosofia do Iluminismo*. São Paulo, Unicamp, 2ª ed., 1994.

Castro, Hebe e Eduardo Schonoor (orgs.). *Resgate: uma janela para o Oitocentos*. Rio de Janeiro, Topbooks, 1995.

Castro, Maria Werneck de e Moacir Werneck. *No tempo dos barões*. Rio de Janeiro, Bem-Te-Vi, 2004.

Cavalcanti, J. Cruvello. *Nova numeração dos prédios da cidade do Rio de Janeiro: 1878*, Col. Memória do Rio 6. Rio de Janeiro, Prefeitura do Rio, vol.2, 1977.

Chalhoub, Sidney. *Cidade febril: cortiços e epidemias na corte imperial*. São Paulo, Cia. das Letras, 1996.

_______. *Visões de liberdade: uma história das últimas décadas da escravidão na corte*. São Paulo, Cia. das Letras, 1990.

_______. *Machado de Assis historiador*. São Paulo, Cia. das Letras, 2003.

Chartier, Roger. "Diferenças entre os sexos e dominação simbólica", in *Pagu*. Campinas, Núcleo de Estudos de Gênero/Unicamp, 1995.

_______. *História cultural: entre práticas e representações*. Lisboa, Bertrand, 1990.

_______. *A aventura do livro: do leitor ao navegador*. São Paulo, Unesp/Imprensa Oficial, 1999.

_______. *Práticas de leitura*. São Paulo, Estação Liberdade, 2ª ed., 2001.

Ciavatta, Maria. *O mundo do trabalho em imagens: fotografia como fonte histórica (Rio de Janeiro, 1900-1930)*. Rio de Janeiro, DP&A, 2002.

Corrêa, Mariza. "Repensando a família patriarcal brasileira", in *Colcha de retalhos*. São Paulo, Unicamp, 3ª ed., 1994.

Costa, Emília Viotti da. *Da monarquia à república: momentos decisivos*. São Paulo, Ciências Humanas, 2ª ed., 1979.

_______. *Da senzala à colônia*. São Paulo, Ciências Humanas, 2ª ed., 1982.

Costa, Jurandir Freire. *Ordem médica e norma familiar*. Rio de Janeiro, Graal, 2ª ed., 1983.

Costa, Suely Gomes. "O diário de umas e outras meninas (aportes teóricos sobre o cotidiano feminino. Diamantina, MG, fins do século XIX)", *Cadernos do ICHF*, n.60, Niterói, ICHF, set 1993.

Cunha, Rui Vieira da. "Uma linhagem colonial: Velho da Silva", *Jornal do Commercio*, 9 dez 1951, p.4-5.

D'Incao, Maria Ângela. "Mulher e família burguesa", in Mary Del Priore (org.), *História das mulheres*. São Paulo, Contexto/Unesp, 2ª ed., 1997, p.223-40.

Damatta, Roberto. *A casa & a rua: espaço, cidadania, mulher e morte no Brasil*. Rio de Janeiro, Rocco, 5ª ed., 1997.

_______. *O grande massacre dos gatos e outros episódios da história cultural francesa*. Rio de Janeiro, Graal, 1986.

De volta à luz: fotografias nunca vistas do imperador. São Paulo/Rio de Janeiro, Instituto Cultural Banco Santos/Fundação Biblioteca Nacional, 2003.

Dean, Warren. *Rio Claro: um sistema brasileiro de grande lavoura 1820-1920*. Rio de Janeiro, Paz e Terra, 1977.

Dessert, Daniel. "O financeiro", in Rosário Villari, *O homem do barroco*. Lisboa, Editorial Presença, 1994.

Dias, Maria Odila Leite. "Novas subjetividades na pesquisa histórica feminista: uma hermenêutica das diferenças", *Estudos Feministas*, n.2, Santa Catarina, Centro de Filosofia e Ciências Humanas da Universidade de Santa Catarina, 1994.

_______. *Cotidiano e poder em São Paulo no século XVIII*. São Paulo, Brasiliense, 1984.

_______. "A interiorização da metrópole (1808-1853)", in Carlos Guilherme Mota, *1822. Dimensões*. São Paulo, Perspectiva, 2ª ed., 1986.

Dieguez, Lucília Maria Esteves Santiso. *Dona Leonarda Maria da Silva Velho: uma dama da corte imperial (1754-1828)*. Dissertação de mestrado, Departamento de História ICHF, Niterói, UFF, 2004.

Donzelot, James. *A polícia das famílias*. Rio de Janeiro, Graal, 2ª ed., 1986.

Dubois, Philippe. *O ato fotográfico*. São Paulo, Papirus, 6ª ed., 1993.

Elias, Norbert. *A sociedade de corte*. Lisboa, Estampa, 2ª ed., 1995.

_______. *The Stablished and the Outsiders*. Londres, Sage Publications, 1994.

_______. *Mi Trayectoria Intelectual*. Barcelona, Ediciones Península,1984.

_______. *Processo civilizador*. Rio de Janeiro, Jorge Zahar, vol.2, 1993; vol.1, 1994.

_______. *A sociedade dos indivíduos*. Rio de Janeiro, Jorge Zahar, 1994.

_______. *Os alemães*. Rio de Janeiro, Jorge Zahar,1997.

_______. *Introdução à sociologia*. São Paulo, Martins Fontes, 1980.

Fabris, Annateresa. *Fotografia: usos e funções no século XIX*. São Paulo, Edusp, 1998.

_______. "Redefinindo o conceito de imagem", *Revista Brasileira de História*, vol.18, n.35, São Paulo, Marco Zero, 1998.

Falci, Miradan e Melo Hildete. "Eufrásia Teixeira Leite: o destino de uma herança", in abphe.org.br/congresso2003/textos.

_______. "Riqueza e emancipação: Eufrásia Teixeira Leite. Uma análise de gênero", *Estudos Históricos*, n.29, Rio de Janeiro, s.n., 2002.

Faoro, Raymundo. *Os donos do poder: formação do patronato político brasileiro*. Rio de Janeiro, Globo, vol.1,11ª ed., 1997.

Faria, Sheila de Castro. *A colônia em movimento: fortuna e família no cotidiano colonial*. Rio de Janeiro, Nova Fronteira, 1998.

_______. "História da família e demografia histórica", in R. Vainfas e C. Cardoso, *Domínios da história: ensaios de teoria e metodologia*. Rio de Janeiro, Campus, 1997.

Fausto, Boris. *História do Brasil*. São Paulo, Edusp, 1995.

Ferrez, Gilberto. *O Rio Antigo do fotógrafo Marc Ferrez: paisagens e tipos humanos do Rio de Janeiro: 1865-1918*. São Paulo, Libris, 2ª ed., 1985.

Figueiredo, Luciano Raposo de Almeida. *Barrocas famílias: vida familiar em Minas Gerais do século XVIII*. São Paulo, Hucitec, 1997.

Flandrin, Jean-Louis. *Famílias, parentesco, casa e sexualidade na sociedade antiga*. Lisboa, Estampa, 1995.

Florentino, Manolo Garcia. *Em costas negras: uma história do tráfico atlântico de escravos entre a África e o Rio de Janeiro (séculos XVIII e XIX)*. Rio de Janeiro, Arquivo Nacional, 1993.

_______. e Cacilda Machado (orgs.). *Ensaios sobre a escravidão*. Belo Horizonte, UFMG, 2003, p.143-166.

Foucault, Michel. "Nietzsche, a genealogia e a história", in *Microfísica do poder*. Rio de Janeiro, Graal, 11ª ed., 1995.

Fox-Genovese, Elizabeth. *Within the Plantation Household: Black and White Women of the Old South*. Carolina do Norte, University of North Caroline, 1998.

Fragoso, João Luis. *Homens de grossa aventura: acumulação e hierarquia na praça mercantil do Rio de Janeiro (1790-1830)*. Rio de Janeiro, Civilização Brasileira, 2ª ed., 1998.

_______. e Manolo Fiorentino. *Arcaísmo como projeto*. Rio de Janeiro, Civilização Brasileira, 4ª ed., 2001.

_______. e Fernanda Bicalho e Fátima Gouvêa (orgs.). *O Antigo Regime nos trópicos*. Rio de Janeiro, Civilização Brasileira, 2001.

_______. e Martins, Maria Fernanda. "Grandes negociantes e elite política nas últimas décadas da escravidão – 1850/1880", in Manolo Florentino e Cacilda Machado (orgs.), *Ensaios sobre a escravidão*. Belo Horizonte, UFMG, 2003, p.143-166.

Franco, Afonso Arinos de Mello. *História do Banco do Brasil*. N/C, 1973.

Franco, Maria Sylvia de Carvalho. *Homens livres na ordem escravocrata*. São Paulo, Unesp, 1997.

Freitas, Marcos Cesar (org.). *História social da infância no Brasil*. São Paulo, Cortez, 1997.

Freund, Gisele. *Fotografia e sociedade*. Lisboa, Vega, 1974.

Freyre, Gilberto. *Casa-grande & senzala*. Rio de Janeiro, José Olympio, 25ª ed., 1987.

_______. *Sobrados e mucambos*. Rio de Janeiro, Record, 9ª ed., 1996.

_______. *A vida social no Brasil nos meados do século XIX*. Rio de Janeiro, Arte Nova, 2ª ed., 1977.

Galvão, Walnice e Nádia Gotlib (orgs.). *Prezado senhor, prezada senhora: estudos sobre cartas*. São Paulo, Cia. das Letras, 2000.

Gay, Peter. *A educação dos sentidos: a experiência burguesa da rainha Vitória a Freud*. São Paulo, Cia. das Letras, 1988.

_______. *Freud para historiadores*. São Paulo, Paz e Terra, 2ª ed., 1989.

Geertz, Clifford. *A interpretação das culturas*. Rio de Janeiro, Guanabara Koogan, 1989.

Ginsburg, Carlo. *O queijo e os vermes: o cotidiano e as idéias de um moleiro perseguido pela Inquisição*. São Paulo, Cia. das Letras, 3ª ed., 1987.

_______. *Os andarilhos do bem: feitiçaria e cultos agrários nos séculos XVI e XVII*. São Paulo, Cia. das Letras, 1988.

_______. *A micro-história e outros ensaios*. Lisboa, Difel, 1989.

_______. *O fio e os rastros: verdadeiro, falso e fictício*. São Paulo, Cia. das Letras, 2007.

_______. *Mitos, emblemas e sinais: morfologia e história*. São Paulo, Cia. das Letras, 2007.

Gomes, Angela de Castro (org.). *Escrita de si, escrita da história*. Rio de Janeiro, FGV, 2004.

Gorenstein, Riva e Lenira Menezes Martinho. *Negociantes e caixeiros na sociedade da independência*. Rio de Janeiro, Secretaria Municipal de Cultura, Turismo e Esportes/

Departamento Geral de Documentação e Informação Cultural, Biblioteca Carioca, 1993.

Graham, Sandra Lauderdale. *Caetana Says No: Women's Stories From a Brazilian Slave Society*. Cambridge, Cambridge University, 2002.

Grimberg, Keila. *Liberata, a lei da ambigüidade. As ações de liberdade da Corte de Apelação do Rio de Janeiro no século XIX*. Rio de Janeiro, Relume Dumará, 1994.

Héritier, Françoise. "Parentesco"; "Família"; "Casamento", in Ruggiero Romano (org.), *Enciclopédia Einauldi*. Porto, Imprensa Nacional/Casa da Moeda, vol.20, 1997.

Holanda, Sérgio Buarque de. *Raízes do Brasil*. Rio de Janeiro, José Olympio, 20ª ed., 1988.

_______. "A herança colonial e sua desagregação", in *História geral da civilização brasileira*. Rio de Janeiro, Bertrand, t.1, vol.1, 1993.

Iglésias, Francisco. "A vida política: 1848-1868", in Sérgio Buarque de Holanda (org.), *História geral da civilização brasileira*. São Paulo, Bertrand, t.2, vol.3, 1987.

Jardim, Márcio. *Síntese factual da inconfidência mineira*. Belo Horizonte, Instituto Cultural Codeser, 1988, p.263-6.

Karasch, Mary. *A vida dos escravos no Rio de Janeiro (1808-1850)*. São Paulo, Cia. das Letras, 2000.

Kossoy, Boris. *Fotografia & história*. São Paulo, Ateliê Editorial, 2ª ed., 2001.

_______. *Dicionário histórico-fotográfico brasileiro: fotógrafos e ofício da fotografia no Brasil (1833-1910)*. São Paulo, IMS, 2002.

Kuznesof, Elizabeth Anne. "A família na sociedade brasileira: parentesco, clientelismo e estrutura social (São Paulo, 1700-1980)", *Revista Brasileira de História*, n.17, São Paulo, Marco Zero, 1988, p.37-63.

Lacombe, Lourenço Luiz. "Prefácio", in *D. Pedro II: viagens pelo Brasil, Bahia, Sergipe e Alagoas – 1859*. Rio de Janeiro, Bom Texto/Letras & Expressões, 2003.

Ladurie, Emmanuel Le Roy. *Montaillou-povoado accitânico 1294-1324*. São Paulo, Cia. das Letras, 1997.

Laslett, Peter. *Family Life and Illicit Love in Earlier Generations*. Cambridge, Cambridge University, 2ª ed., 1978.

Le Goff, Jacques. "Documento/Monumento", in *Enciclopédia Einauldi*. Lisboa, Imprensa Nacional/Casa da Moeda, vol.1, 1985.

_______. *História e memória*. Campinas, Unicamp, 4ª ed., 1996.

Leite, Miriam Moreira. *A condição feminina no Rio de Janeiro do século XIX*. Rio de Janeiro, Hucitec, 1984.

Levi, Giovanni. "Sobre a micro-história", in Peter Burke, *A escrita da história: novas perspectivas*. São Paulo, Unesp, 1992.

_______. *Herança imaterial: trajetória de um exorcista no Piemonte do século XVII*. Rio de Janeiro, Civilização Brasileira, 2000.

Levy, Maria Bárbara. *A indústria do Rio de Janeiro através de suas sociedades anônimas*. Rio de Janeiro, UFRJ/Secretaria Municipal de Cultura do RJ, 1994.

Linhares, Maria Ieda (org.). *História geral do Brasil*. Rio de Janeiro, Campus, 1990.

Lobo, Eulália Maria Lahmeyer. *História do Rio de Janeiro (do capital comercial ao capital industrial e financeiro)*. Rio de Janeiro, Ibmec, 1978.

Los Rios, Adolfo Morales Filho. *O Rio de Janeiro imperial*. Rio de Janeiro, Topbooks, 2000.

Maia, Manoel A. Velho da Motta. *O conde da Motta Maia*. Rio de Janeiro, Francisco Alves, 1937.

Malerba, Jurandir. *A corte no exílio: civilização e poder no Brasil às vésperas da Independência (1808-1821)*. São Paulo, Cia. das Letras, 2000.

Marcílio, Maria Luiza. *A cidade de São Paulo: povoamento e população – 1750/1780*. São Paulo, Perspectiva, 1983.

_______. "Populações do Brasil em perspectiva histórica", in Iraci del Nero da Costa (org.), *Brasil: História econômica e demográfica*. São Paulo, Ipea, 1986.

Martin-Fugier, Anne. "Os ritos da vida privada burguesa", in G. Duby e R. Chartier (orgs.), *História da vida privada: da Revolução Francesa à Primeira Guerra Mundial*. São Paulo, Cia. das Letras, vol.4, 1987.

Martins, Antonio. *Vereadores de Vassouras do Império à Nova República*. Vassouras/ Rio de Janeiro, edição do autor, 1993.

Mattos, Hebe Maria. *Das cores do silêncio: os significados da liberdade no Sudeste escravista*. Rio de Janeiro, Nova Fronteira, 2ª ed., 1998.

Mattos, Ilmar Rollof. *O tempo Saquarema: a formação do Estado imperial*. São Paulo, Hucitec, 1990.

_______. *Bahia século XIX: uma província no Império*. Rio de Janeiro, Nova Fronteira, 1992.

Mauad, Ana Maria e Mariana de Aguiar Ferreira Muaze. "A escrita da intimidade: história e memória no diário da viscondessa do Arcozelo", in Ângela de Castro Gomes (org.), *Escrita de si, escrita da história*. Rio de Janeiro, FGV, 2004.

_______. (orgs.). *Anais do Museu Histórico Nacional*, Rio de Janeiro, MinC/Iphan, vol.32, 2000.

_______. "Entre retratos e paisagens: as imagens do Brasil oitocentista", in Neide Marcondes e Manoel Belloto (orgs.), *Turbulência cultural em cenários de transição: século XIX ibero-americano*. São Paulo, Edusp, 2005, p.13-49.

_______. "Através da imagem: fotografia e história – Interfaces", *Revista Tempo*. Rio de Janeiro, Relume Dumará, vol.1, 1996.

_______. *Sob o signo da imagem: a produção da fotografia e o controle dos códigos de representação social da classe dominante na cidade do Rio de Janeiro (1900-1950)*. Tese de doutorado, Niterói, UFF/PPGH, 1990.

Mauro, Frédéric. *O Brasil no tempo de d. Pedro II*. São Paulo, Cia. das Letras, 1998.

Melo, Hildete e Teresa Cristina de Novais Marques. "A partilha da riqueza na ordem patriarcal", *Revista de Economia Contemporânea*, vol.5, n.2, Rio de Janeiro, UFRJ, jul-dez 2001.

Mignot, Ana Cristyna e Maria Helena Câmara Bastos. *Refúgios do eu*. Florianópolis, Mulheres, 2000.

Moraes, Roberto Menezes de. *O casal Furquim Werneck e sua descendência*. Vassouras, Liney, 1985.

_______. *Os Ribeiro de Avellar na fazenda Pau Grande*. Paty do Alferes, mimeo., 1994.

Mota, Carlos Guilherme. *1822. Dimensões*. São Paulo, Perspectiva, 1986.

Moura, Carlos Eugênio Marcondes de (org.). *Retratos quase inocentes*. São Paulo, Nobel, 1983.

Moya, Salvador de (org.). "Anuário genealógico brasileiro", *Revista dos Tribunais*. São Paulo, Instituto Estadual de Genealogia, 1939.

Muaze, Mariana de Aguiar Ferreira. "As várias faces da velhice", in Maria Teresa Lemos e Rosângela Alcântara Zabaglia (orgs.), *A arte de envelhecer: saúde, trabalho, afetividade, estatuto do idoso*. São Paulo/Rio de Janeiro, Idéias & Letras/Uerj, 2004, p.95-116.

_______. "Garantindo hierarquias: educação e instrução infantil na boa sociedade imperial (1840-1889)", in *Dimensões*. Revista de História da Ufes, n.15, Vitória, Ufes/ CCHN, 2003, p.59-84.

_______. *A descoberta da infância: a construção de um habitus civilizado na boa sociedade imperial*. Dissertação de mestrado, Departamento de História, Rio de Janeiro, PUC, 1999.

Muricy, Kathia. *A razão cética: Machado de Assis e as questões de seu tempo*. São Paulo, Cia. das Letras, 1988.

Nazzari, Muriel. "Dotes paulistas: composição e transformações (1600-1870)", *Revista Brasileira de História*, n.17, São Paulo, Marco Zero, 1988, p.88-114.

_______. *O desaparecimento do dote: mulheres, famílias e mudança social em São Paulo, Brasil, 1600-1900*. São Paulo, Cia. das Letras, 2001.

Neves, Lucia Maria Bastos Pereira das e Humberto Fernandes Machado. *O império do Brasil*. Rio de Janeiro, Nova Fronteira, 4ª ed., 1999.

Novaes, Fernando e Laura de Mello e Souza. *História da vida privada no Brasil*, São Paulo, Cia. das Letras, vol.1, 1997.

Oliveira, Flávia Arlanch de. "Famílias proprietárias e estratégias de poder local no século passado", *Revista Brasileira de História*, n.17, São Paulo, Marco Zero, 1988, p.65-85.

Oliveira Jr., Antônio de. "A luz do social nas imagens: fragmentos teóricos na fotografia de documentação social", *Anais do Museu Histórico Nacional*, Rio de Janeiro, MinC/ Iphan, vol.32, 2000, p.50-229.

Oliveira, Mônica Ribeiro de. *Negócios de família: mercado, terra e poder na formação da cafeicultura mineira (1780-1870)*. Bauru/ Juiz de Fora, Edusc/Funalta, 2005.

Osório, Helen. "Comerciantes do Rio Grande de São Pedro: formação, recrutamento e negócios de um grupo mercantil da América Portuguesa", *Revista Brasileira de História*, vol.20, n.39, São Paulo, ANPUH/ Humanitas Publicações, 2000, p.100-34.

Perrot, Michelle (org.). *História da vida privada: da Revolução Francesa à Primeira Guerra*. São Paulo, Cia. das Letras, vol.4, 1991, p.307-24.

Pilotti, Francisco e Irene Rizzini. *A arte de governar crianças*. Rio de Janeiro, Instituto Interamericano Del Nino, 1995.

Pinho, Wanderley. *Salões e damas do Segundo Reinado*. São Paulo, Martins, 3ª ed., s.d.

Pires, Fernando Tasso Fragoso. *Antigas fazendas de café da província fluminense*. Rio de Janeiro, Nova Fronteira, 1984.

Prado, Caio Jr. *Formação do Brasil contemporâneo*. São Paulo, Brasiliense, 23ª ed., 1994.

Price, Derrick e Liz Well (orgs.). *Photography: A Critical Introduction*. Londres/Nova York, Routedge, 2ª ed., 2000.

Primitivo, Moacyr. *Subsídios para uma história da educação no Império*. São Paulo, Cia. Editora Nacional, vols.1, 2 e 3, 1939.

Priore, Mary del (org.). *História da criança no Brasil*. São Paulo, Contexto, 1991.

População e família 4. Centro de Estudos de Democracia Histórica da América Latina, São Paulo, Humanitas/FFLCH/USP, vol.1, n.1, 1998.

Propp, Vladimir. *Comicidade e riso*. São Paulo, Ática, 1992.

Rangel, Alberto. *A educação do príncipe*. Rio de Janeiro, Agir, 1945.

Raposo, Ignácio. *História de Vassouras*. Rio de Janeiro, Fundação 1º de Maio, 2ª ed., 1935.

Rede, Marcelo. "História a partir das coisas: tendências recentes nos estudos de cultura material", *Anais do Museu Paulista – história e cultura material*. São Paulo, USP, Nova Série, vol.4, jan-dez 1996.

Reis, A.C.F. "As províncias do centro", in Sérgio Buarque de Holanda (org.), *História geral da civilização brasileira*. São Paulo, Bertrand, t.2, vol.2, 1995.

Reis, João José e Eduardo Silva. *Negociação e conflito: a resistência negra no Brasil escravista*. São Paulo, Cia. das Letras, 1989.

Reis, José João. *A morte é uma festa: ritos fúnebres e revolta popular no Brasil do século XIX*. São Paulo, Cia. das Letras, 1991.

Renault, Décio. *O Rio de Janeiro nos anúncios de jornais, 1808-1850*. Rio de Janeiro, Francisco Alves, 1984.

_______. *O dia-a-dia no Rio de Janeiro segundo os jornais, 1870-1889*. Rio de Janeiro, Civilização Brasileira, 1982.

Revel, Jacques (org.). *Jogos de escalas: a experiência da microanálise*. Rio de Janeiro, FGV, 1998.

Revista Brasileira de História: Dossiê Infância e Adolescência, vol.19, n.37, São Paulo, ANPUH/Humanitas, 1999.

Rheinantz, Carlos. *Titulares do império*. Rio de Janeiro, Arquivo Nacional, 1960.

_______. *Primeiras famílias do Rio de Janeiro (séculos XVI e XVII)*, Col. Vieira Fazenda. Rio de Janeiro, Brasiliense, 1965.

Rizzini, Irene (org.). *Olhares sobre a criança no Brasil: séculos XIX e XX*. Rio de Janeiro, Editora Universitária Santa Úrsula, 1997.

Rocha, Cristyna Miranda. *História de famílias escravas: Campinas, século XIX*. Campinas, Unicamp, 2004.

Rodrigues, Jaime. "Os traficantes de africanos e seu 'infame comércio' (1827-1860)", *Revista Brasileira de História*, vol.1, n.9, São Paulo, ANPUH/Contexto, 1995, p.130-55.

Salles, Ricardo. *Nostalgia imperial: a formação da identidade nacional no Brasil do Segundo Reinado*. Rio de Janeiro, Topbooks, 1996.

Samara, Eni Mesquita. *A família brasileira*. São Paulo, Brasiliense, 4ª ed., 1993.

_______. "A história da família no Brasil", *Revista Brasileira de História*, n.17, São Paulo, Marco Zero, 1988, p.7-35.

Scharf, Aaron. *Art and Photography*. Nova York, Penguin, 4ª ed., 1983.

Schwarcz, Lilia Moritz. *As barbas do imperador: D. Pedro II, um monarca nos trópicos*. São Paulo, Cia. das Letras, 1998.

Sennett, Richard. *O declínio do homem público: as tiranias da intimidade*. São Paulo, Cia. das Letras, 5ª ed., 1998.

Shorter, Eduard. *A formação da família moderna*. Lisboa, Terramar, 1975.

Silva, Eduardo. *Barões e escravidão: três gerações de fazendeiros e a crise da estrutura escravista*. Rio de Janeiro, Nova Fronteira, 1984.

Silva, Maria Beatriz Nizza da. *Cultura e sociedade no Rio de Janeiro (1808-1821)*. São Paulo/ Brasília, Cia. Editora Nacional/INL, 1977.

_______. *História da família no Brasil colonial*. Rio de Janeiro, Nova Fronteira, 1998.

_______. *Vida privada e quotidiano no Brasil: na época de d. Maria I e d. João VI*. Lisboa, Editorial Estampa, 1993.

_______. *Ser nobre na colônia*. São Paulo, Unesp, 2005.

Slenes, Robert W. "Grandeza ou decadência? O mercado de escravos e a economia cafeeira da província do Rio de Janeiro. 1850-1888", in Iraci Del Nero da Costa, *Brasil: História econômica e demográfica*. São Paulo, Ipea, 1986.

_______. "Lares negros, olhares brancos: histórias da família escrava no século XIX", in Mariza Corrêa, *Colcha de retalhos*. São Paulo, Unicamp, 3ª ed., 1994.

Sodré, Nelson. Werneck. *A história da imprensa no Brasil.* Rio de Janeiro, Civilização Brasileira, 1966.

Souza, Gilda de Mello e. *O espírito das roupas: a moda no século XIX.* São Paulo, Cia. das Letras, 4ª ed., 2001.

Souza, Iara Lis Carvalho. "Liturgia real: entre a permanência e o efêmero", in Itsván Jancsó e Kator (orgs.), *Festa: cultura e sociabilidade da América portuguesa.* São Paulo, Hucitec/USP/Fapesp/Imprensa Oficial, vol.1, 2001.

Souza, Joaquim Alvarenga de. *Os ilustres barões da nobreza vassourense.* Vassouras, s.n., 1986.

Stein, Stanley. *Grandeza e decadência do café no vale do Paraíba.* Rio de Janeiro, Brasiliense, 1969.

Stulzer, Frei Aurélio. *Notas sobre a história da vila de Paty do Alferes.* Rio de Janeiro, Matriz de Paty do Alferes, 1944.

Teixeira, Paulo Eduardo. "Introdução", in *O outro lado da família escrava: mulheres chefes de família (1765-1850).* Campinas, Unicamp, 2004.

Telles, Augusto C. da Silva. "Vassouras: estudo da construção residencial urbana", *Revista do Patrimônio Histórico e Artístico Nacional*, n.16, Rio de Janeiro, MEC, 1968.

_______. "Visita de d. Pedro II a Vassouras", *Revista do IHGB*, vol.290, Rio de Janeiro, Imprensa Nacional, jan-mar 1971.

Tenenti, Alberto. "O mercador e o banqueiro", in Eugenio Garin, *O homem do Renascimento.* Lisboa, Presença, 1991.

Turazzi, Maria Inês. *Poses e trejeitos: a fotografia e as exposições na era do espetáculo.* Rio de Janeiro, Funarte/Rocco, 1995.

Ulpiano, Bezerra de Meneses. "Fontes visuais, cultura visual, história visual: balanço provisório, propostas cautelares", *Revista Brasileira de História*, vol.23, n.45, São Paulo, ANPUH/Humanitas, 2003.

Ulpiano, Toledo Bezerra de Meneses (org.). *Anais do Museu Paulista – história e cultura material.* São Paulo, USP, n.1, 1993.

Vainfas, Ronaldo (org.). *Dicionário do Brasil colonial (1500-1808).* Rio de Janeiro, Objetiva, 2000.

_______. "Patriarcalismo e misoginia", in *Trópico dos pecados: moral, sexualidade e inquisição no Brasil.* Rio de Janeiro, Nova Fronteira, 4ª ed., 1997.

_______. *Os protagonistas anônimos da história: micro-história.* Rio de Janeiro, Campus, 2002.

_______. *Trópico dos pecados: moral, sexualidade e inquisição no Brasil.* Rio de Janeiro, Nova Fronteira, 4ª ed., 1997.

Vasconcellos, Barão de e Barão de Smith (orgs.). *Archivo Nobiliarchico brasileiro.* Lousane, Premerie la Concorde, 1918.

Vasquez, Pedro Karp. *O Brasil na fotografia oitocentista.* São Paulo, Metalivros, 2003.

Venâncio, Renato Pinto. *Infância sem destino*: *abandono de crianças no Rio de Janeiro do século XVIII.* Dissertação de mestrado, São Paulo, USP, 1988.

Vianna, Oliveira. "Formação social", in *Populações meridionais do Brasil.* Rio de Janeiro, Paz e Terra, vol.1, 1973.

Vieira Jr., Antônio Otaviano. *Entre paredes e bacamartes: a história da família no sertão (1780-1850).* Fortaleza, Demócrito Rocha/Hucitec, 2004.

Vives, Vinces. "A administração estadual nos séculos XVI e XVII", in Antonio Manuel Hespanha (org.), *Poder e instituições na Europa do Antigo Regime.* Lisboa, Calouste Gulbenkian, 1984.

Werneck, Francisco Klörs. *História e genealogia fluminense.* Rio de Janeiro, edição do autor, 1947.

Williams, Raymond. *Cultura.* Rio de Janeiro, Paz e Terra, 1992.

Willems, Emílio. "*A estrutura da família brasileira*", *Sociologia*, vol.XVI, n.4, São Paulo, USP, 1954.

Xavier, Ângela e Antônio Hespanha. "As redes clientelares", in A.M. Hespanha (org.), *O Antigo Regime.* Lisboa, Estampa, vol.4, 1993.

Xavier, Maria Elizabeth Sampaio. *O poder político e a educação da elite.* São Paulo, Cortez, 1990.

Zuquete, Afonso Eduardo Martins (org.). *Nobreza de Portugal e do Brasil.* Lisboa, Enciclopédia, vol.2, 1960.

AGRADECIMENTOS

Este livro é uma versão reduzida do texto de minha tese de doutoramento defendida na Universidade Federal Fluminense (UFF) em março de 2006. Do início de sua elaboração até aqui, véspera da publicação, um longo caminho foi percorrido. Caminho um tanto solitário no que se refere à pesquisa e à escrita, mas sempre acompanhado da ajuda daqueles que me proporcionaram poder agora escrever estes agradecimentos. Nada mais justo, então, do que aproveitar estas páginas e dizer...

Chris, sem você nada disso seria possível. Obrigada por sua paciência, amor e dedicação que só tantos anos de convivência podem explicar. Para meus filhos Isadora e Bernardo, meu amor mais profundo. Para minha mãe Luiza e minha irmã Juliana, obrigada pelos incentivos de todas as horas.

Ana Mauad, sua orientação firme e, ao mesmo tempo, generosa foi fundamental para que eu pudesse chegar aqui. É sempre muito bom poder contar com você! E, como inúmeras reflexões importantes também se fazem em mesas de bar, dividimos momentos memoráveis juntamente com Lúcia Grinberg, Renata Augusta dos S. Silva e Keila Grinberg. A essas amigas agradeço a força, o incentivo, os papos e as pizzas, muitas pizzas.

Agradeço imensamente ao genealogista e amigo Roberto Meneses de Moraes a confiança que demonstrou ao emprestar seu acervo particular de fotografias e anotações pessoais, além da minuciosa conferência de fidelidade das cartas transcritas.

Gostaria também de expressar meu apreço por d. Yvone de Barros Franco, que gentilmente me recebeu em sua casa, compartilhando sua coleção de fotografias, documentos escritos e memórias da fazenda Pau Grande. À Leda e Marina de Barros Franco agradeço as sempre receptivas e agradáveis conversas.

Agradeço ainda as oportunas observações e críticas das professoras Hebe Mattos e Keila Grinberg durante minha qualificação e defesa de doutorado, sendo esta última acrescida das contribuições preciosas dos professores Eduardo Silva e Vânia Carneiro.

Em minha trajetória acadêmica conheci profissionais que se tornaram amigos queridos e com eles quero dividir esta conquista: Elisa Goldman, Fernando Dumas, Tânia Fernandes, Simonne Guilherme, Ivana Stolze Lima, Flavio Limoncic, Américo Freire, João Marcelo E. Maia, Mariana Cavalcanti, Mathias Spector, Paulo Fontes e Marly Motta. A esta última devo muito pela confiança em mim depositada como pessoa e profissional desde que nos conhecemos.

À Cristina Zahar agradeço a solicitude com que sempre fui recebida nesta editora, desde minha primeira visita. À professora Lilia Schwartz, a quem recentemente fui apresentada, devo o empenho para que este texto fosse publicado.

Meu muito obrigado à Patrícia Azevedo, pela confecção da planta baixa da fazenda Pau Grande; aos compadres Leonora e Paulo Marconi Azevedo, pelas muitas horas de *photoshop* e *baby-sitter*; à Kathia Ferreira, pela forma cuidadosa e carinhosa com que tratou o trabalho de revisão deste livro.

Por fim, mas não de somenos importância, quero dizer que sempre contei com a imensa ajuda de excelentes profissionais: Juceli Silva (pós-graduação em história da UFF), Sátiro (Arquivo Nacional), Magno Fonseca Borges e Ângelo Ferreira Monteiro (CDH/USS).

Quero ressaltar ainda a importância dos auxílios do CNPq, que me concedeu bolsa de pesquisa durante os quatro anos de meu doutoramento, e da Faperj, financiadora deste livro.

CRÉDITOS DAS IMAGENS

Indicamos em negrito o número da página e, a seguir, a fonte da imagem:

15: desenho de Tom Maia, foto da autora (CRMM); **57**: pintor não identificado, foto da autora (CYBF); **115**: foto da autora (CYBF); **146**: arte de Patrícia Azevedo; **151a**: Emílio Biel (CYBF); **151b**: foto da autora (CYBF); **152a, 154b**: Numa Blanc (CYBF); **152b**: Henschel&Benque (CYBF); **154a, 159b, 177a, 177b, 177c, 178a, 178b**: Pacheco Phot. (CRMM); **158a**: Carneiro & Gaspar (CRMM); **158b, 183, 184a, 191**: J.F. Guimarães (CRMM); **159a, 161a, 161b, 162a, 162b, 165a, 169, 170a, 170b, 171, 172, 173a, 173b**: Manoel de Paula Ramos (CRMM); **165b**: fotógrafo não identificado (CYBF); **179a, 17b, 181a, 181b**: Insley Pacheco (CYBF); **180a, 180b**: E.J. van Nyvel (CYBF); **184b**: foto da autora (CYBF); **187a, 187b**: J.F. Guimarães (CYBF); **189a, 189b**: G. Lê Gray & Cie. (CYBF); **190a, 190b**: C. Mourgeon, Paris (CYBF); **193**: H. Lê Liere (CYBF); **197a, 197b**: D.I. Cypriano (CYBF); **198a**: A. Ken Fhotographie (CYBF); **198b**: Tavares Sobrinho (CYBF).